江湖

三教九流八大門的
江湖祕史

永續圖書線上購物網
讀品文化事業有限公司
www.foreverbooks.com.tw
yungjiuh@ms45.hinet.net

POWER 系列 46

江湖：三教九流八大門的江湖秘史

編　　著　袁子喬
出 版 者　讀品文化事業有限公司
執行編輯　林美玲
封面設計　姚恩涵
內文排版　王國卿

總 經 銷　永續圖書有限公司
TEL ／(02)86473663
FAX ／(02)86473660
劃撥帳號　18669219
地　　址　22103 新北市汐止區大同路三段 194 號 9 樓之 1
TEL ／(02)86473663
FAX ／(02)86473660
出 版 日　2016 年 5 月

法律顧問　方圓法律事務所　涂成樞律師
CVS 代理　美璟文化有限公司
TEL ／(02)27239968
FAX ／(02)27239668

國家圖書館出版品預行編目資料

江湖：三教九流八大門的江湖祕史／袁子喬編著.
--初版. --新北市 ： 讀品文化, 民 105.05
面； 公分. -- （POWER 系列：46）
ISBN 978-986-453-035-9 (平裝)
1. 社會階層　2.社會史　3.中國
546.192　105006290

前言

常言道：有人的地方，就有江湖。

但什麼是「江湖」？這個詞，非常能展現漢語的博大精深。按一般人的理解，「江湖」是個無法無天的地方，在這裡，一群遊民浪子脫離了主流社會的約束，闖出屬於自己的一片天地。這裡沒有法律，只有「規矩」；沒有官府，只有「幫派」；似乎也沒有對錯之分，拳頭就是硬道理。

這樣一個地方，似乎非常適合上演武俠小說裡的情節：武林高手們各懷絕技，或是為了「義」，或是為了「利」，互相廝殺，掀起腥風血雨；一見如故的江湖好漢，拜個把子叩個頭，從此就是親如兄弟，敢為對方兩肋插刀；除暴安良的俠客，路見不平一聲吼，直教那惡人聞風喪膽；唯利是圖的賊人騙子，使出渾身解數，用盡詭詐伎倆，只為撈取不義之財……無論你是追名逐利的野心家，還是胸懷大志的能人異士，哪怕只是混口飯吃的小人物——只要玩轉了這江湖裡的規矩，吃透了江湖裡的門道，就能找到一方立足之地；要是還有幾樣拿得出手的絕技，那就更是如虎添翼了。

然而我們都知道，上述江湖，不過是藝術作品裡的一個符號罷了；真正的生活不像藝術那般完美，卻遠比藝術精采得多。

可以肯定的是，許多中國人都有種「江湖」情結。現今這個社會法治當道，秩序井然，舊時代那種隨性的氛圍和剽悍的民風不復存在，令「江湖」成了一個遙遠的傳說。在今天的中國人眼裡，江湖神祕而誘人。它的魅力，在於讓武俠愛好者盡情追逐夢想，在於讓人情日漸淡薄的社會重溫那份「義氣」，在於喚起每個人內心的自由因數，或者至少，以它妙趣橫生的面貌博人一笑，就像任何一部小說、影視劇那樣。

可是，這樣的「江湖」離生活還遠了點，缺少現實意義。要知道，江湖不僅在歷史上真實存在過，而且直到今天也仍未消失。真實的江湖，像小說裡一樣有幫派組織、武林門派，還有各種行業和生意買賣呢。當然也有些跟小說不一樣的地方，比如沒有神乎其神的絕世武功、起死回生的靈丹妙藥，大盜和俠客們也不會在天上飛，談生意做買賣的更是少了些神祕感，多了種小人物的卑微。總之，真實的江湖不像小說裡那樣浪漫，但反而更亂、更複雜、更有趣！在這個沒人會飛的真江湖裡，人人都是一步一腳印，靠著自身的本事和人脈，遵守著約定俗成的江湖規矩，努力活出最精采的樣子。

中國社會不也向來這樣嗎？既講究本事，也講究人情，既有死的規矩，也有活的變通。

當然，真實的江湖有什麼妙處和趣聞，不是幾句話就能說清的。不妨翻開這本書，一點一點讀下去，然後你將知道：江湖是什麼，江湖在哪裡，江湖有什麼規矩和祕密，江湖裡有過哪些名人，發生過哪些趣事……

但願你能夠發現，江湖其實就在你去過的所有地方，也在你的心中。

前言／003

第1章 這才是真正的江湖

江湖，從來就不是個美好的詞／012
有人的地方，就有江湖／029
江湖，遊民們的鬥獸場／046

第2章 刀光劍影下的迷失——關於江湖的誤解

告訴你一個真實的武林／064

俠之大者／083
每個江湖中人，都有一個自己的夢／099

第3章 細數三教九流，透視人生百態

誰比誰更高尚／120
這是一個比江湖更大的操練場／134
沒有卑微的生命，只有卑微的人生／151
那些最讓人難以啟齒的事／167

第4章 八大門，現實版的江湖眾生相

紙上乾坤終覺淺——八大門之金門／184
懸不起的壺，濟不了的世——八大門之皮門／203
玩的就是個心跳——八大門之彩門／231
或許，這才是真的武林——八大門之掛門／247
舌尖上的舞蹈——八大門之評門／266
嘴上風暴——八大門之團門／289
見不得人的另類智慧——八大門之調門（上）／303
見不得人的另類智慧——八大門之調門（下）／320
吃的就是這口飯——八大門之柳門／337

第5章 前事不忘，後事難了

千年過後，江湖仍在／356
危機，仍在江湖的每個角落／372

第1章

這才是真正的江湖

奧斯卡得獎影片《臥虎藏龍》的出現，讓西方人越發對中國武俠電影感到癡迷。然而，即使電影紅透了半邊天，還是有許多令西方人看不明白的地方，其中之一便是「江湖」。影片的英文字幕對於「江湖」這個詞用的是諧音譯法，據說是因為在英語詞彙裡根本找不到一個與「江湖」在內涵外延上都比較接近的詞。

「江湖」是中國傳統文化中獨有的一個概念，但即使是中國人，也較少有人能夠用幾句話說得清。簡單的回答是這樣：「江湖？走出家門，就到了江湖。」複雜一點的會說：「江湖大容須彌，小納芥籽，便如佛陀拈花，可意會而不可言傳。」——總之是一片混沌。

江湖，從來就不是個美好的詞

桃李春風一杯酒，江湖夜雨十年燈

究竟什麼才是真正的江湖？是金庸、古龍、梁羽生筆下的某山某島某錢莊？還是《臥虎藏龍》、《龍門客棧》裡各路英雄豪俠來去匆匆的聚散之所？又或者，只是一種暗號、一聲長嘯、一個手勢、一縷意味深長的眼神？

要說這江湖上的事，就先得弄清楚所謂的「江湖」是什麼。要想講清這個話題，可就說來話長了。

漢語的多義性，使得「江湖」本身成了一個極為模糊的概念。「江湖」二字，最初出現在《莊子．大宗師》中，也就是大家熟知的「魚相與處於陸，相呴以濕，相濡以沫，不如相忘於江湖」。很顯然，這裡的「江湖」，指的就是江湖的本義，即江河湖海。除此之外，它也有一種暗示的意味在裡面，即這裡應該是個廣大無邊、個體可以自在遨遊且不需他求的地方。後世的文人們，把「江湖」引申成了一個用來隱居的地方。這樣一來，這個「江湖」就成了每個個體都可以獨處的地方，沒有了與他人之間的交往，也就沒有了那麼多的明爭暗鬥，那是厭倦了塵俗和名利是非的文人用來休養生息的地方，體現的是一種無差別境界。

至於後世人常說的「江湖」，則大概有三層涵義。

第一層涵義是指大自然中的江和湖。作為一個固有名詞，這種涵義在先秦的史料中就已經出現了，其最初的意義就是指大自然界的江河湖海。毫無疑問，這也是「江湖」最原始的一種涵義。

第二層涵義如上文所言，是指文人士大夫的江湖。這個江湖，具有一種避世意味，是文人士大夫逃避名利紛擾的隱居之所。也就是說，人們在爭名奪利的鬥爭中遭遇挫折失敗，或者是心生厭倦後，選擇全身而退時就來到這種「江湖」。

第三層涵義，就是指遊民眾生們的江湖了。從廣義上來看，江湖不是有形的組織，更多是一種鬆散化的存在，然而一旦體現在第三層涵義中，江湖就成了確實有形的一種組織了，而且往往表現出某種神祕的、帶有體制形式的屬性，譬如祕密會社、幫派，還有各式各樣的武裝團隊、綠林山頭等等。而這種「江湖」，才是我們現在經常提到的江湖。與前兩層涵義不同的是，這是個充滿刀光劍影、陰謀詭計甚至你死我活的地方。

可是，中國的古代社會，實質上是個由嚴明的等級序列構成的宗法社會，其基礎構成，主要包括士、農、工、商這四個階層。這些人的身分與職業，基本上是世代相傳的，而且有大致不變的固定居址。這種穩定性，充分反映了統治階級的意願，他們當然希望這種結構能夠堅如磐石。

為什麼呢？因為一旦人口增加，需求與現實間的矛盾變得越來越突出的時候，再加上當時的統制階層普遍出現腐敗現象，就往往會引發一系列的動盪，進而威脅到統治的穩固性和長久性。這個結果，顯然是統治者不想，也不敢去輕易面對的。

這種劇變的另一個結果，就是會導致一部分人從原本所屬的階層中被拋離出來，成為所謂的「遊民」，其最顯著的特點就展現在一個「遊」字上。這些遊民缺少足夠的謀生手段，只能在城鄉之間來回流動，其中絕大多數人都處在一種相對的游離狀態下。而他們賴以生存和活動的空間，就是我們常說的「江湖」了。

這樣說來，「江湖」，其實就是遊民們用以覓食求生的場所，是脫離了宗法網絡的零散化人群為生存而奔走、奮鬥的地方。這樣一個魚龍混雜的空間，也就是現在經常活躍在人們口頭上或是紙面上的那個江湖了。

這種江湖，充滿了刀光劍影，也可能隨時上演陰謀詭計甚至是你死我活的激烈鬥爭。比如《水滸傳》第二十八回，在十字坡開黑店的老闆張青、孫二娘請武松吃飯的時候，三個人聊天中就說了些「江湖上好漢的勾當，卻是殺人放火的事」。這麼一番話，聽得當時押送武松的兩個公差目瞪口呆，以為自己小命不保，一個勁兒的下跪磕頭。武松這時候還反過來安慰他們說，「我等江湖好漢們說話，你休要吃驚，我們並不肯害為善的人」。

可以設想的是，在當時的那個年代，作為衙門裡的公差，本應該什麼駭人聽聞的事情都見識過的，可是在聽到這三個人談論江湖之事後還能嚇成這個樣子，不難看出江湖在當時人們心目中的恐怖程度了。

之所以會出現這種戲劇化的現象，是因為在固有階層的人看來，這群脫離了社會管制的江湖中人，往往對社會充滿敵對情緒，他們天不怕地不怕，反社會反正統，一旦這種人集合在一起，其衝擊力和破壞力將會成為統治者以及固有階層很難抵擋的一股強大力量。

也正是出於這個原因，千百年來，遊民所在的江湖一直是被主流社會極力打壓的隱性社會。相對於由統治者與士農工商各階層構成的主流社會，或者說是顯性社會，這種隱性社會通行的是另外一種遊戲規則，這些江湖中人也被主流社會視為異類甚至匪類。

那麼，到底什麼樣的人才算得上江湖中人呢？

要解釋這個問題，也很簡單，江湖中人最顯著的特點就在於他們基本都是流動不居的。在舊時的評書藝人中間，就流傳著這麼一首描寫江湖中人日常生活和普遍心態的開場詩，是一首《西江月》的曲牌——「**一塊醒木為業，扇子一把生涯。江河湖海便為家，萬丈風濤不怕。**」從中不難看出，江湖中人大多都是「處處無家」又「處處家」的。

這就跟傳統的市井階層形成了一種鮮明的對比，因為這些固有階層通常都是不流動的，他們不會聽了書，看了戲，就跟著江湖藝人走了，就算是有例外，也應該是極個別的「追星族」吧。

總結起來，江湖中人有四個明顯的特徵——

第一個，就是他們大多具有天然的反社會性，希望天下大亂，渴望現有的社會格局被打破。為什麼這樣想？因為只有出現這種局面，這些人才能藉機改變自己的生存處境和社會地位。所謂「亂世出英雄」，只有世道亂了，江湖中的英雄人物才有機會出人頭地。

第二個，是他們往往具有進擊精神，習慣主動向人發動攻勢。這種特性在固有階層身上顯然是不常見的。受儒家思想所限，固有階層通常都強調宗法性，講究的是「溫良恭儉讓」，所以文人士大夫才喜歡以個性謙和、不與人爭作為評判一個人是否能稱為君子的標準。

過去的老話常說「秀才造反，三年不成」，指的就是士大夫階層具有一貫的軟弱性，缺少這種主動進攻的精神。相比起來，電視劇《水滸傳》中有句歌詞，「該出手時就出手」，這就很生動地概括了江湖中人在時局動盪下的那種攻擊性。

第三個，則是他們通常會在全力爭奪利益、哪怕是不屬於自己的利益時，選擇跟自己志同道合的人結成同夥，或者說是聯盟，以便讓自己的力量更加強大。在這方面，《三國演義》中的「桃園三結義」就是個最典型的例子。需要強調指出的是，這種結合還有一個顯著的特徵，就是只講敵我，不講是非。結合是因為生存和發展的需要，而不是出於道義或維護什麼真善美的需要。在《水滸傳》中，這一點就體現得很充分。同樣的事，就比如說劫道吧，梁山好漢做就是對的，而其他山頭的人要是做了，就成了傷天害理。

第四個，是他們在脫離了宗法網絡的同時，往往也脫離了以儒家思想為主體的宗法文明，甚至直接回到原始的野蠻狀態。反正這些江湖中人在固有的社會階層中已經沒有了自己的位置，當然也就不需要再遵守固有階層的文明規範了。這麼一來，他們索性就暴露出殘暴、野蠻的自然本性，為了追求既得利益，不僅可以毫不掩飾，就算是把人性中最不規矩的一面做到某種極致，也不用有什麼避諱或是丟不開面子的了。

江湖中人常說的一句口頭禪，就是「闖江湖」，而「闖江湖」的目的無外乎兩點，一是求生存，二是求發展。生存好理解，可是發展是什麼呢？他們一沒資本，二不被主流文化接受，求的是個什麼樣的發展？這就有說說的必要了。

絕大多數的江湖中人，都掙扎在生存線上，他們有的，往往只是一把子力氣，和破釜沉舟式的勇氣。他們要求發展，能走的只有一條「殺人、放火、受招安」的路，也就是所謂的「發跡變泰」。可以這樣說，「樸刀杆棒」式的故事，才是江湖中人奮鬥的真實寫照，而「發跡變泰」，是他們追求的終極理想。比如《水滸傳》中梁山好漢的故事，就是典型的「樸刀杆棒」與「發跡變泰」的結合。

當然，由於招安的最終結果被證明是失敗的，梁山好漢們沒能取得最後的「成功」，這就涉及到另外一個層面的問題了，可以留到後面去討論。但故事本身無疑是充滿傳奇性的，是足以吸引人的。這類故事，在社會底層往往可以最大限度地傳播「造反有理」的思想意識。老百姓聽了這種故事，「發跡變泰」的願望也就開始根植在他們的意識深處，等到有了合適的時機，就會直接表現在行動中。

「發跡變泰」最便捷的方式，就是造反。造反的結果呢？能做皇帝最好，做不了皇帝還可以做官嘛。在宋代，被招安的造反者是很多的，光是南宋史料中有記載的武裝造反就有八十多次，被招安的有二十三次之多，超過總數的四分之一了，只不過沒有形成大規模的農民起義而已。

《水滸傳》裡梁山好漢的故事大部分是虛構的，在真實的歷史上，只有幾十個人的搶劫和造反活動，是小說把它誇大了。當時的梁山一帶只有三十六個人，採用的是流動作戰的方式，後來被朝廷招安，還做了官。

在皇帝專制的封建王朝，社會上的大部分階層都是比較穩定的，只有兩個階層不太穩定，一個是最高的皇室，另一個就是最底層的江湖遊民了。但凡社會一有動亂，這兩個階層的變化往往是最大的。

那些打江山的、得天下的開國者，基本上有兩類來源，一類是少數民族，像元朝、清朝，或者有少數民族血統的，像隋朝、唐朝；另外一類就是由江湖遊民構成的底層人士了，比如劉邦，還有「五代」時期的梁唐晉漢周（朱、李、石、劉、郭），五個皇帝中除了石敬瑭、李存勖是外族人，其他都是遊民、兵痞出身。「十國」中的開創者更是如此，江湖遊民占了很大比例。

「五代」以前，是兵農不分的一種狀況，可是到了「五代」以後，徵兵變成了招兵。招上來的都是什麼兵呢？無非是些社會閒雜人員，沒飯吃了，就應徵來當兵。當時，趙匡胤還得意地對臣子說：「你看我的徵兵制度多好，只要天下一鬧災荒，我就擴軍，把饑民都招來當兵，他們就不能搞動亂了」。應該說，宋代沒什麼大的社會動亂，和這種徵兵策略是有一定關係的，可是它同時也帶來一個隱患，那就是軍隊的素質參差不齊，作戰能力低下，否則就不會有後來遼、金入侵的那些禍亂了。

另外，由於入伍的原因就是為了躲避災禍，所以宋代的軍隊內部一直變亂不斷，士兵往往很沒尊嚴，他們臉上會被刻字，就像對待犯人一樣，為的是防備士兵逃跑。因為這些緣故，從五代時期開始，民間就有「好鐵不打釘，好男不當兵」的說法。

當兵的沒自尊，沒底線，就容易無惡不作，雖然作戰能力不濟，不過騷擾起老百姓來倒是綽綽有餘。這樣一來，軍隊反倒變成對社會安定有負面作用的一個團體了，不像是國家機器，倒像個特殊的江湖遊民群體。

在中國的四大古典名著中，《三國演義》和《水滸傳》都是涉及到江湖遊民生活的文學作品。除了打家劫舍、嘯聚山林外，流傳最廣的就是江湖中人自發形成的各類契約式聯盟。這其中，比較典型的一種結盟形式，就是結拜。而這，正是江湖中人求發展的一種有效方式。

關於結拜，最早的記載見於南北朝時期的《顏氏家訓》中。由於人們長期處在宗族或家族生活中，造成的結果往往是獨立性差，缺乏自主意識。這樣一來，當他們走入社會，成為所謂的江湖遊民時，只好跟命運相同、狀態類似的人尋求結合，以使自己更好地生存。所謂「在家靠父母，出門靠朋友」，說的就是這麼個意思。

由於當時的社會上缺少新的組織形式，也很少有什麼獨立在宗法社會之外的思想意識，所以人們只能模仿家族制度，建立一種類似血親的親密關係，那就是結拜。

結拜有兩種基本形式，如果相互結拜者的年紀差距較大，那麼就認作父子，比如歷史上和文學作品中出現過的「十三太保」（即十三個義子），如果年紀相仿就認作兄弟。比如最著名的「桃園三結義」。當然，在真實的歷史上，是沒有劉關張結拜兄弟這檔子事的，那不過是江湖藝人說唱文學中的虛構而已。

在「桃園三結義」時，劉、關、張祭天地時用的是「烏牛白馬」，這有遼時契丹民族的明顯特徵，說明「桃園三結義」這個故事的創作時間應該就在五代或北宋時期。當時社會上出現了第一代的江湖藝人，在講述歷史故事時最愛選取一些帝王將相的故事，但由於對帝王將相的知識所知甚少，所以一旦需要描述帝王將相的日常生活，就只能根據自己的生活見聞來創作。比如唱詞中有「聞得老包要出宮，忙壞了東宮與西宮，東宮娘娘烙大餅，西宮娘娘剝大蔥」的內容，可是這哪裡是皇帝大臣的生活，分明就是藝人們自己的生活寫照。

說到江湖遊民的興起，就一定要說說舊時中國的土地制度以及城市發展了。

這三者之間，存在著某種直接的關聯。

歷朝歷代都有江湖遊民的存在，只不過在宋代以前，江湖中人還沒有形成一個特殊的群體和階層。直到有人從宗法社會中被拋離出來，需要在固定階層外尋求生存之道，所謂的「江湖」才逐漸得以形成。

在唐代以前，江湖遊民進入城市的數量很有限，那是因為當時的城市本身就不算多，商業、手工業需要勞動力的地方也不多。一旦進入城市，這些沒有正當職業的人很容易受到排斥和驅逐，生存機會往往會變得更少。

以當時的長安為例，商業活動大多集中在東、西兩市，供人居住的坊區中商店很少，且自成一體。一入夜，長安城就會關閉城門、坊門。如果這時坊間出現一個陌生人，是很惹人注目的。所以說，遊民在這樣的城裡勢必很難生存下去。

為什麼說江湖遊民的出現與土地制度有關係呢？在宋代以前，普遍施行的是授田制，國家對治下的人民是需要承擔責任的。國家給農民土地，是一種授與關係，所有權仍掌握在國家手中。

到了宋代，就出現了一些顯著變化，一是不立田制，國家不再授田給農民；二是不抑兼併，就是不再控制土地的兼併行為。這樣一來，土地的所有權就流轉得很快，所謂「千年田換八百主」，描述的就是這種狀況。

土地轉手快，必然使一部分農民被迫離開土地，成為流入城市的江湖遊民。又趕上這時城市的商業、手工業正在發展，城坊制也變成了街巷制，就比較利於江湖中人的生存了。需要強調指出的是，這時的街巷制，就跟現在的城市結構差不多，臨街的商業、手工業空前繁榮起來，江湖遊民很容易找到活幹，也不再那麼引人注目，這就在客觀上促進了流動人口的激增。

宋代作為一個比較注重私有財產的封建王朝，統治者會根據有無固定產業，把人們分成主戶、客戶。住在農村的叫鄉村戶，住在城市的叫坊郭戶。另外，根據財產的多少，這些戶被分成若干等級。其中種別人田地的鄉村客戶，大概占了總人口數的三十%左右。這些人被稱為佃農，一旦遇到什麼突發事件，他們很容易被排擠出局，成為流動的閒散人群。在城市裡，同樣有種被稱為坊郭客戶的人，他們沒有自己的房子，所以流動性也很大。

自宋代以後，城市中一下湧入這麼多江湖遊民，他們寧願在人口更為密集的城市裡艱難度日，也不打算回鄉。倒不是他們不想回家，而是無家可歸。再加上以小農經濟為基礎的自然經濟，生產率極為低下，這就導致大多數底層人民只能掙扎在溫飽線上，生存問題都難以解決。這樣的客觀情況，很容易把人性中惡的一面激發出來——為了吃飯，為了活著，還有什麼是不能做的呢？

中國素來自稱「禮儀之邦」，奉行的是最有利於統治階層的儒家思想。可是江湖遊民都是些脫離了宗法社會的人，儒家宣導的意識形態對他們難以產生約束力，沒人講究「溫良恭儉讓」那一套，取而代之的，是「白刀子進去，紅刀子出來」這種血淋淋的生存法則。

這些脫離了社會秩序的約束與庇護，只能遊蕩於城鄉各處的江湖中人，大多沒有固定的謀生手段，唯一出路就是出賣自己的體力或腦力，甚至靠一些不正當的手段來換取必要的生活資源。在他們的思維和行動模式中，最突出的特點就是「遊」和「闖」。因為處在社會最底層，他們更渴望動盪時局的出現，因為只有這樣，他們才有機會改變自己的命運，越是尖銳、劇烈的社會衝突和動亂，就越是有助於他們實現這個目標。

這樣看來，江湖中人所奉行的一些準則，就是把中國傳統文化中的那些弊端和不足之處，以更加蠻橫的姿態推至某種極端。他們認為只有打破現有的社會秩序，才能讓自己獲取最大利益，所謂「亂世英雄起四方」，就是要在一種無序的社會狀態下謀求自身的成功。反正一無所有，反正爛命一條，那就「只講敵我、不講是非」好了。

統治階層有專制組織，江湖中人也有自己的一套組織形式，只不過是在暗處罷了，這種見不得光的祕密狀態，反而讓他們擁有更大的向心力，對背叛者的處罰也更嚴酷。

江湖中人講究的是平等，素來宣導「肩膀頭齊是兄弟」的論調，可是這是一種虛假的平等，一旦組織壯大了，有一定勢力了，所謂的平等就會被輕易打破。對於違反組織規定者的處罰，往往比正規的法律更為嚴苛。至於江湖遊民所說的「不義之財」，也是一種自我安慰，因為評判義與不義的標準，其實就掌握在他們自己手中。

由此看來，江湖遊民所造成的問題，已經不單單是一個簡單的社會問題了，因為它在引發諸多矛盾的同時，也造就了自成一派的江湖文化。

除了自身的這些明顯特徵外，他們的很多所作所為，還藉助通俗文學的發展和流變，在江湖藝人們的反復推介下，成為一種流行在民間的市井文化，其影響力不僅施加於江湖遊民自身，也擴散到江湖之外的人們當中。

這種所謂的江湖文化，註定是難登大雅之堂的。統治階層和傳統的士農工商，是不可能理解拉幫結派、好勇鬥狠的江湖中人的，且不說「大碗喝酒，大塊吃肉」的事他們幹不出來，就算同樣視財物為首要追求，他們也想像不到江湖中人為了獲取這些東西使用了怎樣的手段。

在他們看來，這些耍奸藏滑的言行舉止，只能是上不得檯面的「潛規則」。但江湖遊民才不在乎這個呢，越是被主流社會所不齒的東西，就越是他們堅決奉行的指路明燈，因為江湖本來就是一種隱性的社會形態，是游離於主流社會之外的特殊存在。就像《水滸傳》中寫林沖發配滄州一節，有小酒店的店主講到柴進柴大官人的傳聞。在小店主口中，柴進被描述成最愛幫助流放犯人的貴人，「就是江湖上稱作小旋風的」。這裡的「小旋風」，是柴進的綽號，更是他在江湖上廣為人知的名字。

當然，作為世襲的顯貴人物，柴進在與主流社會的人來往時，絕對不會在拜帖上寫下「小旋風柴進」的字樣，只有在面對江湖中人時，他這張名片才叫得出口。否則，社會上也不會有他這種黑、白兩道都吃香的人物了。

受這種江湖文化的影響，中國的傳統文化開始出現某些負面的東西，比如缺乏對終極價值的追求，以及對一種非規範性的縱容；過分地講究謀略，而忽視仁愛精神；或是過分地強調結果，而不重視過程……凡此等等，都會造成價值觀的失衡，以及個人操守的淪喪。

江湖之上，俠義與公理只是少數人才會相信的東西。更多的人只知道追求眼前利益，為達目的，可以不擇手段，可以拋棄任何遊戲規則，只要成功，不計後果。說到這裡，就不能不再次提到《水滸傳》和《三國演義》。因為這兩部古典名著不僅寫出了精采的故事，還從另一面向我們展示出一個真正的江湖——看似豪情沖天，卻處處充滿刀光劍影和陰謀詭計，甚至有人會為了利益不惜以死相拼。

這不是文人、士大夫嚮往的那個江湖，而是真正屬於江湖中人的江湖。它邊緣，它反叛，滿載著江湖遊民的生存慾望——所以「江湖」從來就不是個美好的詞。

有人的地方，就有江湖

在電影《笑傲江湖之東方不敗》中，任我行對萌生退隱之心的令狐沖說出了這句話，看似略顯浮誇，卻一語道破江湖的兇險多變。它的深不可測，它的形式萬端，或許只有身在其中的人，才最有發言權……

作為中國較早的一部長篇通俗小說，《水滸傳》寫的是落草為寇的一群英雄好漢的故事。他們劫富濟貧、仗義疏財的許多言行，都能讓人感受到一股強烈的江湖氣息。事實上，《水滸傳》的問世，也確實催生出很多在江湖上流行的話語和觀念。

早在二十世紀的三〇年代，魯迅就曾經說過，之所以人們會喜歡閱讀《三國演義》和《水滸傳》，就是因為當時的社會上還有一股「三國氣」和「水滸氣」。

至於什麼是「三國氣」和「水滸氣」，魯迅也給出了自己的結論，那就是一種「流氓氣質」。

說到「流氓」這個詞，或許很多人會有理解上的偏差，因為這個詞在今時、今日確實含有明確的貶義，但在舊時代卻不是這樣。魯迅口中的這種「流氓氣」，其實就是一股「江湖氣」，往深層次說，是一種典型的江湖游民的性格和意識形態。因為當時的社會上還有明顯的江湖氣，所以一旦藉助文學作品和其他藝術形式的推廣，就很容易在民眾心中引起共鳴。

即便是在今天，「江湖」這個詞在我們的生活中還是經常會被提到。只不過，隨著時間的推移，這個詞的意義已經變得越來越模糊。

現在我們評論一個人時，只要發現對方游走於黑白兩道，就往往會稱其為「老江湖」。此外，一個有勢力的人如果在遭遇重大挫折後重新崛起，也常常會被說是「重出江湖」。如今，在媒體鋪天蓋地的宣傳攻勢下，「江湖」這個詞的出現頻率依舊很高，但這些顯然都跟「江湖」的真正含義相去甚遠。

之前已經說過，江湖中人的這個「江湖」，與文人士大夫們所嚮往的江湖不同，它既不寧靜高遠，也不安逸自在，相反倒是時時充滿了刀光劍影，處處潛藏著陰謀詭計，那裡上演的是赤裸裸你死我活的鬥爭，是為了求生存和求發展的殊死較量。

需要強調指出的是，這種讓人聞之色變的「江湖」，最早出現在南宋及南宋以後的「水滸」系列作品中（不只是小說《水滸傳》，還包括以梁山好漢為主題的眾多其他藝術作品）。在這之前，無論是在現實生活還是藝術創作中，「江湖」都並不是這樣的含義。

真正明確地把江湖看成是綠林好漢們殺人放火、攫取利益的地方，正是從小說《水滸傳》開始的。作者對當時的社會現狀以及民眾生活有著清楚的認知，所以才會創造出一個全新的「江湖」概念。在概念之外，還包括很多事關「江湖」的全新語言和思想意識，比如「好漢」、「義氣」、「逼上梁山」、「替天行道」、「不義之財，取之無礙」、「成翁吃酒，大塊吃肉」等詞句，原本只是在江湖遊民間經常使用和傳播，可是透過「水滸」系列故事的不斷推廣，它們逐漸被主流社會瞭解和接受，直至成為當時社會上司空見慣的用語。

那麼，江湖是個什麼樣的地方呢？

首先，它是江湖中人求得生存、發展的場所。這些脫離了宗法網絡的江湖中人，往往一無所有，他們所做的一切，都是為了滿足最基本的生存需求。這些空手練空拳的底層人物，除了自身的心智、勇氣和力量外，幾乎再也沒有什麼可依仗的了。

大量聚集了這種人的江湖，根本不可能有文人士大夫那種與世無爭的氣度，所以人在江湖，就必須要「爭」，因為只有「爭」到手裡的，才是屬於自己的。這種無路可退的「爭」，已經脫離主流社會中應該遵守的那些規則了。就像電視劇《水滸傳》中唱的那樣，「該出手時就出手」，確實是江湖遊民在爭取個人利益時的真實寫照。

江湖遊民們的這種生存邏輯，顯然是被主流社會所不齒的，一旦鬧出大動靜，甚至會招來嚴厲的打壓，這就使得江湖成了一個見不得光的隱性社會，只能透過另外一套約定俗成的遊戲規則來維持其正常運轉。因此江湖只能以一種鬆散化的形式存在於世，即便是有形的組織也只能處在隱祕狀態中，比如祕密會社、幫會、武裝團隊、綠林山頭等等。在《水滸傳》中，梁山泊、二龍山、少華山、清風山等好漢們落腳的地方，就是一處處有形的武裝組織。自宋代往後，這種有形的江湖組織變得越來越多，類型也變得豐富起來。當然，江湖所涵蓋的內容還遠遠不止這些，畢竟這些組織從事的都是非法勾當。那些做正經營生的江湖遊民，比如說評書的、唱戲的、賣藥的、看病的、做的都是合法行業，其中很多職業還是主流社會所必須的，這才是江湖中人的主流，是非主流中的主流。

在各個朝代的統治者看來，這些遊走江湖的人都不是什麼良民，而是必須加以提防的異類，應當透過監督甚至是嚴厲的管制，把他們的活動限制在一定的範圍內才行。

有趣的是，或許江湖本身是個有點虛無縹緲的東西，不過身在其中的江湖遊民，卻總是能夠真切感受到它的存在。還以《水滸傳》為例，一百零八位好漢都有自己的綽號，行走江湖時往往不需要提到本名，只要一亮綽號，同道中人就基本上知道誰是誰了。像是小說中不止一次寫到，只要一提「及時雨」的名號，就能讓很多江湖好漢俯身拜倒，足可見宋江在江湖上有著怎樣的知名度和威信了。

然而，在主流社會中，人們往往都會把這類有綽號的人物視為匪類，歸為必須打壓管制的對象。因此統治階層想要打壓某人時，也往往會給對方取一個江湖上的綽號。比如清風寨的知寨劉高，一心想要陷害宋江。在抓住宋江後，因為宋江自稱良民張三，是來到此地做買賣的，所以劉高就在宋江的檔案中將其稱為「鄆城虎張三」。加了這個綽號，就成了江湖中人，也就變成主流社會眼中的匪類了。

即便如此，主流社會還是無法阻止江湖的不斷發展和壯大，畢竟社會現狀就是這樣，「官逼民反」的事屢禁不止。

為了不引起太多的注目，江湖中人在互相聯繫時會用到一種暗語，也就是所謂的「黑話」。《水滸傳》中已經對這類江湖黑話有所記述，但不是很多。到了明、清兩代，這種黑話才開始普遍起來，並呈現出氾濫的趨勢。光是天地會的內會「海底」中所記載的黑話，就有數千條之多。其中的「大腕」、「大款」、「走穴」等詞語，本來都是江湖黑話，現如今倒成了流行用語。

除了擁有內部流通的黑話，江湖中還流傳著獨有的輿論和道德評價標準。在《水滸傳》中，好漢們不止一次說過，不能幹某件事，否則要吃江湖好漢笑話，這反映的就是典型的江湖輿論。在智取生辰綱之前，吳用去說服三阮時，阮小二曾埋怨梁山霸占了附近一帶的水面，吳用反問他何不捉了梁山上的人去官府請功，阮小二也說那樣做會被江湖中人恥笑。由此可見，行走江湖的人是有特定道德標準的，即便與主流社會不同，也不能由著個人的性子亂來，否則壞了江湖規矩，日後就很難在江湖上立足了。

除此之外，江湖還有自己的一套資訊管道，任何事一經發生，很快的就會在江湖遊民中傳揚開來。就像被逼上梁山的林沖，最初曾受到王倫等人的排擠打壓，這件事也在江湖上流傳得很快很廣，於是吳用才能智激林沖火拼王倫，使得晁蓋如願坐上了梁山的頭把交椅。

為什麼江湖上的事會傳播得這麼快？原因很簡單，江湖就是遊民們生活的空間，他們的流動性很強，相互往來非常頻繁，任何事情經由他們的傳播，當然會擴散得特別快了。

在徐克執導的電影《笑傲江湖之東方不敗》中，令狐沖想要退出江湖，任我行對他說：「有人的地方就有恩怨，有恩怨就有江湖，人就是江湖，你怎麼退出？」這話說得一點都不誇張。只要你不是身居廟堂之上，就能感受到江湖的無處不在。因為江湖中人是無處不在的，凡是他們出現的地方，自然也就有了所謂的江湖。

那麼，江湖到底是什麼、在哪裡呢？

它可以在城鎮，也可以在鄉村；可以在熱鬧繁華的市井街面，也可以在窮山僻嶺的荒野之上……換句話說，哪裡有江湖中人的身影，哪裡就有江湖。它就像一個外延無限廣闊的「場」，容納著江湖中人的一切活動。

還以《水滸傳》為例。在這部小說中，除了精采的故事外，還有許多地方寫到了江湖中人的日常生活。比如東京桑家瓦子裡，有說話人在那演說《三國志平話》；鄆城縣的勾欄裡，有白秀英在那演唱諸宮調；在渭州街頭，有打虎將李忠在那打把勢賣藝；在揭陽鎮上，有病大蟲薛永在那耍槍弄棒……這些情節看似與主題無關，卻處處彰顯著江湖中人的生存和奮鬥。無時不江湖，無處不江湖，關鍵就看它能否為江湖中人提供一個活動的場所。

地方也有了，那麼人呢？

是不是所有生活在社會底層的普通人，都可以被稱為江湖中人呢？當然不是。要判斷一個人是不是江湖中人，關鍵就要看他是否處於流動狀態中。

在宗法體制下，普通市井細民和鄉野農民基本上都是不流動的。只有當這些有固定居所的人失去了土地，或是控制他們也保護他們的共同體對他不再起作用時，這些人才有可能為了生存流動起來。

說到這兒，或許有人會問，既然宗法社會中的普通民眾有可能流動起來變成江湖中人，那麼為何文人士大夫就不能透過這種途徑成為江湖中人呢？

在宗法社會中，大多數人都是穩定生活在他所在的位置上的。能夠流動起來的，除了脫離主流社會的江湖遊民，還有士大夫和商人。

自春秋戰國以來，士大夫階層就常常四處遊走，為的是宣揚自己的政治主張，謀求個人的仕途發展。隨著諸侯並立局面的結束，這些文人士大夫雖然不能再像從前那樣在國與國之間頻繁流動，但他們還是要出仕為官，要遊學、遊宦（所謂「遊學」，指的是到別處去巡師訪友，擴大自己的影響力；而「遊宦」則是指做官時在不斷的輪換中去別處上任）。

顯而易見的一個事實就是，作為現有官吏的「預備役」，文人士大夫無疑是統治階級的一個組成部分，是統治階層陣營內的一個特殊群體。他們的流動是完全主動性的，有著特殊目的，這和江湖中人為求生存而被迫流動的行為，顯然有著天壤之別。作為主流社會的一股重要力量，文人士大夫階層有著先天的穩定性，是不可能構成對抗乃至顛覆主流社會的江湖勢力的。

當然，這話也不能一口說絕，小機率事件也不是不可能發生。一旦某些文人士大夫遭遇變亂，比如個人仕途進展不順利，或是受到同一階層內更有勢力者的打壓、迫害，就很有可能異變為一股引發社會動亂的力量。比如唐代的黃巢，就是這方面的典型例子。

《資治通鑑》中記載，黃巢只是因為在科場上屢試不中，就一怒之下幹起了扯旗造反的勾當。還有宋代一個叫張元的人，也是因為同樣的遭遇，再加上被當地縣官打過板子，就去投奔了西夏國，還鼓動西夏首領李元昊興兵造反，極大地削弱了北宋的實力。從他創作的兩句詠雪詩中，就能看出他攪亂天下的雄心壯志：「戰退玉龍三百萬，敗鱗殘甲滿天飛。」當然，這些只是個別現象，從整體來說，古時候的文人士大夫還是相當可靠的一股穩定勢力。

相比之下，游商就沒有文人士大夫的這種優勢了。作為社會地位相對穩定的「四民」（士農工商）之一，他們雖然也具有流動性，但那是為了從事經商活動、為了謀求經濟收益而不得不做的苦差事。

在中國古代所謂的「三教九流」當中，商人歷來都是受歧視的一群人，根本不像如今這樣風光。他們所從事的經商活動，往往很難得到主流社會的有力支持，當然也不會受到什麼特別的打壓，處於一種「不香不臭」的尷尬位置。

商人之所以擁有穩定的地位，是因為無論在哪個朝代，統治階層都需要依靠一定的經濟基礎來保障國家的安定。而且，隨著官階和社會地位的提高，統治階層內部對於商品的需求會越來越大，對於商人的依賴性也會隨之變大。

更有甚者，商人所擁有的物質財富，還會直接成為野心家們改朝換代的強力支持。像戰國時期的呂不韋，就是個聞名天下的大富商，在他的支持和輔助下，秦國才有了一統天下的可能性。當然了，個別朝代也有對商人進行打壓的現象，但這往往與當時社會生產力的低下有關。比如漢代初期和晉代初期，就都頒佈過所謂的「賤商令」，漢初是不允許商人穿絲乘車，晉初則規定商人只能穿兩隻不同顏色的鞋子，一隻是黑色的，另一隻必須是白色的。

生產力相對低下的現實，讓統治階層乃至整個社會都不必依賴商人的活動來活絡經濟，商人沒用了，當然也就不可能受到什麼重視。然而這些情況畢竟是少數，在更多時候，整個社會還是離不開商人的。

至於商人為什麼不能轉化為江湖遊民，道理也很簡單。商人的流動，是透過這種經商方式，去追求和實現遠比農民、手工業者高得多的收入，其最終目的是財富，這就決定了他們不會冒著付出財產甚至生命的代價，去和主流社會對著幹。

商人是在流動，但卻很難形成大股的群體勢力，更不可能輕易流入江湖，讓自己衍變為反社會力量。只有當游商賠了老本，再無翻盤的可能性時，他們才會被迫變成江湖遊民。比如《水滸傳》中的呂方，就因為「販生藥到山東，消折了本錢，不能夠還鄉」，才落草成了劫路的強盜。與他交手的郭盛，也有著類似的遭遇，所以二人才會一拍即合。還有「拼命三郎」石秀也同樣如此，他是因為販賣羊、馬賠本，回不了老家才不得已流浪他鄉，成了落魄的江湖中人。比起這些個別情況，大部分游商都不至於陷入這種窘迫的狀況，當然也就不會輕易墜入江湖這個大坑了。說穿了，只有那些失去土地或是破產的底層民眾，才是構成江湖的主體，而且他們多數都是不得以才走到這步的。

到底是什麼樣的人，構成了江湖的主體呢？或者換句話說，什麼樣的人才算得上是江湖遊民呢？要講清楚這個問題，就得從古代社會的一些特徵說起了。

自周代以來，中國的朝代都是以一種宗法社會的形式存在。人們透過血緣關係的遠近，組成了一個又一個的宗法共同體。這些依靠自然的血緣關係形成的組織，始終都是中國古代社會的構成基礎，封建社會的組織形式也由此而來。

在兩千多年的時間裡，宗法社會先後經歷了三個流變階段：秦代以前的宗法是家國同構，周室宗族的子孫後代是全天下共同的主宰者；從秦至隋唐兩代，宗法變得與周代不同，其特徵是與領主大莊園制度相結合。到了宋代以後，才形成了所謂的宗法家族制度，族長不一定就是宗子（即長房長子），不過以血緣關係為紐帶的這個基本特徵沒有變化。

宗法制度的顯著特徵，除了以血緣關係為紐帶之外，還有一點，那就是由宗法原則組成的共同體對於其統轄的宗法人，是既負責控制又提供保護的。這個說來有些拗口，但其實很好理解。毛澤東在《湖南農民運動考察報告》中，就講過束縛農民的「四大繩索」問題，其中有一條是「族權」，也就是宗族對於宗人的控制問題。

這種族權控制力的強大程度，甚至會超過官府。這是因為自明代以來，根據明太祖朱元璋專門頒布的法令，縣令、基層官吏不許下鄉擾民，官吏要想跟地方宗族勢力議事，只能是跟家族族長或是基層行政組織的頭面人物（比如保甲長）打交道。有些地方的宗族勢力甚至強大到與行政組織合一的程度，除非涉及到國家大局，否則一切事務都可以在宗族內部解決。過分膨脹的權力，往往會讓宗族的負責人掌握生殺大權，其刑罰的嚴峻程度有時超過官府。比如婦女一旦出現不貞問題，往往會被「沉潭」或是「浸豬籠」，即沉入水中淹死。

與此同時，宗族還會對族人提供必要的保護。特別是對於本族的貧困戶和弱勢家庭（如孤兒寡母之家），都有不可推卸的保護義務。這種保護，不僅表現在經濟上，還涉及到子孫後代的教育問題，可謂事無巨細，無所不包。這一方面為族人的生存提供了有力的保障，另一方面也很容易打壓族人的個性，使他們缺乏必要的適應能力，一旦流落到江湖上，將很難維持生計。

那麼，既然宗法體制下的人受到了足夠的控制和保護，為何還會淪落到江湖上呢？道理很簡單，幾千年的中國歷史中，經歷過多少天災人禍和朝代更迭啊！每一次社會變革中，受到衝擊最大的，往往都是生活在底層的百姓。管你有多強大的宗族勢力，在全副武裝的軍隊面前，都註定是不堪一擊的。所謂「覆巢之下，無完卵」，一旦宗族遭遇滅頂之災，族人也就失去了安身之所而流入江湖，這是一種再正常不過的下場。

除了不幸的族人，所謂的「社會邊緣人」也很有可能成為江湖的一分子。什麼樣的人，才可以被稱為社會邊緣人呢？客觀來說，這是一個本屬於主流社會的群體，甚至有可能來自統治階層內部。他們往往有著相對體面的工作，或是具備不錯的社會地位和影響力，只是由於某種特殊的生活經歷（比如《水滸傳》中的林沖），或是一再受到統治階層內部的排擠、迫害（比如《水滸傳》中的宋江、盧俊義），又或是出於個人的自主選擇（這類例子在現實中很少，但在《水滸傳》中卻比比皆是，比如晁蓋、魯智深、柴進），從主流社會一步步走到了社會邊緣，甚至直接墮入江湖之中。

之所以說《水滸傳》是本關於江湖和江湖中人的大成之作，就因為其中清楚地描寫了各種社會邊緣人墮入江湖的不同歷程。這些邊緣人，原本也是主流社會中不可忽視的一股力量，其中很多人還是社會上的才俊之士，他們能力大，勢力強，往往能夠呼風喚雨，八面威風。讓這些人墮入江湖，不僅是件令人惋惜無奈的事，對統治階層來說，也是個不小的損失。

也許有人會問，如果是被逼無奈才墮入江湖，倒還情有所原。可是像晁蓋、柴進、魯智深這樣的人物，本來吃喝不愁，為何還不安於現狀，非要去做落草的賊寇呢？這就涉及到個人選擇的問題了。即便《水滸傳》只是一部杜撰出來的文學作品，但從它為不同好漢設計的身分背景和性格特徵來看，還是可以找到些可靠依據的。

先說說晁蓋這個人。他本是鄆城縣的東西村富戶，平時就喜歡仗義疏財，結識天下好漢。這麼一個土財主，身強體壯卻不娶妻室，專愛弄槍使棒那一套，不管是擱在哪個朝代，在素來強調家庭觀念的中國人眼中，都會被視為異類。

而實際上，晁蓋在「落草」梁山之前，暗地裡就已經是個黑社會的領袖人物了，在江湖上有一定的影響力和號召力。不然的話，劉唐、公孫勝在得到生辰綱的消息後，也不可能千里迢迢來向他通風報信了。再看看這幫人劫取生辰綱的目的。儘管有人把「智取生辰綱」看成是一次智勇雙全的義舉，但透過晁蓋等人自己的話就不難看出，這根本不是為了劫富濟貧，只不過是「大家圖個一世快活」而已。這哪有什麼更高尚的目的，不過是滿足一己之私的巧取豪奪罷了。還有，晁蓋之所以會被毒箭射死，起因也只是他的寶馬被曾頭市的人搶走，因為吞不下這口氣，才在出兵曾頭市的時候落了個被暗箭射死的下場。從這些事上可以看出，晁蓋是個骨子裡就不安分的傢伙，他有天生的土匪情結，這和宋江等人的被迫落草有著本質上的區別。

再來看看柴進。他雖然有貴族頭銜，屬於銜著金湯匙出生的那種特權階層人物，但他甘願自我邊緣化，而且不顧自己是「亡國之後」的敏感身分，大肆與江湖中人交往，甚至把一些犯罪分子養在家中。這就不是什麼個人愛好的事了，這些行為一定是含有某種長遠打算在內的，只不過書中沒有作進一步的描述罷了。

至於魯智深，原本是個提轄，官不大，但怎麼說也是體制內的官員，就因為打抱不平，充當了一把社會良心，就不得不走上江湖之路。可是從他的經歷中就能看出，他還是沒有直接投奔梁山，而是去了五台山和相國寺當和尚。寧可出家，也不落草，這就是他的選擇。只不過，他太愛行俠仗義了，屬於一種無意識行為，最終還是把白道的路走到了盡頭，沒辦法，只能上山入夥做強人。

毫不誇張的說，《水滸傳》就是一本關於江湖的百科全書，其中寫到了太多江湖中人成功與失敗的故事，把一個真實的江湖活生生地展現在世人面前。這話還可以反過來說，沒有江湖遊民的出現，也就不會有《水滸傳》的問世了。

要知道，有人的地方，就會有江湖。有江湖的地方，就會有故事。人會變，故事會變，但江湖，永遠都不會變。

江湖，遊民們的鬥獸場

爾虞我詐，你死我活……所有帶著殘酷意味的字眼，都可以用在江湖身上。這裡，既是江湖遊民的發夢地，也是他們的亂葬崗。這裡的每一天，都像極了一個無邊無際的巨型鬥獸場。

舊時代的江湖中人，每天需要面對的究竟是些什麼事情？生活在今時今日的現代人，當然回答不出這個問題。從汗牛充棟的武俠小說中，或者從成千上萬的動作電影中，你能看到的只是些舞槍弄棒、打打殺殺的大俠，再不就是言語粗狂、行為張揚的江湖客，他們大碗喝酒、大塊吃肉，他們快意恩仇、殺富濟貧，他們飛簷走壁、深不可測，他們個性乖張、特立獨行……他們能做出所有你所能想像到的匪夷所思之事，卻仍舊不能給你一個清晰可視的江湖。

透過這些文學和影視作品，我們所瞭解到的關於江湖的那些事，只是可憐的一點點皮毛，要麼道聽塗說，要麼以訛傳訛，都在不知不覺中為江湖塗抹上了一層神祕的色彩。以致於因為過度的「神祕」，多數人寧可一知半解，也要對「江湖」敬而遠之。

探祕也好，謠傳也罷，反正事不關己，只是茶餘飯後的話題而已。江湖，就這樣成了一個高深莫測的存在。

但事實上，比起普通百姓來說，江湖中人並沒有什麼特別的地方。他們的生存方式，他們的社交方法，他們的禮儀規矩，他們的溝通方式，都和尋常百姓有許多共通之處。他們之所以顯得特殊，完全是因為被拋離在宗法社會之外，只能建立起一個專屬於江湖中人的隱性社會。在這個特殊的社會裡，人們同樣按部就班地生活著，冷暖自知，甘苦與共。

出入在這個特殊的隱性社會中的人，都會把一個詞掛在嘴邊，那就是「闖江湖」。為什麼用到一個「闖」字呢？

既然江湖是一種游離在正統社會之外的社會結構，其構成者又往往是一些沒有生產資源、不能創造財富的遊民，那麼，當這些前途未卜的人聚集在一起，一種帶有不穩定性，甚至非法性質的基因就會被集中放大。

自古以來，歷朝歷代，江湖中人都被統治階層看成是破壞社會安定的一大因素，這種歧視絕非空口無憑，而是緣於江湖中人自身。在四處流浪的過程中，他們中有許多人不得不依靠一些暴力手段或是騙術謀生，占山為王、打家劫舍的事也屢見不鮮。一旦這樣的行為構成「江湖社會」的基礎，對於主流社會而言，想不將其邊緣化和非法化都很難了。正因為如此，一個來自江湖之外的人，比如說一個由士、農、工、商階層淪落成江湖遊民的人，要想融入到這個隱性社會當中，就必須拿出「闖」的勇氣和毅力了。

首先，他要面對的，是一種信任危機。用江湖上的黑話來說，你是個「空子」，不是個「綹子」，都說「不是一路人，不進一個門」，想隨隨便便闖江湖，可不是件容易事。

其次，他要解決的，是不被接納的問題。江湖中人想要進入主流社會是很難的，同樣，主流社會的人想要融入江湖當中，也絕非易事。除非有江湖中人從中引導，再經過諸多艱難甚至殘酷的考驗，否則想都別想。

《水滸傳》中，林沖最初入夥梁山時，就被要求繳納「投名狀」。什麼叫「投名狀」？說白了就是殺人，而且要殺那種無辜的人，這樣就等於在主流社會中斷絕了自己的後路，以保證在落草為寇後一心不二。對於任何一個從小生活在宗法體制下的人來說，不到萬不得已，誰會願意做這種傷天害理的事情呢？

再次，就算他被「江湖」接納，還要面臨各式各樣的家法、幫規的約束，其中包括一些正統社會管轄不了的懲罰條例。比如，最普通尋常的就是「欺師滅祖必有刀槍之禍」了。意思就是說，一旦你做了「欺師滅祖」的事，就一定會受到「刀槍之禍」的重罰，輕者殘廢，重者直接就被結果了性命。

俗話說「人在江湖，身不由己」，這些層出不窮的家法、幫規，根本不可能給你再多一點點的自由。另外，江湖行當、門派、幫會間的隔閡恩怨，以及經常無視法規的處事方式，也使江湖成為一個陷阱密布、險象叢生的地方。在這種危機四伏的客觀環境下，生命都得不到充足的保障，更何況生活和發展呢？所以說，要在這樣的江湖中出入，沒有一股「闖勁」是不行的。江湖中人所崇尚的這個「闖」字，說穿了，還有一層「不顧一切」的意思在內。

這樣一個無所不包的江湖社會，分門別類倒是直截了當，一目了然。從行當上來講，大致可以劃分為「四大門」和「八小門」。這裡所說的「四大門」，即風、馬、雁、雀；而「八小門」（也被稱為「八大門」，後文中將會逐一詳述），則包括金、皮、彩、掛、評、團、調、柳。

按照一些老江湖的說法，風指幫會組織，馬指霸占碼頭，雁指騙術門，雀指占山為王。實際上，在這「四大門」和「八小門」中，已經基本囊括了祕密幫會、流氓團夥、碼頭惡霸、坑拐詐騙、雄霸一方、占山為王等組織類別，以及相面算卦、裝神驅鬼、走街賣藥、雜耍戲法、打把式賣藝、看家護院、說評書、說相聲、說口技、唱小曲、唱大鼓書、拔牙、剜瘊子、割雞眼等百十餘行。

還有另外一種說法（見清本《江湖通用切口摘要》），講的只是金、皮、李、掛四大行。其中的金門，乃是指測字、相面、算卦的。這類人通常都讀過一些與星象醫卜有關的書，所以常常頭戴儒巾或葛巾，以強調自己是儒門或道門中人，是跟打把式賣藝之流的莽夫不同的「文化人」。

皮門是指那些游走於江湖的郎中和賣藥的人（包括老鼠藥、蟑螂藥等），其來源主要是滿族人信奉的薩滿教裡的巫醫。他們在替人治病時會一邊跳大神一邊敲皮鼓，這皮鼓就成了巫醫的身分代表。直到滿人入關後，江湖上才逐漸把江湖郎中、走街賣藥的和跳大神一類的人統稱為皮行。

李門不單是指那些變戲法的人，還包括唱戲的、雜耍的、變戲法的、唱大鼓書的、說相聲、說評書的等等這些跑野台子的藝人行。

至於掛門，也就是掛子行，則是專指那些靠武術走江湖掙飯吃的行當。比如保鏢、護院、教場、賣藝等等，就統稱卦子行，也被稱為瓜子行或瓜行。

由於江湖中人的文化水準普遍偏低，所以很多江湖上的行話都是靠師父或同行口口相授流傳下來的，往往只訓音、不訓形，這就導致一旦落在紙面上，其具體的用字很容易產生異義。比如「金、皮、李、掛」這四個字，就沒人真正考究過，所以也有「巾、皮、利、瓜」或「金、汗、談、俐」的寫法。同樣的，關於八小門的具體說法，也存在很多異義。

既然江湖是個游離在正統社會之外的、具有隱性特徵的社會結構，那麼，它本身的隱祕屬性，就決定了它與正統社會截然不同的面貌。這種隱祕性主要表現在兩個方面，一是組織關係的隱祕性，二是行業技術及業務的隱祕性。

江湖有著嚴密的組織形式，這表現在祕密結社和關係網兩方面。比如明清時期的天地會、洪門、白蓮教、天理教，還有清末民國時期的青幫、紅幫、漕幫、哥老會、紅槍會等等，都是江湖上的重要組織。就連義和團的早期組織義和拳，也是先以江湖結社的形式出現的。在幫會內部，大家互相以「師父」、「師娘」、「師兄」、「師弟」、「師姐」、「師妹」……等相稱，有著嚴格的輩分等級，以及用來約束幫內各色人等的嚴格幫規。

這種幫會組織的勢力，在民國時期達到了一個頂峰，廣泛滲透到社會的各個層面，上自總統，下至販夫走卒，包括軍政警憲、士農工商、記者藝員、流氓地痞在內的各界人士，均涉身其中。其影響之深、勢力之大，絕對稱得上空前絕後。

當時的武林人士，加入幫會甚至黑社會的極多。在上海勢力最大的青洪幫中，就有不少武林人士。二十世紀的二〇年代，北京有個安清幫，當時不少知名武術家都加入了這個幫會。之所以這樣，是因為在當時的社會背景下，不加入幫會的武林人士不但無法在江湖上行走，就連要生存下去都是個難題。

除了幫會組織，江湖中人還很重視關係網的建立和維護。這種關係網，可以是家族關係，還可以是師徒關係或結拜關係，形式不重要，重要的是如何維護江湖社會的祕密性和穩定性。

師父收了徒弟，就要傳授技能，這種關係如同再生父母般親近，所以才有「一日為師，終身為父」的說法。武術界、戲曲界、曲藝界、雜技界、民間中醫界、手工業界，都有這種拜師收徒的規矩和講究，追根溯源，其實都跟江湖傳統有關。

至於結拜，又被稱為「義結金蘭」，就是沒有血緣關係的兩個或更多人，因為情投意合自願結為異姓兄弟或姐妹，這個講究的是「不求同年、同月、同日生，但求同年、同月、同日死」。掛門裡的習武之人，多以「桃園三結義」為榜樣，希望透過這種關係網維護彼此之間的關係和情感，求得行當、門派的發展。

江湖中人對於行業技術、經營方式以及關係網的保密性也十分注重。這一點，在掛門中表現得尤為明顯。

武術界有句俗諺，叫做「真傳一句話，假傳萬卷書」，強調的就是對真傳的保密性——有的人跟著師父學了一輩子也未必能得到真傳。只有在江湖當中，才會有所謂的「祕笈」、「絕招」、「私功」這些說法，因為師父在對徒弟產生十足的信任之前，是不會將這些最好的本領拿出來教授的。所以我們看武俠小說，其中就有很多的僧人、道士，明明已經出家很久，也練了功夫，但就是不見任何長進，除了自身的資質有限外，師父是否願意傾囊相授也是關鍵所在。

江湖還有一個特徵也加深了其兇險程度，這就是流動性。在江湖中行走的人，基本不會固定在一個地方謀生，他們走四海吃八方。

江湖郎中是在游走中行醫賣藥的，江湖術士是一邊遊走一邊相面算卦的，江湖藝人是靠游走四方來賺取生活費的，至於江湖騙子，就更不用說了，還沒見過哪個騙子會固定在一個地方行騙呢！

還有那些以武謀生的人，他們更是把闖蕩江湖當成了家常便飯。保鏢的，講的是個「南走一千、北走八百」；護院的，雖是相對固定在一處執行守衛任務，但流動性也常常很大，很少只在一處長住。相比之下，教場看上去要穩定一些，不過在舊時代，根本沒有開設固定武館的條件，所以生源總是成為最大的問題，應對之策就是去鄉間多設場子，到處收徒才能維持生計。還有打把勢賣藝的，也需要透過流動來擴大影響，想要製造玄虛、守住祕密並增加人氣，就得不停地轉換表演地點才行。

江湖的第三個兇險特徵，就是它的欺騙性。在江湖中討生活的各個行當，都具有一定的「不實」性。當然，這不等於說每個江湖行當都是騙子的把戲，那種專門靠坑蒙拐騙吃飯的行當，只是江湖眾多行當的一種而已，叫做騙術門。

在所謂的「四大門」中，每一門都會含有一些欺騙性。比如金門本來就是仙姑、神漢跳大神的行當，當然會有欺騙的成分在裡面。而皮門包含的職業更是五花八門，遊醫、牙醫、除瘊子的、剜雞眼的、賣草藥的、賣膏藥的、賣大力丸的、賣虎骨虎鞭的，都在皮門之列，其中大多數人都還多少懂得一點醫術，雖說不會很高明，但輕微的病症總是能夠治好的，否則也就討不到這碗飯吃了。但這些人在提到自己的行當，特別是職業技能時，往往會吹噓自己是「包治百病」的祖傳神醫，這就有了一定的欺騙性。至於那種以白蘿蔔冒充人參、以牛鞭冒充鹿鞭的賣藥人，則與騙子沒什麼兩樣了。

相對而言，彩門和掛門是比較乾淨的行當。掛門裡有「尖掛子」、「腥掛子」之分，其中的「尖掛子」，是指那些有真本事的武術高手。在江湖上，這類人物往往是把腦袋別在褲腰上掙飯吃的，講究的是真刀真槍、遇事拼命，這種人最看不起靠騙術吃飯的人。

而「腥掛子」則是指那些只會花拳繡腿，難以上陣交鋒的人。這類人因為本事不濟，只能做些力所能及的小營生，其中一部分人也能儘量堅持職業操守，不要什麼花招。只不過，在「腥掛子」中還有另外一群人，只會一點腰腿功夫，就敢以「大師」為名，到處招搖撞騙，把戲法當功夫，在道具上做假，玩些發功抓病、請神驅鬼的把戲。這類貨色，即便是在現今，也常常招搖過市，幹一些為人不齒的騙子勾當。

需要指出的是，無論「尖掛子」還是「腥掛子」，都會沾上一種愛自我吹噓的江湖惡習，不是吹噓本門的功夫有多高超，就是吹噓前輩高人有多大本事，再不就是吹噓自己的過去如何風光，吹噓自己有多少多少的絕招、祕笈。更甚者，還有人大言不慚地聲稱自己能「隔山打牛」或是「登萍渡水」，再不就是拿小說中杜撰出來的「九陰白骨爪」、「降龍十八掌」當成自己的看家本事，這種過分的吹牛，其實也多少帶了些欺騙性。

都說「江湖險惡」，其兇險程度究竟如何，以掛門為例，就不難看出些端倪。電影《一代宗師》中，就講到了很多關於武林和武林中人的舊傳統、舊規矩，比如「獨行道」。

在電影中，家僕老姜曾苦勸宮二：「奉了道，妳這一輩子就不能嫁人，不能傳藝，更不能有後。那可是回不了頭的。」很多觀眾看到這裡都不明白，為什麼報仇就必須「奉道」？到底怎樣才算是「奉道」？

按照舊時的傳統，女兒在定親後就不再是本家的人了，這是一種約定俗成的禮法，禮節上的很多規定就等同於法律。所以宮二即便是在率眾興師問罪時，也只是站在馬三的院子裡，說的是「我敬你是師兄，不關你門」，而馬三的回答也很耐人尋味：「宮家的東西至金至貴，要取必須是宮家的人。妳是許了親的人，沒資格。」正是因為這些禮法的束縛擺在那裡，一心報仇的宮二才決心斷發「奉道」。

這裡所說的「奉道」，奉的就是「獨行道」。它跟出家是不一樣的，不必六根清淨，只要一輩子奉行獨身的原則就可以，這就包括不能婚嫁、不能傳藝。前者是針對所有行當而言的，要做到不留財產、不留後人；後者才專門針對武林中人，屬於一項特殊的誓約，那就是不留絕技。要做到「奉道」，不是隨便哪個人都可以的，是要有一定地位和成就的人才行。宮寶森是北方武林的領袖人物，所以作為其後人的宮二才有資格「奉道」。

在舊時的江湖中人看來，「奉道」可是件大事。因為武術要言傳身教，一旦掌門人奉了道，也就等於是這個人沒了，這個門派也將不再流傳於世間。宮二為報父仇而「奉道」，也就意味著宮家的六十四手將會失傳於世。如果她能遵從宮寶森「不問恩仇」的遺願，那麼也會成為武林中又一宗師級人物。而事實上，她做出了另外的選擇，一個讓宮家幾代人的心血化於無形的殘忍決定。但真正殘忍的，是宮二本人嗎？顯而易見，是舊時武林中的那些陳腐規矩才毀了一個女人的後半生，更間接毀掉了一門武林絕技。

影片中多次出現的「金樓」，也是一個值得說說的地方。

從表面上，所謂的「金樓」其實就是個風月場所，這個在外人看來的「銷魂窩」，卻成為江湖人士眼中的「英雄地」。為什麼武林中的英雄好漢都要在金樓議事？因為這裡實際上已經成了江湖中人的「堂子」，而不是通常意義上的那種青樓妓院了。

在清末和民國時期，這種「堂子」其實就相當於現在的夜總會或高級會所，是有地位有身分的人士交易、談事的地方，其中的歌女也多是賣藝不賣身的。你可以說它是風月場所，但它絕不是那種通常意義上的妓院。更重要的是，這種風月場所並非是人人都可以進的，裡面不僅消費很高，而且大多不對外開放，全是靠私交介紹來的一些重要客人。

除了隱藏著很多武林高手外，還有一個細節能說明「金樓」的重要地位，那就是宮保森的師兄丁連山也隱居在這裡。據史料記載，當年宮寶森首次走進金樓時，就喝到了丁連山伺候的一碗湯，這才知道自己的師兄隱居於此。

按說在舊社會的觀念裡，躲進風月場所伺候女人應該是件很低賤的事情，所以江湖中就有這麼個不成文的規定：凡是原本有影響力的人物躲進了堂子裡，當了那些卑賤者的下人，那就等於是一種自輕自賤的行為，以前的所有江湖恩怨也就不能再被追究了。

正因為如此，一旦武林中人得罪了人或是犯了什麼大事，按照當時的社會環境來看，大致上就只有兩條出路了，一是像《水滸傳》中的魯智深那樣，選擇出家避禍，二就是躲到堂子裡頭，去做伺候人的卑賤事。

至於所謂的「借名聲」，在《一代宗師》中也有細緻的描述。整部電影是從八卦門掌門宮寶森在南方的退隱儀式開始講述的，這其中就暗含了民國武術界「北拳南傳」的大事件。但宮寶森名義上是「退隱」，實際上卻是要幫新人出頭，所謂的找個人「搭手」，其實就是比武較量的一種隱晦說法。

在清末民初之際，中國武術達到了一個發展的黃金期。隨著明、清兩代長達六百多年的民間禁武，到了清末時期，國家的軍事力量已經被嚴重削弱，可與此同時，作為國術的武術卻迎來了它的發展高峰。

據史料記載，當時的很多武林高手在技擊水準上都達到了前所未有的高度，而且武館遍地開花，相互間的切磋和交流變得稀鬆平常。如果徒弟能打敗師父，那就可以直接把師父畢生的名氣據為己有了。所以，在電影中，宮寶森說在退隱儀式上跟他「搭手」的將是大徒弟馬三，也就等於是在幫助馬三成名。等到葉問在武學見解上贏了宮寶森後，後者只好大度地說「今日把我的名聲送給你」，就使得葉問一戰成名了。

從上述內容就能看出，雖然電影只是藝術的再創作和再加工，但其中的很多情節卻來源於真實事件，反映出的都是赤裸裸的江湖角鬥和攻心計。無論是古代還是現代，江湖中的很多規矩和條條框框都有其不可取之處。能在如此複雜多變的環境下生存和發展，對於任何人來說都不是件容易的事情。相比之下，似乎只有所謂的「江湖義氣」更具正面意義。

不過就算是這種義氣，細究起來也有許多弊端。一般來說，江湖中人只會對自己的同夥講究「義氣」，不是哥兒們兄弟，就是對自己有利有益的那些人；對於那些與自己並不相干的人，是沒有什麼義氣可講的。為了私人恩怨，就算是互相械鬥、仇殺，也在所不惜。這種毫無是非觀念可言的江湖義氣，其實是相當害人害己的東西。所以，舊時才會有「江湖之中，講義氣，無是非」的說法。

至於魯迅曾經提到的「江湖氣」，就更是不值得宣導的東西了。久在江湖飄蕩，難免會不自覺地沾染上這股「流氓氣」，油滑、狡詐、自私、固執、不坦誠、不實在、爭強好勝、斤斤計較、是非不清、無視法律、為所欲為、不計後果……這些都是「江湖氣」的表現，其中沒有幾樣是能夠為人稱道的品格。

那些久居江湖的人，往往一眼就能被人看出來，因為在他們身上，多多少少都會流露出這些江湖習氣，有的人甚至還以此標榜而沾沾自喜。殊不知，古往今來，除了文藝術作品中的那些虛構人物外，又有幾人能在這樣的江湖中善始善終、笑傲眾生呢？

第2章

刀光劍影下的迷失——關於江湖的誤解

江湖

三山五嶽、五湖四海，上至廟堂之上，下至市井之間，都可以被稱作江湖。而人世間的一切行事之術，也都可以被稱為江湖術。所以自古以來，就有「四大門」和「八小門」（也說是「八大門」）的說法。這，才是真正意義上的江湖。至於今人們大談特談的所謂江湖，往往偏限於武林中的人和事，是江湖的一小部分，或者說，只是狹義上的江湖。

把江湖僅僅理解為武林（或者說是武俠），是對江湖的一種誤解。

說到武林，人們最先想到的，總是武俠小說或是影視作品中描述的那個世界，竄房越脊，飛簷走壁，豪氣干雲，行俠仗義；或許這裡密布著種種兇險，每一次奮勇搏殺都可能奪人性命，但真正的武林豪傑，自會身懷絕技，毫無畏懼，哪怕是付出鮮血乃至生命的代價，也要將俠義進行到底。這樣的一個武林，無疑是充滿神祕色彩和巨大感召力的。它是中華民族最閃亮的一張名片，以致於一提到中國，那些老外第一個想到的，總是中國功夫。

告訴你一個真實的武林

「滄海一聲笑，滔滔兩岸潮……」一曲《笑傲江湖》，道盡武林的風風雨雨、世事滄桑。一代代江湖兒女，在血雨腥風的武林中過著刀頭舐血的生活。

然而，這就是真正的江湖嗎？古往今來，人們對於江湖的誤解，已經成了一種習慣，好像沒有了刀光劍影、你死我活，就不能稱其為江湖。

可是你知道嗎？真正的江湖，也許只是波瀾不驚的柴米油鹽，或是日復一日的鉤心鬥角；在看似死水一片的表面之下，卻有暗流湧動其中。

在諸多武俠小說中，武林都被描述成一個帶有神祕色彩的特殊世界。這是跟普通社會幾乎並存於平行空間中的兩個世界，就像哈利·波特中的魔法世界那樣不可思議。可是事實上，由武林中人構成的這個世界，和普通世界的交界線是如此的容易跨越，你可以在河南找到少林寺，也可以在湖北找到武當山，它們就存在於我們身邊，真實具體，觸手可及。只不過，在那些武俠小說和影視作品的視覺轟炸下，這個真實的武林才離我們越來越遠而已。

要知道，每個實實在在的武林中人，都不可能像魔法世界中的人那樣不食人間煙火。他們一樣有七情六欲，一樣要養家糊口，他們和你做著一樣的夢，也面對著一樣的生活難題。

香港武術界曾流傳著這樣一個說法：就因為香港電影人採用了吊鋼絲這種特技手段，使得很多武俠片變得更為驚險刺激，看著大俠們在銀幕上飛來飛去，許多觀眾大飽眼福、羨慕不已。然而就是從那時起，香港的武館出現了招生越來越困難的現象，原來，愛好者們慕名來學武功，卻發現招收徒弟的師父竟然「不會飛」，當然是失望而歸了。

無論在古代還是現代，所謂的武林都只是中國社會中一個極其邊緣化的群體。科舉盛行的年代裡，主流人群是不會加入武林的，他們只會選擇透過科考獲得功名。即便是武舉考試，也少有所謂的江湖人士參加，因為考試內容往往都是軍事武術技能，而不是什麼內功、暗器——在主流社會看來，這些都是登不上大雅之堂的東西。在這種社會大環境下，所謂的武術宗師大多社會地位低下，經濟收入也很拮据。這，也就決定了他們必須透過僅有的、不被主流社會認可的技能，去謀求更好的生存和發展。

另一方面，中國古代社會向來不以商品經濟為主，對於商人的輕慢甚至歧視，導致人們即便想要牟利，也需找個足夠冠冕堂皇的理由。基於這一考慮，武術家們紛紛訂立了自家的入門考察制度，那些繳不起學費的學徒，在考察期間大多會被當做廉價勞動力來使用，表面上看他們是不需要繳納學費的，不過實際上，卻是在用勞動換取技術。

可見，一旦從經濟學、社會學的角度來解析傳奇色彩濃厚的武林，就發現它真的一點都不奇妙，更稱不上有多高尚，其中的很多算計之處，已經跟其他行業沒什麼本質上的區別了。

中國人歷來就有狩獵、戰爭、搏擊、表演的種種傳統，這些都與武術的由來和發展密切相關。先秦時代，統治階層特別留心「俠以武犯禁」的現象，從韓非子的《五蠹》中就可見一斑。

到了漢代，社會上更是出現了一個身分明確的「遊俠」群體，《史記》中的

《遊俠列傳》就有關於這方面的記載。作為「五蠹」之一的「俠」，實際上是列國的諸侯和貴族們豢養的門客，其實質是效力於個人的武士集團。在司馬遷筆下，那些漢代「遊俠」往往是平民出身，他們做的都是些除暴安良、匡扶正義的事。而這個以武裝保衛、復仇、刺殺、私鬥為職業的社會階層，與西方世界中的武士階層極其類似。

從世界歷史來看，武士階層一般都是在封建體制下，政治權力分散後的產物。比如西方的騎士階層，就興起於歐洲中世紀「國王」與各「領主」共治的社會架構下，日本的武士階層也是在「幕府」與各「大名」共治的政治格局中產生的。一旦政治權力分散，國家的武裝力量也會隨之趨於分散，變為以小規模的武士集團為單元的存在形式。在這種體制下，諸侯間的武力爭鬥愈加頻繁，但戰鬥規模往往都比較小。

而在古代中國，國家權力集中在皇帝一人手中，皇權自上到下，一以貫之，這就決定了民間武裝力量必須被統治階層予以打壓，才不會對皇權構成威脅。所以，自秦、漢以來，隨著皇權體制的建立和逐漸成熟，作為一個社會階層的武士集團、遊俠群體就被逐步剪除，直至徹底消失在歷史進程中。

細看兩千年多年的中國歷史就不難發現，重文抑武一直都是歷代封建王朝沿襲下來的基本國策，武士階層的缺失以及制度化格鬥賽會的匱乏，使得中國的武術實戰能力越來越弱。

那麼，戰爭的出現能否改善這個局面，造就出所謂的武術高手呢？答案同樣是令人沮喪的。

中國古代戰亂頻仍，其規模之大、程度之慘烈，在許多歷史書籍中都有記載。可是這種戰爭是大規模、集團化的武力角逐，跟講求單兵較量的武士對搏有很大區別。關於這一點，明代著名軍事家戚繼光在其著作《紀效新書》中已經分析得再透徹不過：「開大陣，對大敵」不同於「場中較藝，擒捕小賊」，「堂堂之陣，千百人列隊而前，勇者不得先，怯者不得後；叢槍戳來，叢槍戳去，亂刀砍來，亂殺還他，只是一齊擁進，轉手皆難，焉能容得左右動跳？一人回頭，大眾同疑；一人轉移寸步，大眾亦要奪心，焉能容得或進或退？」也就是說，在大隊人馬作戰時，強調的是各種兵器、各個兵種的專業分工和整體配合，而不是單兵作戰是否勇武無敵，更與什麼武林高手的培養扯不上關係。

傳統的中國武術講究「三練」，按照練武的劇烈程度，分為「文練」、「武練」和「橫練」。舊時的中國武術一般都屬於挑戰人體極限的「橫練」，至少也能達到「武練」。因為在冷兵器作戰時期，最普遍的搏擊方式就是徒手和操弄武器。再加上戰亂頻繁，所以練武的人都更注重實戰，以擊倒敵人為首要目的。

不過封建社會後期，隨著儒家思想逐漸成為主流，興科舉、廢武學之風越吹越猛，實用性的武術也越來越不被看重，許多有用的經驗和技法都相繼失傳，這就使得中國武術從講求實戰的格鬥術逐漸淪落為街頭賣藝的花把式，由原來的「橫練」變為「文練」，其實戰能力已大大削弱。

都說高手在民間，但實際上，失去了比賽的歷練，沒有了一代代習武者的悉心傳承，再強大的武術也會逐漸被後人遺忘。因為真正精湛的武術，從來都是源於勤修苦練和勇於切磋，而不是固步自封和自吹自擂。

那麼，究竟是什麼原因，讓我們對武林產生了如此之多的曲解與誤解呢？

自民國以來，中國武術被尊為「國術」。在許多人看來，這樣的中國武術，應該是天下無敵的。可是中國武術的實戰能力究竟如何，卻很少有人能拿出真實可靠的證據。那麼，是誰在宣揚這樣的觀念呢？不用想都知道，當然是中國人自己了。至於證據在哪裡，說來更是令人啼笑皆非，無非是自古以來那些與武俠有關的藝術創作。

漢代以後，中國的武士、遊俠階層雖然在現實中消失不見，但在文藝作品中卻重獲新生，而且一旦脫離了現實的束縛，這些虛構出來的俠客更是變得「出神入化」了起來。

中國武俠作品的第一個創作高峰，出現在唐代。唐詩當中，有很多以「俠」、「劍」入詩之作。其中最著名的，當屬李白的那首《俠客行》：「**十步殺一人，千里不留行。事了拂衣去，深藏身與名。**」簡單幾句話，傳達出來的「武俠」意象卻已清晰可見。

當然，將武俠精神推至最高點的，還是唐傳奇。作為中國小說發展的一個重要階段，唐傳奇已經開始擺脫史家的「實錄」傳統，嘗試進行藝術上的大量虛構了。其中的名篇《虬髯客傳》、《聶隱娘》、《紅線》、《昆崙奴》等等，都是中國文學史上最經典的豪俠故事。

金庸就很推崇《虬髯客傳》，認為它「或者可以說是中國武俠小說的鼻祖」。在各類唐傳奇中，俠客們的武功已經變得十分了得，比如《聶隱娘》中的刺客「空空兒」，其武功就達到了「人莫能窺其用，鬼莫得躡其蹤」的程度，他每次出手往往只用一招，一擊不中即飄然遠去，絕不出第二招，再加上「才未逾一更，已千里矣」，可見輕功到了怎樣高超的程度。這樣的武功，顯然不是先秦時的那些刺客所能相比的了。在《史記．刺客列傳》中記載的專諸、豫讓、荊軻等刺客，大多只能寄希望於一擊命中，不論中或不中，之後就只有束手待斃的份了。

明清時期是中國古典小說發展的最高峰，這時的武俠小說也開始真正興盛起來。其中對於中國武術絕技的描述，也開始變得神乎其神。到了晚清，一部典型意義上的武俠小說橫空出世，它就是《三俠五義》（章太炎的老師、經學大師俞樾讀過此書後，將其改訂為《七俠五義》）。台灣著名學者何洪生經過研究後認定，這本小說及其續作中虛構出來的很多細節，比如點穴、暗器、劍訣、輕功、悶香、夜行衣以及各種機關埋伏，都對後來的武俠小說產生了決定性的影響，說它是中國武俠小說史上的一個里程碑，一點都不為過。

到了民國時期，隨著出版業的興起，武俠小說也迎來了它的黃金時代，不僅湧現出一大批武俠小說名家，大量的武術絕技、功法也被創造出來，其中最典型的，莫過於對所謂「內功」的發明。

在晚清的武俠小說中，還基本找不到對「內功」的描述。可是到了新派武俠小說家的筆下，這種「內功」開始變得無處不在，也使得武術不再專注於外在的好勇鬥狠，開始朝著一種精神化的內在修為轉化。

據說內功高深的人，往往不再憑藉拳腳的精進和武器的優勢，而是用意志的強大力量去摧垮對方，草木竹石皆可為劍，飛花摘葉也能傷人，發展到最後，甚至達到了「無劍勝有劍」、「無招勝有招」的程度。對於內功的修練，也不再依靠外在形體的反復錘鍊，而是朝著悟性、智慧和機緣的方向發展。比如金庸筆下的覺遠和尚，原本就是少林寺藏經閣中的一個「圖書管理員」，從來不曾習武，一心只好讀書，是個看起來十分儒雅的人，宛然便是位書生相公。不過在讀書的過程中，他不知不覺練就了一身內功，竟成為絕世高手。可以說，內功的加入，使得武俠小說與東方的哲學精神變得更加契合，武術也由此被提升到了哲學思辨的層次來。

武俠小說的逐步人文化，讓其受眾不再侷限於一般的市井階層，並開始在欣賞層次較高的知識分子當中流行開來。而這一點，正是後來金庸能被抬上廟堂的主要原因。

只要稍加考證就不難發現，武俠小說、電影中的大部分內容都是虛構出來的。

那些關於霍元甲、陳真、黃飛鴻、葉問等武術家的事蹟，很多都來自憑空捏造。比如葉問根本就沒有跟西洋拳王比賽過。霍元甲倒是曾與「西洋大力士」奧皮音相約比武，不過因為奧皮音失約，也未能成行，再說這個奧皮音只不過是一個在上海戲園子裡做健美表演的演員，根本不是什麼真正的西洋高手。至於陳真這個功夫電影中最有票房號召力的「精武英雄」，也是作家倪匡虛構出來的，歷史上根本就沒有這個人。

對於武俠小說中的很多「絕技」，比如點穴、輕功、內功以及祕笈、靈藥、易容等等，很多人都表示深信不疑。但實際上，這些都是虛構出來的，其出現的時間大多很晚，基本都源自晚清以來小說家們的虛構。

除了藝術創作，傳統武術的表演化傾向也是造成這種誤解的原因之一。而這種武術的表演化，與武術傳統的流失以及現實社會的變遷有著直接的關係。

新中國成立後，武術和傳統戲劇、手工藝、中醫藥等行業一樣，面臨著重新改造的問題。其他行業或許還不難求新求變，但武術顯然不行。它更像是中國傳統地下社會的一個化石，再怎麼改造，也會留下不少舊日的痕跡。一旦被訂立了官辦武術和民間武術的分界線，體制外的那些武術家就很難再獲得官方的認可，甚至會失去生存的空間。

競技武術和傳統武術的割裂，讓很多從業者變得無所適從。如果選擇走競技武術的路，則幾乎失去了所有的傳統文化根基；可是那些流落在民間的傳統武術，品質又良莠不齊。在這裡，選擇變成了最大的難題。

中國武術一直在尋求自我發展之路，可是這種尋求的結果，卻是朝著套路表演的方向發展下去。這種表演不以實戰為目的，而是以健身、娛樂為宗旨，並逐漸與舞蹈、戲劇相融合。「項莊舞劍，意在沛公」的典故是大多數人都知道的，其中的舞劍，就屬於套路表演。事實上，早在唐代，這種武術的套招表演就已相當成熟。

杜甫的名詩《劍器行》描寫的就是唐朝著名藝人公孫大娘舞劍的景象。李白自稱「十五好劍術」，並不是說他的實戰劍術有多厲害，而是說他劍術表演有一定的水準。至於後世傳說中他曾「手刃數人」的故事，多半屬於杜撰，他又不是行刑的劊子手，怎麼可能隨便殺人呢？

除此之外，歷朝歷代由民間人士研究出的各種象形類拳術，如猴拳、蛇拳、螳螂拳等等，實際上也都是些用來表演的，為的只是滿足娛樂需要而已。

中國武術長期以來專注於套路表演，其觀賞性和藝術性確實達到了相當高的水準，但缺乏實戰性的弊端也一直受到各方批評。比如戚繼光就極為反對軍隊中流行花拳繡腿：「凡比較武藝，務要俱照示學習實敵本事，真可對搏打者。不許仍學習花槍等法，徒支虛架，以圖人前美觀。」在他看來，那些「周旋左右，滿片花草」的「套數」、「花法」，「不惟無益，且學熟誤人第一」，「庶無花法，而堪實用也」。即使是在當代，對於過分氾濫的套路表演，也有業內人士給出尖銳的批評意見：「其難度比不過體操，驚險比不過雜技，真不知這樣的武術應當叫什麼？」

武術的用途究竟是什麼，歷來爭議不斷。有人說練武術是為了強身健體，有人說練武術是為了提高自身的搏擊能力，眾說紛紜、莫衷一是。當武術愛好者們還在爭論哪門功夫的殺傷力更高時，我們或許有必要借用電影《精武英雄》中的一句台詞來回應他們──「擊倒對方最好的方法，是手槍。」

現實意義上的武林中人，究竟有著怎樣的愛與哀愁？或許，從電影《一代宗師》背後的真實歷史中，就很容易找到答案了。

電影中宮保森的師兄丁連山，是個戲份並不吃重的人物。可是在真實的歷史中，他卻有著一段錯綜複雜的人生歷程。這，還要從一九〇五年的「刺殺出洋五大臣」事件說起。

清光緒三十一年乙巳（一九〇五年）九月二十四日，滿清輔國公載澤、兵部侍郎徐世昌、戶部侍郎戴鴻慈、湖南巡撫端方、商部右丞紹英這五位大臣奉命出洋考察。消息傳出得很早，甚至連具體行程也包括其中——五人先是從北京搭火車到天津，再轉乘輪船去往西方國家，目的是調研西方憲政的各方面，藉以改善中國的君主制度，延續清政府的統治。「刺殺出洋五大臣」事件就在眾目睽睽下的火車車廂裡發生了。刺客名叫吳樾，是當時的激進革命團體「光復會」的會員。

九月二十四日，吳樾懷抱炸彈登上了五大臣的專車，打算與對方同歸於盡。在後來的官方說法中，吳樾雖然裝扮成親隨模樣，卻因為操著一口桐城腔而被人識破，在即將被捕前倉促發難，引爆了炸彈。結果五大臣只是受了些皮肉傷，吳樾本人卻被當場炸死。

雖然事發前吳樾就留下遺書，聲稱自己並無同夥，不過在官府看來，這顯然是其為避免牽連他人而捏造的謊言。事實也是如此：這次炸彈暗殺不只是有組織、有計劃的行動，甚至還有一個名叫張榕的同行共犯，給吳樾提供必要的掩護。

張榕是山東濟南人，本名張煥容，和當時的許多熱血青年一樣，也是個奮不顧身的革命分子。行刺五大臣失敗後，他逃逸了一段時間，但最終還是難逃被捕的厄運，幸好得到江湖上的大人物宮寶森的幫助，才在成功越獄後亡命日本，成了同盟會會員。

有一個細節值得一說，那就是無論「吳樾」還是「張榕」，名字裡的木字偏旁都是身為重大罪犯而被強加的「蔑稱」，這是古時對罪犯追加綽號行為的一種變體，就像早些時候清政府破獲洪門械鬥團體時，將所有涉案重要分子的名字上都加一個「水」字偏旁一樣。

幫助張榕越獄的宮寶森怎麼都不會想到，正是他的這一行為，不僅牽出了此後數十年的江湖恩怨，還連累了他的大師兄丁連山。

辛亥革命後不久，張榕重回東北，發起「奉天聯合急進會」，成了名震一方的人物。時值張作霖出任奉天城防司令和剿匪司令一職，急需找個對象來樹立自己的聲威，於是就想到了張榕──此人頂著「行刺五大臣」與「同盟會同志」的頭銜，卻沒有號召革命和發起暴動的實力。

張作霖假稱自己有意「革命」，張榕果然中計，跑出來與張作霖面談，結果被埋伏一旁的殺手開槍打死了。

按說這麼個疏忽大意的人，應當對自己的死負有很大責任，但同為同盟會成員的宮寶森卻不甘心，想要繼續革命。這時身為師兄的丁連山阻止道：「革命不是我們這樣的人幹得了的！」一句再簡單不過的規勸，足以看出丁連山的智慧和城府了。好在這一次，宮保森聽從了丁連山的建議，沒有鑄成大錯。

為了剪除張榕的同黨，張作霖在一九一五年又再次設局，試圖將這些人一網打盡。至於究竟哪些人才是張榕的同黨，張作霖自己也不知道。不過從丁連山日後的回憶錄《歸藏瑣記》中可以看出，他和宮寶森都是自投羅網的「同黨人物」。

為引蛇出洞，張作霖特意從當時的奉天監獄釋放了一個名叫薄無鬼的日本浪人。此人早年曾是同盟會成員，後來因志向無法伸張以及被關押在獄，導致精神失常。

為了防止這個瘋子在被釋放後禍及他人，更是為了保住自己的師弟，丁連山只好捨棄個人安危，擊殺了薄無鬼，從此被迫亡命天涯，最後躲進了廣東佛山的金樓之中，幹起了伺候妓女的下賤活。

根據《歸藏瑣記》的記載，他與師弟宮寶森是在薄無鬼死後將近二十年（也就是一九三五年左右）才再次重逢於金樓當中的。而此時的宮寶森，已經以八卦門掌門的身分聞名於武林當中了。這次他率領眾弟子南下廣東，為的是藉由推動「中華武術會」名目，倡議「南北合」，間接鼓動武林同道共同支持南京政府。

在金樓中，宮寶森被伺候了一碗湯。一嘗那湯，他才意識到原來自己的師兄就隱跡在此。丁連山在《歸藏瑣記》中這樣記載了兄弟相見時的情景：「我別無長言，僅對寶田道：彼日出手殺薄無鬼，我便墮入了鬼道。此後你我便有如衣服，爾為一表，我為一裡，儘管彼此相依，卻也兩不相牟。然南北議和之事，切記不宜橫柴入灶、操之過急，你也要學會『反穿皮襖！』」

這「有如衣服，一表一裡」，就是電影中反復提到的「有的人把自己活成了裡子，有的人把自己活成了面子」。實際上，它就是丁連山在漂泊江湖數十年後參悟出的一個道理，意思是在告誡自己的師弟：不要把江湖上的那些恩怨和門戶之爭看得太重，應當時刻保持住清醒的頭腦。畢竟歷史已經一再證明，以國家社稷或是武林大義作為幌子，欺騙、利用、打壓甚至是摧毀武林人士的事已經太多太多，什麼江湖道義，什麼愛國救民，對於一個微不足道的江湖中人來說都是虛妄、都是奢求，因為所謂的「武林」和「俠義」，都不過是誇大和虛構的概念而已，真正重要的道理，除了無愧於心，就剩下安身立命了。

這話說了沒幾個月，蔣介石就意圖收編廣東省主席陳濟棠的軍政大權，以此來打擊桂系的李宗仁，「兩廣事變」隨之發生。而宮寶森幸好再次聽從了丁連山的建議，放棄了聚合各地武術名家誓師護國的打算，才沒像他的師兄一樣「墮入鬼道」。

但實際上，宮寶森並非主動遵從丁連山的教誨，而是實在不得已才妥協。在當晚的金樓之上，廣東本地的各個武術門派根本不接受「中華武術會」的什麼和平號召，就在宮寶森離席會晤丁連山的那段時間裡，他的弟子還與其他門派發生口角，引發了一場比武較量，動靜驚擾到了隔壁鴉片煙鋪裡的一個本地紈袴子弟。此人祖籍南海羅村鎮聯星譚頭村，祖上做的是藥材生意，幾代後終於發達成了富足人家。到了他這一代，對生意興趣全無，倒是專愛研究拳法裡的門道。原本，他只是在一旁靜觀金樓這邊的局勢，可是在發覺確實有高手在場時，就再也坐不住了。前來攪局的他不僅打了宮保森的徒弟馬三，甚至還傷到了宮寶森本人，並由此一戰成名。這個紈絝子弟，原名葉繼問，也就是電影中的「一代宗師」葉問了。

比起影視作品中的這些橋段，更兇險的事情在江湖上還有很多很多。或許有人會覺得，大多數藝術作品中的情節都過於類似，無非就是淒慘的身世，狼狽的逃亡，美麗的邂逅，突生的變故，意外的收穫，成功的復仇，再加上一個美好的結局……僅此而已。可是，在真實的江湖中，只有你想像不到的，沒有不可能發生的。比如發生在趙氏孤兒身上的滅門慘劇，就是一個最好的例子。看著這樣的人間慘劇，你就會明白，什麼才是最讓人不忍直視的江湖。

晉景公三年（西元前五九七年），大夫屠岸賈要誅滅當朝的權臣趙氏家族。趙家的朋友韓厥得知消息後，勸說趙朔趕快逃跑，可是趙朔不肯。隨後，屠岸賈攻襲趙氏家族，將其滅門。

趙朔的妻子是晉景公的姐姐，當時已有身孕，為保住孩子，就逃到晉景公的宮裡躲藏起來。趙朔的朋友公孫杵臼和程嬰合謀保護這個遺腹子，程嬰獻出自己的親生兒子，把他假扮成趙氏孤兒，由公孫杵臼帶到山裡藏了起來。然後程嬰出來自首，說只要給他千金他就供出趙氏孤兒的藏身之處。告密獲准，程嬰帶著人去捉拿公孫杵臼和那個嬰兒。公孫杵臼見了程嬰，裝出義憤填膺的樣子，大罵他是無恥小人，不僅不幫朋友還要出賣朋友的遺孤。然後他請求把自己一個人殺了，讓嬰兒活下來。自然，這個要求沒被答應，公孫杵臼和那個嬰兒都被殺死。

十五年後，長大成人的趙氏孤兒終於在國君和將軍們的支持下，殺了屠岸賈，為自己的家族報了仇。之後他恢復本姓，被賜名趙武。已經完成使命的程嬰前來拜別趙武，說：「當初的事變，人人都能慷慨赴死。我不是不能，而是想扶立趙氏的後代。如今你已經承襲祖業，長大成人，恢復了原來的爵位，我要到地下去報告給趙宣孟和公孫杵臼了。」見趙武一邊痛哭一邊叩頭，程嬰又說：「他們都認為我能完成大事，所以才敢在我之前赴死；如今我不去覆命，他們就會以為我的任務沒有完成。」說完這一席話，他就自殺了。趙武為程嬰守孝三年，以後每年春秋也都要為其祭祀，世代不絕。

這，就是真正的俠義，真實的江湖。它遠沒有我們想像的那麼豪氣沖天、來去從容，其中的兇險與無奈，根本不是局外人可以承受得了的。

無論在什麼時代，政治、戰亂、慾望、人心……這些永不歇止的紛擾，總是能夠輕易擊碎每個人的夢和理想，管你是功名顯赫的人中豪傑，還是布衣平頭的尋常百姓，統統要在這樣的羈絆下過著不能盡心足性的日子，日復一日，年復一年，生生世世，無窮無盡。

俠之大者

在《神雕俠侶》第二十回中，郭靖曾對楊過說了這麼一段話：「我輩練功學武，所為何事？行俠仗義、濟人困厄固然乃是本分，但這只是俠之小者。江湖上所以尊稱我一聲『郭大俠』，實因敬我為國為民、奮不顧身的助守襄陽。然我才力有限，不能為民解困，實在愧當『大俠』兩字。你聰明智慧過我十倍，將來成就定然遠勝於我，這是不消說的。只盼你心頭牢牢記著『為國為民，俠之大者』這八個字，日後名揚天下，成為受萬民敬仰的真正大俠。」

有這樣一群人。

他們活得性情，活得瀟灑，活得自由奔放，活得熱血賁張。

他們可為信己者生，可為知己者死。練的是一橫一豎，做的是一撇一捺。

他們或仗劍天涯，或俯首民間，或獨行亂世，或嘯聚山林，掀起的是陣陣腥風血雨，演奏的是一曲曲江湖悲歌……。

長久以來，自由遊走在黑白兩道的那些俠客，總是會被人們「神化」為公平、正義、良知的化身。在他們身上，承載的是幾千年來處在專制社會最底層的弱勢群體對於公平、正義的渴求。因為難於實現，才更需要找到一個途徑，去宣洩心中的諸多塊壘。

那麼，在真實的中國歷史上，是否存在這樣的「大俠」呢？要解答這個問題，就要先從俠的起源說起了……。

在中國古代，「俠」這個字，還有「夾」和「挾」兩種寫法。《漢書．叔孫通傳》中說「殿下郎中俠陛，陛數百人」，這裡的「俠」通「夾」，基本上等同於「夾道歡迎」的禮數，而「俠陛」指的就是站在大殿兩側侍奉的人。說到「挾」，問題可就嚴重了。韓非子曾經猛烈抨擊過「俠以武犯禁」，因為在他看來，那些被稱為「俠」的人大多喜歡做些違法亂紀的事，比如挾持人質或是擾亂社會治安。

回過頭來，再說說「夾」，其原意就是「大者受兩人持」。也就是說，以

「俠」作為職業的人，專門靠綁架勒索、殺人越貨為生。這就有點類似於今天的黑社會成員甚至是恐怖分子幹的事情了。只不過，古代的這些黑道分子都特別講究個「義」字，他們既不魚肉鄉民，也不欺負百姓，而是常常以生命為代價，去對付所謂「知己」的仇敵。

如果以社會秩序作為衡量「俠」的尺規，那麼就很容易得出「亂一人之武者以力鄙，亂天下之武者以心致」的結論。意思就是說，這類的人根本不在乎事情的對與錯，也很少計較自己能得到什麼好處，他們的心思大多只有一個，那就是看見天下太平，自己的心裡就不舒服，非要搞得四處狼煙、烽火盈天，他們才會感到滿意。像東漢末年的賈詡，還有明朝初年的姚廣孝，就是這樣的典型人物。前者幾易其主，每每都能勸服當時的主公起兵造事；後者更是包藏禍心，險些顛覆了朱家王朝。當然，這些都是負面的例子。真正的大俠，是絕不會幹出這種事情的。

關於俠的出現和產生原因，司馬遷的《史記．遊俠列傳》中有過相關記述：「古布衣之俠，靡得而聞已。近世延陵、孟嘗、春申、平原、信陵之徒，皆因王者親屬，藉於有土卿相之富厚，招天下賢者，顯名諸侯，不可謂不賢者矣。」從中可知，俠的興起，最早是和養士的公子有關的。當時正值古代奴隸社會的崩潰時期，為求自保和謀得更長遠的發展，很多諸侯國的公子都開始豢養食客，其中就有很多人是當時的有識之士和江湖遊俠。

透過分析《史記》中遊俠們的處事風格，著名學者錢穆將所謂的「俠」分成了四類：第一類是「取予然諾」，意思就是言而有信，答應的事情一定做到；第二類是「振人不贍，趨人之急」，也就是樂意救濟、幫助有困難的人；第三類是「以軀借交報仇」，也就是以己之身，替別人報仇；第四類是「藏命作奸」，也就是隱姓埋名做不法之事。

而司馬遷的原文也對「俠」的特徵作了總結：「然其言必信，其行必果，已諾必誠，不愛其軀，赴士之阨困，既已存亡死生矣，而不矜其能，羞伐其德，蓋亦有足多者焉。」從這個意義上來說，俠客和刺客顯然是不一樣的。俠客有自己的理想，所謂「俠之大者，為國為民。俠之小者，懲奸除惡」，說的就是這個意思。像戰國時期的墨子，西漢的郭解，唐初的虯髯客、紅拂女，這些才是真正意義上的俠。

而刺客，往往更重視私人信義，為報答知己，他們不惜赴湯蹈火也全然不懼。

至於自己的行為對天下蒼生而言是否有利，則不是他們關心的問題。最典型的刺客，包括荊軻、聶政、專諸、要離等人。

當然，人都是有多面性的，俠的很多具體行為，也決定了他們往往不能被清楚劃分到哪一類當中。比如西漢時期的郭解，就是一個集「以軀借交報仇」和「藏命作奸」於一身的典型人物。

年輕時的郭解是個無惡不做的社會敗類，殺人、偷竊、造假幣、盜墓等等壞事都幹過，後來恰逢天下大赦，這才洗心革面做起了遊俠。郭解的勢力很大，他不僅是地方事務的仲裁者，還成了很多年輕人的道德楷模。地方上發生的私鬥殺人事件，也都是由他而不是官方來調解處理的。值得一提的是，當時的天下人，不管是賢人還是肖小之輩，也無論是認識他還是不認識他，都一致仰慕著他的名聲，甚至在交談時也會用他的名字來提高自己的名聲。光是這一點，就很能說明他在當時的影響力有多大了。

由於漢代初期中央政權還沒有深入到各個地方，所以遊俠在各地所擁有的強大勢力和人際關係網，就成了統治階層最放心不下的一大問題。不論是中央政府，還是地方官員，對遊俠都抱有一種既愛又怕的複雜情感。

統治階層時刻都在擔心遊俠對自己的政權構成威脅，所以處處提防，時時戒備。直到中央集權不斷得到加強，朝廷對於地方的控制力量也隨之空前強化，遊俠這個特定社會背景下的產物，才慢慢退出了歷史的舞台。

至於後世湧現出的那些江湖俠客，則多半屬於體制內的產物，只是具備了俠的一些精神特質而已。即便是從宗法社會走出的邊緣化人物，也大多藉由江湖成名，隨後又重新回到宗法社會中去，是一個由廟堂到江湖，再由江湖回到廟堂的過程，有點「終南捷徑」、「曲線救國」的意味在裡面。這一方面是社會變遷、戰爭頻仍的客觀歷史所決定的，二來也跟幾千年來的中國傳統文化特別是家國理念脫不開關係。在這方面，《水滸傳》中的宋江就是一個再典型不過的例子。在他的領導下，梁山泊把晁蓋擔任首領時的「聚義廳」改名為「忠義堂」，別看只加了一個「忠」字，可「忠」的是什麼，已經再清楚不過。至於好漢們打出的「替天行道」的旗號，也是一樣。這裡的「天」，不是「上天」，不是「天意」的「天」，而是「天朝」、「天子」的意思。也就是說，在宋江領導下的梁山，已經不再是嘯聚山林的土匪武裝勢力，也已經不再一心一意立足於江湖，而是開始公開向朝廷示好了。

事實上，在長達數千年的封建宗法文化的浸淫下，真正捨得「處江湖之遠」的出世俠客，實在是少之又少。更多的人，還是一心抱著「居廟堂之上」的念頭。行走江湖，落草為寇，終究只是不得已而為之的被迫選擇。以金庸筆下的郭靖和令狐沖兩位俠客來說，就是兩種不同走向的典型例子。

在小說《射雕英雄傳》中，郭靖的父親被勾結金人的宋將段天德所殺，是母親帶著他遠走大漠，才避過了仇人的加害。在鐵木真等蒙古人的庇護下，郭靖得以長大成人，先後拜江南七怪和「北丐」洪七為師，練就了一身武藝，進入了江湖頂級高手的行列。

在這個過程中，郭靖的兩次重大選擇，決定了他成為一代大俠的人生道路。

郭靖的第一個選擇，是在鐵木真之女華箏和武學宗師黃藥師之女黃蓉間，選擇了後者作為自己的伴侶。表面上看來，這是郭靖躲避「指婚」，選擇「自由戀愛」的自主行為，但你若對這件事作進一步的分析，就能發現其中的必然性了。娶了華箏，也就意味著做了蒙古人的「金刀駙馬」，看似風光無限，可是這種選擇本身，卻是對異族政權以及異族文化的一種認同。郭靖是在大漠長大的不假沒錯，可是有母親在身旁諄諄教導，他接受的還是正統的中原傳統教育，這也就決定了他在骨子裡還是一個漢人。在一蒙一漢兩個女子面前，他的心儀之選當然不會是前者。

那麼，這種選擇是否也意味著郭靖在華箏代表的正統社會和黃蓉代表的江湖社會間，會毅然放棄正統而投奔江湖呢？答案是否定的，看看後來郭靖的所作所為，這個問題也就變得一目了然了。更何況，在郭靖做出這個選擇時，鐵木真還沒變成成吉思汗，蒙古人還只是在大漠之上騎騎馬、射射鵰的遊牧民族，稱不上十分正統。

郭靖的第二個選擇，發生在大宋王朝遭遇外族入侵時。這時的他，已經成為武林中的宗師級人物，本可以從此放馬南山，和黃蓉去過逍遙快活的神仙日子，可是他卻來到襄陽城，寧可背棄對自己有養育之恩的蒙古人，不惜決裂兄弟之誼（曾和拖雷結拜）和師徒之情（曾拜哲別為師），也要誓死捍衛宋室江山。

說穿了，這才是他受到漢人宗法文化影響的最顯著表現，即抵禦外族入侵、回歸宗法社會的一種思維意識的直接作用。也就是從這時開始，他才真正成為了所謂的「俠之大者」，真正做到了黑白兩道通吃、名聲地位雙贏。

與郭靖相比，《笑傲江湖》中的令狐沖則是一個完全相反的類型。

本來，令狐沖有一個很不錯的社會身分，作為正規武學門派的開山弟子，這個大師兄只要遵從師父岳不群的教導，就能一路順風順水，成為江湖乃至正統社會中受人尊敬的顯赫人物。

只可惜生性自由不羈的他，偏偏喜歡跟那些邊緣化的非主流派別「魔教」親近，甚至還愛上了其中的女人。別管有意還是無心，令狐沖練就了一身曠世神功，卻在達成心願後選擇歸隱山林，再不過問江湖中的恩恩怨怨，也無心做人前顯貴的武林宗師。在他心中，能夠守著愛人終老此生，似乎才是最浪漫的事。這一點，倒是和《神雕俠侶》中的楊過相似。他們不是放棄正統社會而選擇江湖社會，他們是連江湖社會都一併放棄了的浪子遊民。

在他們看來，不論是「一將功成萬骨枯」的廟堂身分，還是「一劍飄飄一生笑傲」的江湖威名，都不如愛人的一顰一笑來得重要。他們不愛江山，只愛美人，覺得唯有如此才是人生快事。

在武俠的世界中，俠客們永遠都是主角。中國歷史上的那些俠士，基本上都以劍客自居，因為劍有「兵中君子」之稱，所以剛好與俠客們的氣質相呼應。在文學和影視作品中，這些俠客們的生活總是充滿了浪漫主義情調，可是一旦從真實而殘酷的歷史中走出來，俠客們還能這樣讓人神往嗎？

說到中國真實歷史中的「俠」，這樣的人不僅不多見，而且往往存在著或多或少的爭議。比如前面說到的荊軻、要離、聶政等，就是兼有「俠客」和「刺客」性質的人物。

毫無疑問，在中國有據可查的歷史記載中，荊軻是最早也是被歌頌最多的一個俠士。他是個刺客不假，可是他挺身涉險卻是為了一個即將滅亡的國家，這就讓他的刺殺行為變得與眾不同了。或許，用今天的觀點來看，他刺殺秦王確實有阻礙歷史進步的嫌疑，但在當時的歷史背景下，他這麼做是為了反抗暴政和侵略。這，正是他被後世史學家一再歌頌的原因所在。

要離，春秋戰國時人，素以打漁為業。他身材瘦小，其貌不揚，但智謀過人，有萬夫不當之勇，是當地有名的劍術能手。當時，吳國的公子光派刺客專諸殺了吳王僚，自己登上了王位，也就是歷史上的吳王闔閭。吳王僚的兒子慶忌只好逃往衛國避禍。

這個慶忌也不是個等閒之輩，他同樣勇武過人，能夠徒步追趕上奔跑的野獸，還能用手抓住空中的飛鳥，號稱吳國的第一勇士。

逃到衛國後，伺機報仇的他一直都在招兵買馬，這成了闔閭心頭的一大隱患。為除掉慶忌，伍子胥向闔閭推薦了自己的朋友要離。為了取得慶忌的信任，要離狠下心來使用苦肉計──在與闔閭鬥劍時故意刺傷吳王的手腕，再斬斷自己的右臂，這才「逃出」吳國去投奔慶忌。要離走後，吳王闔閭還按照事先商議好的計策，殺掉了要離的妻子，甚至將屍體焚棄於市。慶忌探得這些事實後，終於對要離深信不疑，視為心腹。

三個月過後，慶忌出征吳國，與要離同坐一條戰船順流而下。要離趁慶忌坐在船頭暢飲之機，揮劍刺中了對方。重傷後，慶忌竟然笑著說：「天下竟有如此勇士敢於刺我！」見左右衛兵要殺要離，他還揮手制止說：「這是天下少有的勇士，怎麼可以一日殺死兩個天下勇士呢？還是放他回國，以表彰他的忠勇吧！」慶忌死後，侍衛們只能奉命放要離走。可是這個已經取得成功的刺客卻說：「我為忠於吳王，才策劃了這次刺殺行動，甚至還用計殺死了自己的妻子，這是不仁。為了侍奉新君主，而殺死舊君主的子嗣，這是不義。既然不仁不義，我還有什麼臉面去面對天下人呢？」說完，就投江自殺了。在被他人救起後，要離又自斷手足，伏在劍上自刎而死。

至於聶政，原本是軹邑深井里人，後來殺了人，為躲避仇家，和母親、姐姐逃到了齊國，做起了屠宰牲畜的行當。

當時，濮陽的嚴仲子因為奉事韓哀侯，和韓國的國相俠累結下了仇怨，正四處尋訪能替自己報仇雪恨的人。在聽說齊國的聶政是個勇敢的死士後，嚴仲子就多次登門拜訪，還獻上黃金一百鎰給聶政的老母祝壽。直到母親去世安葬後，聶政才答應了嚴仲子的請求，去往韓國刺殺俠累。

行動成功後，聶政見追殺自己的衛兵太多，就趁亂毀壞了自己的面容，又挖出眼睛，剖開肚皮，直至腸子流出，死於當場。聶政死後，韓國人將其屍體陳列在街市上，還拿出賞金查問兇手是誰。

聶政的姐姐聶荌聽說有人刺殺了韓國的宰相，就猜到一定是弟弟所為。她趕到韓國看到死者正是聶政後，趴在屍體上大聲痛哭，一邊哭一邊說：「這就是聶政，他因為我這個姐姐還活在世上，所以才自行毀壞面容軀體，讓人不能辨認出來，我怎麼能因為害怕殺身之禍，就埋沒了弟弟的名聲呢？」說完高喊三聲「天哪」，隨後就因為過度哀傷死在了聶政的身旁。

再往後，到了唐代時期，大詩人李白也喜歡稱呼自己為「劍客」。在舞文弄墨、煮酒對月之餘，他更願意仗劍遠遊。

他在《上安州裴長史書》中自述人生經歷，說自己曾經帶著寶劍，離開故國遠遊他鄉，向南走到邊遠的蒼梧之地，向東一直走到大海邊；在遊歷雲夢澤時，被武后朝宰相許圉師家招為孫女婿。不肯安分下來的他，曾上書安州李長史、裴長史、韓荊州，向他們自薦；後來又親赴長安，「曆抵卿相」，希望以自己的曠世之才獲得朝廷重用，直至一腔濟世報國之心化為泡影，才重新行走於中國的大山名川，以詩詠志。

「詩仙」、「酒仙」和「劍仙」的名頭，想必也只有他才配得上了。至於「俠」字為何會落在李白的身上，原因也很簡單，因為李白曾經遊歷揚州，不到一年就花去了金錢三十餘萬，用來救濟當地貧困落魄的讀書人；而在身居太原期間，他又搭救過對大唐王朝有著「再造之恩」的一代名將郭子儀。更何況性格豪爽的李白還有著典型的忠義精神，每逢國家危難之際總是能挺身涉險，充分詮釋了「俠」的實質。

據《獨異志》中記載，唐代開年間的裴旻，也是個劍法精絕、勇冠三軍的人物，李白曾經跟隨他學習劍術。唐文宗時期，李白的詩、張旭的草書、裴旻的劍舞，被稱為當時的「三絕」，世人分別稱這三人為「詩仙」、「草聖」、「劍聖」。

除此之外，裴旻還是一位神射手。他曾作為龍華軍使駐守在北平一帶，當時那裡有很多老虎，善射的他曾在一天內射死三十一隻老虎。其彪悍之風骨，可見一斑。

元代王著殺阿合馬的故事，雖然很少被後世人瞭解，卻並不能掩埋一位俠客的真本色。王著作為當時最著名的一位俠客，不但武藝高強，且素來嫉惡如仇。

色目人阿合馬因為善於理財，深受忽必烈的賞識，被任命為中書平章政事。大權在握後，這個傢伙利用各種手段聚斂民財，使百姓不勝其苦。在聽聞此事後，王著與僧人高和尚合謀，集結了八十多人，假扮成當朝太子及宿衛，趁著夜色把阿合馬誘騙到東宮門前殺死。

事發後，王著和高和尚均被問斬，一代豪俠就這樣為民而死了。好在元太祖忽必烈對這事展開調查，發現了阿合馬的罪行，因此他承認，「王著殺之誠是也」。於是忽必烈追治阿合馬的罪，把他開棺戮屍，沒收家產，並將他的黨羽一網打盡。

明代的徐渭，也就是後人口中的徐文長，不僅是當時的著名文人，同時也是個軍事家。他自號為「青藤居士」，是中國歷史上罕見的奇才和怪傑，也是真正具有遊俠和劍客精神的人物。他的詩詞文賦、歌劇書畫，都稱得上當世一流，所以鄭板橋、齊白石這樣的後世英才，都紛紛爭當「青藤門下走狗」。

原名王正誼的大刀王五，是位不使劍的俠客。他位列於民間廣泛流傳的晚清十大高手中，與燕子李三、霍元甲、黃飛鴻等著名武學宗師齊名。除了在江湖上素有威名外，他的愛國義舉更是被人們廣泛傳頌。

王五曾與維新志士譚嗣同兄弟相稱，在戊戌變法失敗後，他曾多方遊走，為的就是搭救譚嗣同出獄。在譚嗣同甘願慷慨就義後，王五又參與了義和團的反帝愛國運動，殺洋人，打教堂，終因寡不敵眾，被八國聯軍槍殺而死。

大刀王五被殺後，頭顱被懸掛在城門上，以致於家人無法為其入殮。天津的霍元甲聽說此事後，隻身趕來，趁夜將王五的頭顱取下，這才將一代俠士安葬入土。

如果俠客與刺客的界限並不嚴格，或許還有更多人可以被稱為「俠」，比如《史記》中記載過的曹沫、專諸、豫讓，漢代的朱家、劇孟、原涉，三國魏晉南北朝時期的甘寧、王彌、祖荻、臧質、蕭思話、劉懷珍、裴之橫、熊曇朗，唐代的劉弘基、長孫順德、丘和……此後的歷朝歷代越發重文輕武，所以清代文人全祖望才會不無感慨地說：「遊俠至宣、元以後，日衰日陋，及至巨君之時，遂已一無可稱矣。」

先別管是俠客還是刺客的問題，這些人之所以會青史留名，大多在於他們不惜以一己之軀對抗當時無所不在的強權暴政，進而讓原本微弱的生命之花，在那遙遠的時代裡開出最鮮艷奪目的一抹亮色。

所謂「士為知己者死」，這樣的話說來容易，做起來卻需要極大的勇氣。正因為如此，當代著名作家在談到「俠」的問題時，才說「俠」的最大意義，是他們「在古代的東方樹立了一種極端的英雄主義和浪漫主義」。

每個江湖中人，都有一個自己的夢

無論是光芒萬丈的大英雄，還是沒沒無聞的小人物，每個江湖中游走的生命，都有一段屬於自己的故事，也都有一個只有自己才會珍惜的美麗之夢……

對於所謂的「俠」，中國人素來懷有一份敬畏與嚮往之情。不管是「拔劍欲高歌，有幾根俠骨，禁得揉搓」，還是「俠之大者，為國為民」，都是世人對於「俠」的一種寫意式的概括。在這一點上，李白的《俠客行》可謂做到了極致：「**趙客縵胡纓，吳鉤霜雪明。銀鞍照白馬，颯遝如流星。十步殺一人，千里不留行。事了拂衣去，深藏身與名……縱死俠骨香，不慚世上英。誰能書閣下？白首太玄經。**」一首盪氣迴腸的詩作，寫盡了古人對於「俠」的嚮往與追求。

中國的俠文化，最早可以追溯到先秦時期，當時中國的俠士通常被稱為「遊俠」。說到對遊俠的研究，在舊時的中國，主要還是對「遊俠」字義本身的理解，且興起於清末民初。譚嗣同在《仁學．自序》中認為，儒家的「任俠」就是遊俠的前身。梁啟超自號「墨學狂」，主張利用武俠精神拯救積貧積弱的舊中國。這些學者之所以選擇闡釋墨家和遊俠精神，其根本還為了藉此振興國家，而並不是對遊俠精神有著怎樣特殊的興趣。

第一個有系統研究遊俠的學者，是陶希聖。早在一九三〇年，他就發表了《辯士與遊俠》一書，從古代貴族入手，重點對遊俠的本質、行為以及活動方式進行分析。書中認為，遊俠並不完全出身於平民，其構成是多方面的，遊俠這個群體也不單單是指豪族、布衣，還包括了食客、刺客等特殊群體。

一九四二年，錢穆發表了《釋俠》一文，從先秦典籍、《史記》、《漢書》等正史入手，對遊俠的定義進行了更為深入的闡釋，認為遊俠是指交友廣泛、可以指使他人的人。這就將刺客、食客等人群排除在遊俠之外了。

而另一位學者馮友蘭，先是發表了《原儒墨》，後來又相繼發表相關文章，提出遊俠全部來自於平民階層的觀點。持同一觀點的還有呂思勉。

新中國成立後，人們對於遊俠的研究多側重在階級分析方面，並無太大建樹。

而海外研究遊俠的學者，主要有增淵龍夫、劉若愚、孫鐵剛等人。其中增淵龍夫認為，遊俠不是特殊的一個社會集團，而應該被看做一群具有俠客氣質的人。在他看來，遊俠是沒有階級屬性的，只有性格屬性，這一點倒是跟司馬遷對遊俠的道德描述相符合。

時至今日，關於遊俠的研究成果主要表現在兩本系統論述遊俠與俠客的著作中，一為陳平原的《千古文人俠客夢——武俠小說類型研究》，二為汪湧豪的《中國遊俠史》，兩本著作均在整體上對遊俠或者俠的發展進行了梳理。

值得一提的，還有章培恆對於遊俠與武俠概念進行的系統分析。在他的觀點中，遊俠是結交朋友且甘於為朋友奉獻一切的人，他們在接納賓客時往往一視同仁，不棄貧賤，也不以富貴凌人。當然，雖然遊俠的原始意義是這樣的，不過在社會發展過程中，遊俠的內涵卻在不斷演變，最終導致遊俠向武俠觀念的過渡。

遊俠的概念之所以會一直存在分歧，大致跟史籍記載的差異性有關。最先論述到「俠」的著作，是韓非的《韓非子》，其中明確提到了「儒以文亂法，俠以武犯禁」的觀點。這就是說，「俠」都是一群以武力侵犯法律的人。當然，這裡只說到「俠」會用武力侵犯到法律，並不代表凡是能用武力去侵犯法律的人，就都是「俠」。對於這一點，後世的研究者也有著清楚的認知。呂思勉說：「遊俠者，古武士之遺也」，先秦階級崩壞而「士遂流離失職，而民之有才智覬為士者顧益多。於是好文者為遊士，好武者為遊俠」。馮友蘭也認為「俠」是打鬥方面的專家，已經接近於武士的概念了。

《史記．遊俠列傳》中，曾對遊俠的道德品質進行過詳細說明。而班固的《後漢書》中，則更多繼承了韓非的觀點，不僅對「俠」的身分進行了擴展，指出上至諸侯、大臣，下至黎民、布衣，人人都可以成為俠；更是對其行為進行了規納，指出「俠」並不單純「以武犯禁」，還表現在「雄強鄉里，豪傑大猾與貴家賓客，皆為立強於世」。也就是說，這時的「俠」已經具備了一定的江湖屬性，崇尚的是武力和義氣，前者用來解決問題，後者用來結交同道。

也有單純從字面意義上對「遊俠」概念進行解釋的觀點。「遊」，在古代的典籍中常常用來指「交遊」。在《說文解字》中，許慎對「俠」的解釋是：「俠，俜也。」「俜，使也」。「使，令也。」也就是說，「遊俠」的原始意義，就是交遊圈中發號施令的人。

錢穆在《釋俠》一文中，也逐一檢討了戰國、秦漢以來有關文獻對「俠」的解說與定義，從不同側面對「俠」與「私劍」進行了辨析。他率先指出，司馬遷的「遊俠」與韓非的「俠」的區別，就在於司馬遷的「遊俠」是養「私劍」者，而韓非的「俠」則是「私劍」者本身。由此看來，「遊俠」的身分不是什麼寄人籬下的賓客，而是以盛養賓客、招納「私劍」、藏匿亡命之徒而擁有相當權力的「私門」之主。

這些學術上的研究，一方面可以讓人瞭解到有關「俠」的歷史知識，另一方面也更有現實意義，可以讓人看到「俠」在不同時代裡的發展軌跡。不過，理論永遠是枯燥無味的，而真實的人生際遇，才是每個自詡為俠的人都要去面對的東西。

誰才是中國歷史上的第一個俠客，其實無關緊要。重要的是，當「制度不立，綱紀廢弛」的時代背景為俠客們的活動提供了最為寬廣的舞台，原有的階層劃分已經被破壞，原來的道德規範和社會秩序已經走向衰落，當尊卑貴賤不再是不可更改的鐵律，當王侯將相遭到了「寧有種乎」的詰問，每個生命個體都具有了某種自主意識，游離於社會組織與社會結構之外的可能性空前增加，這就給了遊俠們馳騁江湖的一片時空。管你是老是幼，是富有還是貧窮，只要你敢想敢做，敢為敵當，你就有可能成為你想要成為的那個人。

比如秦末漢初的遊俠，就主要是由「少年」、六國舊貴族和布衣之俠構成的。這裡所說的「少年」，專指那些不事生產、不拘行跡的浪子。而六國舊貴族，則是指秦統一六國後，流落到民間的各國王侯。在這些人中，項羽、項梁、項伯是楚國的後人，張良是韓國的後人，張耳、田氏兄弟也都是貴族出身。除了少年與貴族，還有來自平民百姓的「布衣之俠」，蕭何、曹參、樊噲、陳平、酈商、韓信等人，就是這方面的代表人物。

到了西漢時期，江湖上的遊俠主要是由布衣與貴族構成。漢宣帝本人就曾在少年時代流落民間，所以才會對當時的遊俠群體採取較為寬鬆的政策。可是隨著漢元帝、漢成帝繼位，朝廷又開始對遊俠實施打壓，這也是迫使遊俠最終走向江湖的一個重要原因。

這期間雖盛行過一段「養客」、「任俠」之風，但畢竟大勢已去，所以自《後漢書》開始，正史中已經不再有關於遊俠的記載了。特別是在漢景帝、漢武帝的濫刑、濫殺下，遊俠們已經再沒什麼活動的餘地，從遭到打壓到走向沒落再到最終被邊緣化，只是一個朝代更迭間的事情。

而這樣的結果，往往又和中央集權的變化息息相關。如果中央採取措施限制人口流動、打擊地方豪強，那麼遊俠的發展就會受到嚴重的限制；如果政策寬鬆或時局處於動盪時期，那麼遊俠的活動就會變得相對頻繁。可見，不是遊俠群體在影響歷史，而是時勢變革在很大程度上左右著遊俠群體的榮辱興衰。

只不過，不論身處於哪朝哪代，遊俠們的本質從未變化，他們總是習慣於仗義疏財、「以武犯禁」、「聚徒私交」。也正是這一屬性，才讓統治階層永遠無法對這一群體聽之任之。在統治者不斷的籠絡、打壓，再籠絡、再打壓的過程中，遊俠群體本身也出現了潛移默化的改變，越來越朝著江湖的邊緣地帶滑落下去。

當然，現代人對於武林乃至江湖的瞭解，大多不是來自於真實的歷史，而是與武俠小說和影視作品的流行有著直接關係。武俠小說這種以講述武林故事為主要內容的文學類型，用梁羽生的話來說，「俠」是其靈魂，而「武」不過是其藉助的軀殼而已。也就是說，「俠」才是目的，至於「武」，只是達成「俠」的一種必要手段。

連創作者自身都在強調「俠」的觀念，也就難怪會有那麼多人在這個問題上認真了。熱衷於這個話題的專家學者們，也一再解析著自己心目中的「俠」。

劉若愚在《中國的俠》一書中最早列舉了「俠」的八種特徵，隨後又有侯健在《武俠小說論》中總結出「俠」的十種特徵，到了田毓英的《西班牙騎士與中國俠》中，「俠」已經有了十一種特徵。

這些或深或淺的論述，大多選擇了不同的角度，所以得出的結論也相去甚遠。儘管自《後漢書》起，正史中已經再沒有關於遊俠的任何文字論述，但這並不等於社會上就不再有遊俠的存在。從魏晉南北朝的詩篇，到唐代盛行的傳奇故事，再到宋、元時期的話本，其中的俠客形象，很多都明顯帶有其創作時代的生活印記。

創作者們之所以會把俠客一次次嵌入兵荒馬亂、王朝更替的時代背景下，當然不是偶然為之。儘管文學創作不等於現實生活，會摻雜進太多創作者想像的成分，但史書同樣也不能等同於真實的歷史，而是會多少涉及到史學家們的主觀因素。所以史書只是史書，未必就是歷史本身。

同樣的，俠客形象之所以能夠形成並發展至今，也多少跟廣大民眾的心理需求有關。每逢禮崩樂壞的動盪亂世，人們總是希冀著主持公理和正義的有識之士出現，而不是求助於法律。法律只有在治世可以規範世道人心，可一旦遇到亂世，誰還能保證青天之下沒有冤獄或是不平之事呢?比如晚清俠義小說《七劍十三俠》的第一回，就把貪官污吏、勢惡土豪、假仁假義這三種人，稱為「王法治他不得」的「極惡之人」。可見，當制度變得不再可靠時，作為手無縛雞之力的尋常百姓，能夠指望的也就只有懲奸除惡的俠客們了。

只是，俠客不一定就意味著要越過法律去行使判決，仗劍也不一定是指殺盡天下的該殺之人。越到後世，這個事實就變得越發明顯。李白是學過劍術，據說還真的殺過人，可是他還是拿大唐王朝的奸佞小人沒辦法，最後只落得了浪跡天涯的結果。陸游也是個「學劍四十年，虜血未染鍔」的高手，可是他照樣要在艱難的時勢中求生存，徒勞地抱怨著「此生誰料，心在天山，身老滄州」。到了林紓那裡，學劍乾脆變成了一場有意識的「秀」，看著豪氣干雲，其實毫無實用價值。

歷代文人學劍、任俠，實際上並非真的能成為什麼俠客，而不過是藉此「豪氣一洗儒生酸」（蘇軾《約公擇飲是日大風》）罷了。俠客獨立不羈的個性，豪邁跌宕的激情，還有熱烈燃燒的生命情調，無疑都是讓文弱書生們心馳神往的東西。那是對另外一種生活方式的強烈嚮往，也是對一種快意人生的膽氣所讚賞和羨慕。

說穿了，想要在現實的亂世中求得自保，俠客們往往是靠不住的。不管你怎麼理解「俠」的概念，也不管你怎麼需要「俠」的出現，問題最後還是得自己來解決。當然，你大可做著一個關於「俠」的美夢，這是沒人能阻止的，可是在現實的江湖，根本容不得造夢者的存在。

既然說的是武林中的事，姑且就以習武者的種種人生際遇，來看看理想究竟能否照進他們的現實生活吧。

早在古代，就有人把「武」字拆解，用一「正」（一和止）一「斜」（弋），來闡釋習武之人的出路：「進門習武者，『武』字要分開講。為武夫者用『正』，以武行俠仗義，斬凶除惡保忠正，乃盡『武』字之道。『武』字斜行不正，乃歸綠林響馬之內，其為黑門。盜富濟貧，保節婦義士，除作惡不法之徒，盜來路不正之財，這也算英雄好漢，歸來落個俠義之名。」

但事實上，真的會有這麼單純的事嗎？以「掛」門中的那些練武者為例，就遠不如想像中這般盡如人意。

「掛」門當中，除了尖掛子、腥掛子外，還可以分為清掛子、渾掛子，或是明掛子、暗掛子。其中的清掛子，指的是那些明白事理懂武林規矩的，而渾掛子是指那些渾拙悶愣不通禮儀的。至於明掛子和暗掛子，指的是黑、白兩道，前者屬於白道，後者屬於黑道。

在江湖上，明掛子多是憑武藝做保鏢、護院、教場或賣藝的人。這是明掛子的四大行，所以在江湖中就有「四大明杆」的叫法，以支杆、拉杆、戳杆、點杆分別指代上述職業。

按「掛」門的說法，它們又被稱為「四大卦」，即響掛、明掛、相掛、邊掛，還對應著齒、白（音伯）、春、溜這四個字，所以也被稱為齒字門、白字門、春字門和溜字門。明掛子講究的是吃英雄飯，穿好漢衣。投軍的人，多數是為了當兵吃糧，想憑自己的武藝走升官之路，終歸不是多數練武者能辦到的事，還不如靠本事混口飯吃來得實際一點。

至於那些打家劫舍、占山為王、欺行霸市、偷雞摸狗的人，當然就是暗掛子了。闖蕩江湖者，不是入了白道，就是入了黑道。但不論選擇的是哪一邊，都要跟黑、白兩道的人打交道。所以就產生了許多江湖規矩、手段、方法，這些都是舊時的習武之人在出道前必須掌握的東西。

用「四大明杆」、「四大卦」來指代四種明卦子的行當，是有一定寓意的。保鏢的護送人財貨物行走四方，一般都要插鏢旗、樹鏢燈、推鏢車、喊鏢號，鏢車上挑著或插著棗紅色的鏢旗，明來明去，替自己造個聲勢，所以稱為「支杆」（或挑杆）、響卦。

護院的都要坐山守海，保護東家的人財安全，還不越雷池一步。在面對大盜小賊時，往往先要自報家門，甚至報上宗師、朋友，以此來威嚇賊人，驅趕對方，這才被稱為「拉杆」。

教場子的，得大張旗鼓亮牌子、收徒弟、傳武藝，必須得有真本事，在當地立得住，否則被人踢了場子，就無法在江湖上行走了，所以才被稱為「戳杆」。

至於相卦，就是說此人會武藝、有功夫，因為江湖暗語中把會武藝的人稱作「相人點」。賣藝的是沒有舞台劇場的，不論是走街串巷，還是在廟會大集上表演，都是圍個圈子，用刀槍棍棒往當中一放，就算是畫出場子了，這種人多數都紮不下根，所以俗稱「撂地」，又被稱為「點杆」（或撂杆）、「邊掛」，意思是說，賣藝的吃的是表演武術的飯，離「格殺」的武術宗旨還有很大的差距。

習武之人，往往會根據自己所從事的行當，在關鍵時刻用這種稱謂亮明自己的身分。比如護院的發現有賊人「到訪」，大多會說：「有明卦坐池子，拉杆靠山的墊上有朋友。墊上的朋友吃遍天下，求朋友照應，遠行幾步，腳站之地讓與兄弟吃，不必在此尋找。」聽了這話，如果賊人是個通情達理的，也就趕緊離開了。要是不予理會，護院的會接著發出警告：「你若不仁，別說我不義。上有天羅地網，下有眾家弟兄，拿你送官，可別後悔！」一旦話說到這種程度還沒效果，一場交手就在所難免了。

在江湖上，素來就有「洪、留、枝、捋、磨、彈、查、炮、花、龍」的說法。這十種分類，其實說的是十種拳法。「洪」是洪拳，「彈」是彈腿，「查」是查拳，「炮」是炮錘，「花」是花拳，「龍」是龍形，「枝」是枝子拳，也就是現如今的戳腳。至於剩下的幾個是何拳何門，連很多武術大家的著作中都沒提到過，當然也就沒人說得清楚了。

至於「齒、白、春、溫」的說法，說的已經不是什麼武術門派，而是指舊時習武之人的四條出路。具體說來，這首先是四種行業的代稱，其次還都強調了一個共同的宗旨，那就是以練武謀生的人，切記不要憑武藝逞強，而應當以「不戰而屈人之兵」作為自己的上上之選。對冒犯自己的人，要學會拉交情、講義氣，先禮而後兵，最好能憑藉口舌之功勸退對方，用黑話、行話接待對方，靠著和氣的態度（溫，即態度柔和，保持禮讓為先）去應付突發情況。

不光是在「掛」門當中，對於行走在江湖上的所有行當來說都是如此——如果能用好言好語和謙卑的態度，換得個相安無事的結果，已屬萬幸。要知道，在更多情況下，想靠這點口頭上的付出就把發難者打發得掉頭離去，幾乎是不可能的事情。

江湖是什麼地方？魚龍混雜、泥沙俱下還是好聽的說法，說它鉤心鬥角甚至你死我活也絲毫不為過。想在這樣兇險的天地間來去自如，對於任何一個人來說，都是極其艱難的事。

關於這一點，「掛」門裡從事保鏢行業的人是最有發言權的。做得上鏢局這一行當的，大多都是真正的武林高手，而且往往都是一個門派中的師徒、師兄弟，要的就是這種同門同宗的親近關係，所謂「人親，義親，刀把子親」，這樣才能在遭遇突發事件時做到捨生忘死，互相之間有個最大限度的照應。

舊時的鏢局，相當於今天的保全公司。從誕生到消亡，期間有二百多年的時間。鏢局最早出現在清代康、乾時期，作為一個特殊的安全機構，主要承接的是保護人員、財物安全的業務，其經營模式包括走鏢和護院。

走鏢就是護送人員或財物進行轉移，既可以為私家護送財物，也可以為官方護送餉銀、稅銀，同時還承攬護送官員上任、官眷返鄉、商人收款等業務。至於護院，則是保障雇主（官員、財主、商號、豪宅等）的人員、財物安全，提供必要的保全服務。事實上，這種保護人員財產安全的職業，在更早的時候就已經出現了。比如《三國演義》中的典韋，就可以看成是曹操的私人保鏢。《興唐傳》中也有程咬金、尤俊達在長葉嶺打劫楊林護送的龍衣綱故事。還有《水滸傳》中的楊志，也幹過押解生辰綱的事。

這些押解的形制，都跟鏢局的走鏢相類似，甚至可以看做是其雛形，只不過，《水滸傳》、《興唐傳》這些文學作品中所寫的都是官方派遣的押送隊伍，而鏢局則是民辦的保全公司，是承攬保護運送財物的生意機構。這屬於純粹的商業行為，當然與前者的官方行為有著根本上的區別。至於《金瓶梅》中西門慶「要開個標行」，《三俠劍》中勝英開的十三省總鏢局，還有《彭公案》、《施公案》中的鏢客黃三太、黃天霸的保鏢護院故事，才和鏢局同屬一類。

歷史上的康乾盛世，使得當時社會的經濟得到極大發展，商業活動也隨之變得頻繁起來。但滿漢之間的民族衝突依舊存在，宣導反清主張的天地會、白蓮教活動猖獗，又導致當時的治安狀況並不穩定，再加上交通運輸不夠便利，貨物流通障礙重重，因此需要有大批武裝人員提供必要的安全保護。以此謀生的人，為壯大力量必須成立一種機構，這才有了鏢局的應運而生。

上述背景，就決定了鏢局是個極具危險性的行業，等閒之輩根本沒能力開辦這樣的機構。除非是那種熟悉鏢路詳情的「老油條」，對走鏢路線上的路況、匪情都做到瞭若指掌，最好還與沿途上的江湖豪傑打過交道、有過交情，才能勝任鏢頭這一行當。

除了鏢頭，鏢局裡還少不了武藝高強的鏢師，得是那種有真本事的「尖掛子」。另外，開辦鏢局的本錢也是個大問題，一旦失鏢要賠得起雇主的損失，最好還要在官面上有所依靠，能夠得到官府的及時幫助。也就是說，鏢頭得是個黑、白兩道通吃的人物才行。

早年間開辦鏢局的人，往往都有大富商的背景。這類鏢局只為某個東家服務，有相對穩定的客戶源，相當於私人保鏢隊伍的性質。比如山西祁縣、太谷、平遙一帶的鏢局，基本就屬於這一類型。

真正到了鏢局開張時，先得「亮鏢立萬兒」，也就是下帖請客。憑著開辦人的名頭，請當地的富商大賈、官府要人來捧場，才算是踢開了這頭一腳。否則亮鏢不順，就很難攬到買賣，甚至還會有同行前來踢館。

接下來，就是頭趟鏢的問題了，這可是最、最要緊的大事。因為沿途之上的劫匪、惡霸以及武林高人，一旦知道是新開鏢局的鏢車，多半都會前來尋釁，也就是看你懂不懂江湖上的規矩，看你的本領能耐高不高。當地的各位商賈買賣家也都會關注這頭趟鏢的成敗問題，以此來考察一家鏢局的實力和可信度。如果頭趟鏢順利走完，也就算是在這個行當裡立住了「萬兒」，一路上還能交到不少黑、白兩道的朋友，從此再走這路鏢，就會暢行無阻，買賣也就隨之興隆起來了。

無論是黑、白兩道中的哪一道，做鏢局生意的人都惹不起。清末聲名遠播的會友鏢局，曾連續兩次出現失鏢事故，最後都動用了官軍幫助圍剿，這才奪回失去的鏢銀。為什麼這家鏢局能得到官府如此多的幫助？因為他們的大東家是當時的直隸總督、北洋大臣李鴻章。據說李鴻章並沒注入多少資本，只是做了個掛名東家，會友鏢局還派鏢師為李鴻章的宅邸護院。僅憑這樣一個名號，還有哪一級官府敢不買會友的帳呢？

除了白道，鏢局和黑道上的勾搭也是必不可少的。開辦鏢局的人總說這碗飯是「朋友」給的，這裡的「朋友」，說的就是黑道上那些強盜和土匪。每逢走鏢路過「朋友」的轄地，鏢局的人都要備禮拜山，主動與盜匪結為「朋友」關係。

這些黑道上的人也大多講究個「義」字，一旦認定鏢客夠朋友，不但不會打劫，有的還會護送對方走出自己的轄地。甚至就連官府對於投奔鏢局的盜匪，也不會予以緝拿，算是給足鏢局的面子。

有了這些外在的便利條件，鏢局還得從內在的硬實力上下一番苦功。這就涉及到鏢師的選取和任用了。想成為一名好鏢師，首要的標準就是你的武功，而且必須是上陣對敵的真功夫。正如前文所說，得是江湖上的「尖掛子」才行。通常，一個投靠鏢局的人，必須掌握一定的拳術、刀術、槍術。其中拳術、單刀為步戰所用，槍術則是用於馬戰。入門後，鏢師還要學些鏢局本門的功夫。一個優秀的鏢師，必須隨時做好與一群劫匪搏鬥的準備，擒拿與反擒拿的手法都是必須掌握的基本功。因為鏢師在走鏢時都儘量不會殺人，殺人是萬不得已才會用到的下下策，所以擒拿法對化解爭鬥來說就更有用途了。

除了這些基本功，鏢師還得會幾手暗器，為的是出其不意打擊對手。「夜行術」也就是輕功，也得多少掌握一些。還有野外求生自救的本領，也是少不得的。當然最重要的，是懂江湖上的各種黑話、行話，這樣才能跟江湖中人對得上話、拉好關係，否則將寸步難行。

在具備上述本領的同時，選擇一位鏢師的另外一項重要標準，就是看他的品性是否忠誠守信，是否膽大心細，都是硬性標準。如果人品不好，有再大的能耐也不能用。道理太簡單了，人品不好的人，往往容易監守自盜，或勾結匪人，或臨陣脫逃，或貪杯誤事……這些都會壞了鏢局的生意，甚至直接葬送一家鏢局的前途。

小到一個混口飯吃的鏢師，大到一家圖個長遠的鏢局，類似的學問和講究還有很多很多。由此可見，江湖上的生存和發展，真的不若想像中那般容易。其中的甘苦榮辱，得失成敗，或許只有當事人自己最能說得清楚。在這個充滿慾望、充滿鬥爭的地方，沒人在乎你從哪裡來，要到哪裡去，也沒人在乎你是誰，你想做什麼，你有著怎樣的夢想。

除非你自己，還能記得住這些。

第3章

細數三教九流，透視人生百態

江湖

關於「三教九流」，最早的記載來自西漢時期的《白虎通．三教》：「教所以三何？法天、地、人，內忠、外敬、文飾之，故三而備之。」在漢代儒學家看來，夏代崇尚忠，商代崇尚敬，周代崇尚文，他們把這些道德規範與禮儀文飾總稱為「三教」。

東漢初年，佛教在傳入中國後，與本土的儒教、道教發生論戰。西元五七三年，北周武帝給出了「儒教在先，道教次之，佛教在後」的結論。從此以後，才有了「三教」即為「儒、釋、道」的說法。

至於「九流」，在《漢書．藝文志》中也有明確的記載，具體包括儒家、道家、陰陽家、法家、名家、墨家、縱橫家、雜家、農家。

到了民間，「三教九流」中的「三教」指的還是佛教、道教、儒教，而「九流」又可分為「上九流」（一流佛祖，二流仙，三流皇帝，四流官，五流燒鍋，六流當，七商，八客，九種田）、「中九流」（一流舉子，二流醫，三流風水，四流批，五流丹青，六流相，七僧，八道，九琴棋）和「下九流」（一流巫，二流娼，三流大神，四流幫，五剃頭，六吹手，七戲子，八叫花子，九賣糖）。從中不難看出，這所謂的「三教九流」，實際上就是關於不同等級的社會角色的一個統稱。

受明、清白話小說以及眾多影視作品的影響，現如今，人們一說到「三教九流」，就很容易將其想像成舊時代裡闖蕩江湖、生活在社會最底層的卑賤之人，這就屬於典型的誤解了。事實上，直到今時今日，關於「三教九流」具體含義的爭論仍在繼續。這些來自舊時代的說法裡，確實包含了太多內容，你能從中看到的，不止是一個又一個職業，更是一段又一段鮮活的人生。

誰比誰更高尚

「三教」之中，究竟誰先誰後？誰高誰低？觀點莫衷一是，爭論仍在繼續。但顯而易見的是，在這些所謂宗教、倫理的種種限制當中，人們總能找到其中的縫隙，去寄存自己的人生理想，或是生活下去的勇氣。或許，對於江湖中人來說，這才是最重要的東西。至於別的條條框框，但凡無關生死大計的，全是狗屁。

關於「三教」，其概念的發展大致可以分為幾個階段，魏晉南北朝是一個階段，唐宋是一個階段，元明清是一個階段。

在最初的階段裡，雖然有三教的連稱，不過這些教派都是各自獨立的，相互間雖然也存在著影響，但更多還是以誰高誰低的爭論為主。比如儒家對「仁、義、禮、智、信」的堅守，道家對「金、木、水、火、土」的強調，以及佛教對「生、老、病、死、苦」的認知。這是三教概念形成的基礎，也是社會倫理和道德體系不斷發展和變化的結果。

到了後世，中國人之所以會將儒、道、佛三教相提並論，是偏重於它們在社會功能方面的互補關係，尤其是在元明清這個階段，已經開始出現真正意義上的三教合一。

在兩漢年間，佛教傳入中國，這是當時唯一具有鮮明宗教色彩的一種意識形態。它直接帶動了道教的快速形成，並藉助「罷黜百家、獨尊儒術」等主流思想運動，使得三教第一次被全社會廣泛接受。在三國之前，古人的論著中是沒有「三教」一詞的。直到《廣弘明集》卷一載有的《吳主孫權論述佛道三宗》一文中，才同時提及儒、道、釋三家。

自「暨梁武之世，三教連衡」後，「三教」一詞開始頻繁出現在各類歷史文獻當中。到了兩晉南北朝時期，道教和佛教在社會上的強大影響力，已經成為毋庸置疑的一個事實。時人對於佛儒、佛道、儒道之間的互補和共通之處，也有了越來越多的評議和論述。所謂「存在決定意識」，有了上述情況的出現，「三教」的概念也逐漸為越來越多的國人所熟知。

值得一說的是，在南北朝時期，來自帝王之家的崇佛觀念，特別是佛教作為一種新的意識形態所具有的豐富內涵，使得這種外來的宗教形式一時間占據了三教的首要位置。梁武帝在其《述三教詩》中，就說他自己「少時學周孔」，「中複觀道書」，「晚年開釋卷，猶月映眾星」，最後達到「至理歸無生」的認識，這些文字極為形象地描繪出了佛教遠在其他兩種教義之上的那股吸引力。尊佛信佛，已經成為當時的社會主流。

到了隋唐兩宋之際，三教鼎立的局面已經達到了一個前所未有的高峰期。雖然從表面上來看，三家之間的矛盾與爭論從未中斷過，但在客觀上，這也成了三教之間實現思想交流和文化融合的便利途徑。比如從唐代開始盛行在中國佛教界的禪宗，就是一個集儒、釋、道三教於一身的全新派別。甚至從這時開始，中醫藥學也成了儒、釋、道之間的一種共同語言和聯繫紐帶。雖然三教連稱在唐代已是大勢所趨，不過在經過南朝的梁陳、北朝的齊隋後，大力提倡佛教的社會風潮已經悄然過去，唐代的統治者們開始將三教的重心由佛教轉至儒家，重新宣導起宗教意識為統治服務的主流觀念。

不論是魏晉南北朝，還是隋唐兩代，對於三教的並提都是具有深厚的歷史淵源和社會意義的。首先，這顯示作為當時社會的意識形態勢力，儒、釋、道各有其影響範圍，可以說是呈現出三分天下的局勢，其間雖然常有高低先後之爭，但結果並不重要，重要的是這個過程帶來了諸多影響。

其次，所謂三教合一、三教歸宗之類的說法，不論是出於哪家之口，無一不是從維護社會道德，尤其是政治統治這一核心目的出發的，有種殊途同歸的意味在裡面，所謂「三教雖殊，同歸於善」，說的就是這麼個類似「大團圓」的結局。這種「一致感」，是屢次被刻意強調和放大的結果，也是將儒家理念作為三教的取捨標準後的結果，所以說，那些反對三教並提的觀點，其實就是以佛、道兩家不具備能與儒家等量齊觀的社會功能作為理由，強調三者在道德趨向上仍未真正達到一致。

再次，三教仍各自保持其獨立形態，只是在觀念和思想方式上不斷實現交流和融合，從相互對立到相互形成互補，強調的是內在思想上的融會貫通。

最後一點，由於玄學的消退和經學的東山再起，尤其是王通、韓愈等人對於新儒學的宣導和發展，一直到程朱理學的全面興盛，儒學主導社會意識的趨勢越來越明顯，也從客觀上決定了唐代以後儒家獨尊其身的結果。

到了後世，社會的不斷變革以及朝代更迭過程中造成的戰爭頻繁，都讓置身時代漩渦中的底層民眾苦不堪言。因此，宗教教義中所宣導的來世觀念，得到了越來越多百姓的認可和尊崇。由此開始，宗教的世俗化也得到了前所未有的推進。

發展到最後，國人對於宗教的理解和認知乾脆變成了一種祈福式的信仰形式，以索取代替奉獻，以極端利己主義代替利他主義，不論是求佛拜神，還是抽籤問卜，所求的無非是一個自保，所要的也不過只是個名利雙收、志得意滿，有福有祿還要有壽命消遣這些利好之處，也就足夠了。至於這世界會變得怎樣，或者他人會因為自己的願望而得到什麼、失去什麼，顯然已經不在當事人關心的範疇內了。

信仰的缺失，導致的是人們在道德理念上的全面蛻化。於是乎，弄虛作假、作奸犯科之類的種種劣行，開始頻繁出現在現實生活中，不僅所謂的江湖道義變得越加式微，就連起碼的社會秩序和綱常倫理，也成了可有可無的東西。過去江湖上被人唾棄的種種言行舉止，如今都成了社會常態，見怪不怪，已經成為人們在無奈、無助之下的唯一選擇。所謂「人在江湖，身不由己」，似乎除了接受，沒有什麼更好的辦法可言了。

說到與「三教」緊密相關的文學作品，非《西遊記》和《封神演義》莫屬。先以《封神演義》為例。書中講述的故事，藉由作品本身的傳播以及眾多影視作品的藝術再現，恐怕早已為大多數人們所熟知了。表面上看，小說講述的是商紂王昏庸無道，因為拜祭女媧娘娘時覬覦其美色，說了不夠尊重的昏話，引得娘娘震怒並遣下千年狐妖，藉蘇護之女妲己的肉身迷惑紂王，導致商亡周興的最終結果，其間又穿插了姜子牙奉師命下山，助武王伐紂後封神的諸多橋段。一個原本只是朝代更迭、以戰爭為主的歷史正劇，就這麼被演繹成了充滿人神交戰和法力較量的神話故事。

細看之下不難發現，在這部古典名著中，處處都有鮮明的道家色彩。姑且不說作為書膽的姜子牙本身就是道家中人，而且交戰雙方也動用了很多道家當中的正、邪勢力；光是當初姜子牙為何會奉命助周滅商，以及女媧娘娘、原始天尊、洪鈞老祖這些幕後操縱者彼此勾連的複雜關係，就足夠讀者花上一些心思才能理順清楚。

必須承認的是，整部《封神演義》，就是一齣道家正、邪勢力間展開全面較量的大戲，而商、周作為前後更迭的兩個朝代，只不過做了這齣大戲的註腳而已，換做其他任意兩個新舊王朝作為背景，也同樣可以進行類似的創作。只不過，商代末期剛好就處在半開化的奴隸社會，可以為展開故事提供最大限度上的方便而已。到了小說《西遊記》這裡，情況就大不一樣了。

有人說《封神演義》的故事核心，是典型的崇道抑佛；而《西遊記》的故事核心剛好相反，屬於典型的崇佛抑道。如果僅僅從故事表面來看，似乎確實如此。畢竟小說講述的是唐僧師徒四人去西天取經的故事，取的是佛家的經書，要去參拜的也是佛家的最高代表者如來。但如果對故事中很多關鍵的節點一一分析，結論就遠遠沒這麼簡單了。

首先，在《西遊記》中，作為天庭最高統治者的玉帝，本身就是道家中人，他管轄著天上地下的一切事務。而所謂的「神仙」也分等級，「仙」不如「神」，而「神」又可分為不同的等級，像太上老君這樣的角色，無疑就是等級最高的「神」了。

那麼，太上老君又是何等人物呢？典型的道家中人嘛。其神通之廣大，遠不像人們想像的那樣，是個拿大鬧天宮的孫悟空沒辦法的窩囊老道。關於這一點，從兩個細節中就能找出端倪：一是在二郎神大戰孫悟空的時候，滿天神佛竟無一人可以助一臂之力，逼得觀音大士都要用暗器出手了，這時的太上老君只是隨便掏出個金剛圈，就把齊天大聖打趴在地；二是在取經途中，師徒四人遭遇到的最大強敵，除了如來的「七舅姥爺」——那隻金翅大鵬鳥之外，就要數太上老君的兩個道童了，倒不是說這兩個小毛賊有多大的能耐，關鍵是他們手中的法寶實在厲害，至於這法寶的由來，當然是從太上老君那裡偷來的。

其次，絕大多數讀者對《西遊記》都有一個誤解，覺得整部書中法力最高強的人物就是如來佛祖，並因此誤以為如來及其身後的佛家弟子在天上地下有多麼尊崇的地位。但事實上，這只是一種錯覺，或者說，是影視作品帶給人們的理解錯誤。

如來是有很高的法力，但其「社會地位」卻遠不及太上老君這樣的角色，充其量只相當於一個二流的「神」，所以他才會「屈居」在所謂的西方極樂淨土。既然是「土」，也就是「地」的意思，是地上而不是天上，僅從這一點就不難看出，佛家在當時的天庭根本算不上什麼核心勢力。

再次，整部《西遊記》也可以看作是道、佛兩家爭奪領導權的一齣鬧劇。當然，說是爭奪領導權，也有點誇大其辭了。真正的領導權，始終都掌握在以玉帝為核心的道家勢力手中，而佛家所能做的，只是不斷擴大其勢力範圍和影響力而已。基於這一目的，才有了師徒四人不遠萬里前去取經的差事。

可是為什麼要這麼辛苦，這麼大費周章地去取經呢？或許有人會覺得那是為了顯示其誠心和決心。但實際上，這種經年累月、勞師動眾的行為背後，有著一個更深層次的目的——那就是剪除沿途之上的妖魔鬼怪，不斷在民間強化佛家法力無邊的這個印象，是為了宣教而必須去做的一項工作。更重要的是，那些所謂的妖魔鬼怪，其實都是一些不入流的下等「神仙」而已，其中又可分為有背景的和沒有背景的兩種。

那些有背景的妖魔鬼怪，最終大都可以免於一死，不是關鍵時刻被其高高在上的神仙主子們召回，就是乾脆被收入這些神仙的門下，成了新的神仙勢力。至於那些沒有背景又沒人看好的，其下場就只能是挨老孫的一頓棍棒，十有八九免不了一死。

經過這種掃蕩式的洗禮，道家在人間的勢力已被極大削弱，取而代之的，是人們對於佛家神威的無條件信服。

小說是小說，真正的現實，或許遠比文學世界中的這些故事來得更為精采。

無論是「三教」中的哪一教，無不以弘揚真善美和強調清修、寬容的現世理念作為其教義核心。儒家的隱忍觀，道家的無為論，以及佛家的「看破」和「放下」，都在告誡世人：要忘掉當下的愛恨情仇，把時間和精力用在個人的修為上，積德蓄福，為自己的將來甚至是來世修得更多的福報。

這樣的說法或許顯得有些虛無縹緲，但其中彰顯出的教化觀點，卻有積極向上的正面意義。只不過，越是強調這樣的觀點和主張，就越是可能造成與其初衷背道而馳的結果。就像誰也不會想到，在充滿安靜與祥和的宗教之地，竟然也暗藏著難以預料的重重殺機。比如民國年間曾經轟動一時的孫傳芳刺殺案，就發生在佛門之地。

孫傳芳生於一八八五年，早年曾在保定軍校就讀，並被派遣到日本東京士官學校深造。在民國初的軍閥混戰時期，孫傳芳看準時機，投靠了稱雄一方的「儒帥」吳佩孚，短短幾年的功夫就升任為江南「五省聯帥」，可謂平步青雲、飛黃騰達。

因為孫傳芳總是喜歡面帶笑容，為人又城府極深，所以是出了名的「笑面虎」。就在他謀劃著更大的發展前景時，卻遭遇了平生以來的第一次重大打擊——

—北伐戰爭結束後，他竟一下子失去了南方五省的地盤，一夜間就成了喪家之犬，不得已只好投靠在「東北王」張作霖的帳下，好在後者看在往日的情分上，待他為座上賓。

可惜的是，隨著一九二八年張作霖被炸死在瀋陽皇姑屯，孫傳芳再次失去了容身之地，只好暫避於天津。心灰意冷之下，當年殺人如麻的一代梟雄終於認識到自己罪孽深重，應當洗心革面，悔過自新。於是孫傳芳投身佛門，當起了居士（也就是不必受戒的僧人），終日參禪禮佛，每逢週三、週六下午還會到居士林和眾位佛友一起誦經說法。只是，讓孫傳芳做夢也想不到的是，他往日的所作所為已經招來殺身之禍，有一名女子正暗中追尋著他的蹤跡，準備取他的命。她，就是與孫傳芳有著殺父之仇的施劍翹。

施劍翹原名施谷蘭，本是辛亥革命中灤州起義首領施從雲的女兒。灤州起義失敗後，施從雲慘遭殺害，施劍翹被其伯父施從濱收為養女。孫傳芳任「五省聯帥」期間，在爭奪安徽一戰中俘獲了施從濱，隨即將其殺害。

按說在軍閥混戰年間，殺個人也不算什麼了不得的事情，但孫傳芳千不該萬不該的是，在殺掉施從濱後，竟然將其首級懸掛在蚌埠車站，暴屍三日，這就有些過分了。而這件事帶來的仇恨和奇恥大辱，也深深印在時年二十歲的施劍翹腦海中。從此之後，這個柔弱的小女子開始走上復仇的不歸路。

在那個兵荒馬亂的舊時代裡，一個手無縛雞之力的弱女子靠什麼完成復仇的心願呢？最簡單易行的辦法，就是找一個有能力還有膽識的男人，先以身相許，再由其為自己出頭。施劍翹也不例外，她看中的是她堂兄施中誠的軍校同學，時任山西軍閥閻錫山部諜報股長的施靖公。誰知這人竟是個中看不中用的懦弱之徒，婚前是信誓旦旦的樣子，婚後卻完全換了一副模樣，尤其是在施劍翹為他生了兩個兒子後，就再也不提刺殺孫傳芳的事了。絕望之下，施劍翹只得與其分手，獨自尋找報仇雪恨的機會。

此時的孫傳芳已經在天津當起了居士。為了接近殺父仇人，施劍翹化名「董慧」，也在居士林做了個同門中人，同樣是每逢週三、週六到那裡誦經禮佛。經過兩個月的細心觀察，施劍翹總算摸清了孫傳芳來去的路線，萬事俱備，只欠東風。

一九三五年十一月十三日，又是一個再尋常不過的講經日。但這天對於施劍翹來說，卻至關重要。因為這一天，剛好就是養父施從濱被害十週年的忌日。

不過天公似乎有意與她作對，從早上就開始陰雨連綿，打亂了她的刺殺計劃。果然，孫傳芳沒有像往常一樣來到居士林。苦等了一個上午的施劍翹，似乎無法在父親的忌日這天完成她的復仇大計了。

正當失望的施劍翹打算離去之際，突然有人急匆匆走進大殿，把一本經書放到了孫傳芳的位子上。這個小小的舉動，立即讓施劍翹為之一振。

很快的，孫傳芳出現了，穿著件青色的長衫，快步走向供桌，然後坐到了屬於他的位置上。仇人來了，可是急於出門的施劍翹卻沒有帶槍。她稍稍猶豫了一會就起身離開大殿，搭上了一輛車回到家中，帶了手槍和事先準備好的傳單後，又以最快的速度回到居士林。

復仇的一刻終於到了，可是對於平日裡連一隻雞都沒殺過的施劍翹來說，要扣動扳機並不是件容易的事。直到想起了養父慘死的樣子，她才痛下決心，對準仇人的右耳邊就是一槍。隨著一聲巨響，孫傳芳倒在了太師椅上。怕仇人不死的施劍翹，又對準其後腦勺和後背連開兩槍。這位曾經不可一世的「五省聯帥」，就這樣死在一個女人的槍下。

施劍翹刺殺孫傳芳的事情，很快就傳遍了整個中國。多數人認為，一個弱女子能夠這樣為父報仇，既有情又有義，是真正的俠士所為，故此把施劍翹稱為「民國第一女俠」。可是也有人認為，她之所以做出這樣的事，背後一定是有人指使，而這個指使者，最有可能是時任國民政府主席的蔣介石。這個觀點的證據是，施劍翹刺殺成功並當場被捕後，按說是應該被槍斃的。哪怕死的是個普通人，殺人償命也是天經地義的事情，何況被刺者還是大名鼎鼎的孫傳芳，媒體又把這件事炒得沸沸揚揚，怎麼說都不至於不了了之吧？但事實就是這樣。

施劍翹在被捕後不久，竟然悄無聲息地就被釋放了。而這樣的蹊蹺結果，也使這件案子成了「民國第一謎案」。真相究竟如何，只能任由世人評說。

這是一個比江湖更大的操練場

從古至今，比起所謂的「四大門」或「八大門」，人們更耳熟能詳的，是關於「三教九流」的說法。這裡的「三教」，沒人覺得有多高雅，這裡的「九流」，也不如你想像的那般低下。對於每個鮮活的生命而言，管它稱謂如何，不過都是個「活法」。

無論「三教」，還是「九流」，各有各的門，各有各的道，各有各的組織，各有各的營生。這在江湖上是再尋常不過的事，早就見怪不怪了。

舊時的江湖中人不管落腳哪裡，第一件事都是先找自己的組織，還有組織所在的地盤。一來是安全起見，二來也為行事圖個方便。這種江湖人的組織，就叫「長春會」。長春會包涵的生意可謂五花八門，基本上囊括了三教、九流、八大門的所有行當。

只要你夠得上這些行當的標準，就得入這長春會。因為這個組織，是常年遊走江湖的人們自發組建而成的，根本不在當地官署立案。這也就意味著，長春會裡的成員，其一切利益並不受官方保護。那麼他們透過什麼方式來保證自身利益不受損害呢？答案只有一個，那就是會中的規矩。

各類長春會都有自己的規矩，成員也被要求務必遵守這些規矩。至於規矩的多少，以及範圍的大小，是要看該長春會的生意有多大。比如舊時的鄭州長春會，規模最為巨大，其中涉及到的生意包羅萬象，且各門都有自己的領袖人物。當然，能做得了領袖的人，除了年歲必須大（也就意味著有資歷、有人脈），還要本領過人，行事端正，這樣才能保證對江湖中的大小事宜一概精通，且處理事情公正，不偏袒任何一方。

至於說能當上長春會總領袖的人，就更得是響噹噹的老江湖才行了，他的生意要做得比別人大，財力、物力是必備的基本條件，還得遇到事情不退不怕，敢迎難而上，必要時甚至得犧牲自身利益去調停事端，為組織和下屬成員排憂解難。

由於這種江湖組織帶有明顯的自發性，很多具體事宜都是約定俗成的東西，所以只有這種有威望、有手段的人才能服眾，人們才願意接受他的指揮和調解。

組織找到了，怎樣與組織裡的人相處也有門道。面對陌生的環境和陌生的人，如何最大限度地自我保護，才是頭等大事。所以說，每個人在「闖江湖」之前，都應該做好必要的準備工作。這其中，就包括對「侃兒」和「春點」的初步瞭解。

這裡所說的「春點」，其實就是江湖上的一些祕密語和黑話，因為行業分工的不同而說法不一、自成一體。在江湖中人看來，一句春點有時甚至比一錠金子還貴重，內行聽得真真切切，外行卻是一句都聽不懂。

這就達到了保守行業機密和個人隱私的巨大作用。至於那些在江湖上普遍通用的隱語、黑話，則被稱為「侃兒」，是行走江湖時必須用到的東西。一旦對方撂了句侃兒，你卻毫無反應，那就表示你根本不是江湖中人，至少是個初來乍到、涉世不深的「菜鳥」，想不受欺負不被騙，就難了。

老江湖們使用春點，是為了做買賣掙錢。如果初入江湖的新人學了幾句「春點」就到處賣弄，往往會招來老江湖們的不滿。輕者會招致嘲弄或斥責，重者會被人算計、坑害，吃虧上當以致於吃官司都是有可能的。所以說，行走江湖最忌諱的，就是胡亂與人調侃兒，寧可不說，也不能隨便亂說。

長春會裡的大小事務，分為對內、對外兩種。對內的事相對簡單，無非是每逢會期的時候，要給來參會的各地人士安排住處，這種住處有個專門的稱謂，叫「生意下處」。住在那邊，基本上跟住店差不多，但這種便利只為本會成員提供，不對外人開放。

行走江湖的人，如果被人評價為「×××可不成，他連生意下處都沒住過」，這就說明這個人在江湖上沒什麼地位了。相反的，對於那些久住生意下處的人，所有江湖中人都會高看一眼，因為那是有資歷、有見識甚至是地位尊崇的一種象徵。

長春會中的成員只要到了生意下處，不管有沒有空房都可以理直氣壯地往裡走，因為就算真的沒了住的地方，大家也會挪個地方給他的，這是條不成文的江湖規矩，總得有個義氣勁兒擺在那。至於生意下處的買賣成不成，立不立得住，就全得仰仗當地長春會主要負責人的本領了。

在舊時的江湖上，每個省市或是商埠碼頭，都會設有生意下處。需要強調的是，開辦這種生意下處就像開店一樣，也要在店外掛出某某老店的字樣，門的兩旁一般還會有「仕宦行台，安寓客商」八個字。

這看起來與別的生意沒什麼兩樣，可是按照江湖規矩，是絕對不可以直接在門前懸掛「生意下處」這樣的招牌的。不僅如此，店裡的人，上到老闆、管帳的，下到伺候客人的夥計，都得懂江湖上的規律。

比如店裡住進了賣藥的客人，如果有買藥的人到店內尋找，不管此時賣藥的客人是否就在店內，都不允許夥計說沒在店裡。一旦因為說錯了話丟了人家的生意，店裡不僅得馬上認錯，甚至還得賠償客人的損失。店內的夥計可以把買藥的人帶到賣藥先生的屋內，然後立刻退出屋外，同樣不能多說一句話。因為如果說錯了話，導致買藥的人緩過神來，就很有可能還是毀了這單生意，那就還是要認錯，還是要包賠人家的損失。所以說，在生意下處當夥計，多多少少還是跟在普通的客店打工有所不同。

當然，在這裡供職也有一個特別的好處，就是可以隨便使用客人屋裡的東西。如果客人做了大號買賣，或是「轉了」（即買賣賺了大錢的意思），按照規矩，還要多少給店裡的夥計們分點好處，也叫「雨露均沾」。

生意下處裡的所有人，不論客人還是店裡的工作人員，在每天的午前都是不准「放快」的。所謂「放快」，指的是講話含有一些禁忌的字眼，其中的「快」

也是江湖的調侃兒，可以分為八樣，也叫「八大快」。具體包括「團皇亮子」（夢）、「懸樑子」（橋）、「海嘴子」（老虎）、「海條子」（龍）、「土條子」（蛇）、「月宮嘴子」（兔子）、「土堆子」（塔）、「柴」（牙齒）。

具體怎麼不讓「放快」呢？打個比方，凡是在生意下處中出入的人，在每天的午前都不能跟他人說自己昨夜做了夢，否則是要受到相應處罰的。比如你跟算卦的人說「夜裡做夢了」，那對方今天就不能出去擺卦掙錢了。這樣一來，如果他有每天掙一塊大洋的能耐，他就可以向和他說「夢」的人要一塊大洋作為補償，而且受罰者還必須得給這個錢，即使給不出，也要在協商後買些其他的東西作為補償。

為了替代「夢」字，可以使用相應的江湖侃兒「團皇亮子」，比如做了噩夢就可以說「我昨晚團皇亮子可不好」。像這樣調侃兒，就不會犯規。若是自己牙疼，有人在午前問：「你怎麼直咧嘴呢？」也不能直接回答「我牙疼」，還是得調侃兒說，「我是『柴吊』」。

同理，其他那六樣東西也是在午前說不得的，否則也要受罰。更可怕的是，一旦你說到了這幾樣東西，一個人聽到還好，要是有多個人都聽到了，那麼這個賠償的數目可就變成多份了。

誰說了這些禁忌，就是誰來「放快」。當然，非要說的話，換作調侃兒兒來說就不會有事了。等到過了晌午，即便「放快」也不會受到任何懲罰。江湖中人對於「放快」的事，大多看得很重，一是因為沒人願意承擔這樣的損失，二是因為舊時的江湖中人普遍有迷信思想，每天辛辛苦苦地跑江湖做買賣，就怕遇到開門不利的晦氣事，所以才特別忌諱有人「放快」。這種事，就跟梨園行裡的從業者最忌諱開戲前有外行人擊鑼敲鼓一樣。

相比對內而言，長春會的對外事宜就顯得複雜很多。比如某處要開個廟會，本地的士紳們也得成立個「×××會」，由大家推舉出有聲望的人來當會長。這個管事的人要想借廟會之便振興本地經濟，就得請到最有名望的江湖中人，在當地成立個專門的長春會，來按照會期邀請各方人選聯合辦會。

不管什麼地方辦廟會，沒有江湖中的各路人士共同參與，幾乎都不能成事。所以，在各種玩意還沒到位前，長春會的負責人必須得跟當地的士紳協商妥當具體事宜，各個地段和位置都要由最先到位的江湖人士挑好，這樣就算其他人給再多的錢，也不能挪作他用了。

再有，就是各生意攤子間的距離也是有一定尺寸規定的，誰也不能礙了誰的事。至於各種江湖玩藝兒所占的地勢、給本地廟會的開銷等等具體事宜，也都是由長春會的負責人和本地官紳、頭號人物事先商議好的，一切以保障江湖中人的利益，且不讓他們被本地人欺壓為首要目標。

提起生意場的安排，可說的也有不少。在舊時的江湖上，生意人的首領大都是賣梳篦的。哪裡有新開辦的集場和廟會，都必須先和他進行商議，一旦談妥，再由他來約請各式各樣的生意人，並具體指定哪些文武生意會來。

至於生意為什麼會分文武，其實只是舊時的一種約定俗成的叫法而已。具體說來，拉洋片的，變戲法的，耍狗熊的，打把式賣藝的，唱大鼓書的，唱竹板書的，賣梳蓖的，賣刀剪的，賣藥的，算卦的，相面的，這些都屬於是文買賣、文生意。

按照傳統的江湖規矩，在分配演出場地時，文檔子必須挨著文買賣，武買賣必須挨著武生意。如果在文生意中間穿插進武生意，那麼一旦鑼鼓亂響，會吵得旁邊的文生意根本張不開嘴，也就不用再做什麼買賣了。因此各個集場和廟會的文武地，都有一定的排列秩序，不能隨意胡來。

江湖中人，管矇人、騙人的方法也叫「生意」，又叫「賣當的」。凡是做這種「生意」的人，大多是所謂的「老合」。那些對江湖事一知半解的人，常常會把坤書館或是雜耍館子裡的男女藝人稱為「老合」，但實際上，這些人只是「老合」的一小部分而已。

「老合」的範圍其實是很寬泛的，其中還會分出很多的門類派別，是個很複雜的概念。要想成為真正的「老合」，就必須閱歷深厚，見識廣博，沒點知識和對各行各業的瞭解，是做不成的。像舊時代頗有名氣的幻術大王韓秉謙，就是個典型的「老合」。他出過國，還去過很多省市和各地的商埠碼頭。一提到他，江湖晚輩們都會說上一聲「韓秉謙才是個『腿』哪」，這句話看似稀鬆平常，卻是個高得不能再高的評價了。也正因為如此，「老合」們都喜歡自稱「我們是跑跑腿的」。

凡是江湖中人，如果都能按照「老合」的指點去做事，那麼往往會事事順利，馬到功成。「老合」的厲害之處就在於，他們無論遇到了什麼樣的人，或是怎樣難於處理的事情，總是能與對方說到一處，找到解決問題最恰當的方式，不僅不會碰釘子，甚至還能點石成金、逢凶化吉。

從這個意義來說，「老合」幾乎是無處不在的，官場中有，商場中有，行伍中有，江湖中有；管你是做工匠的，種莊稼的，讀書的，還是開妓院的，到處都可能遇到這種「老合」。

所謂「八仙過海，各顯其能」，生旦淨末丑，也不過是扮演的角色不同而已。「老合」的手段，也是五花八門、無奇不有，否則又怎能擁有這呼風喚雨的本事呢？只不過，這些東西常常只可意會，不可言傳。除非是真正的行家，才能領會到其中的精妙所在。

《水滸傳》中的「神行太保」戴宗，就是個官場上的「老合」。別看他職務不高，地位不大，可是對於江湖上的手段規矩，卻最是精通無比。單從他幾句話就能擺平李逵這種無理可講的混蛋角色，還有搭救宋江時思考問題的全面細緻，就能看出他的厲害之處了。

如果不是後來受了宋江的連累，他是絕不至於落草為寇的。尤其是在體制腐敗的情況下，像戴宗這種地方上的小官小吏，雖說不能大富大貴，但靠著渾水摸魚的本領討個衣食無憂的自在生活，還是綽綽有餘的。

對於吃張口飯的行當，江湖上還有另外一個叫法，稱為「擱念」。這裡的

「念」，其實是「不成」的意思，屬於一種侃兒。按照這種侃兒來說，沒吃飯又叫「念啃」，沒錢又叫「念杵頭兒」，沒有心眼的人又叫「念攢子」，沒有眼睛的盲人又叫「念招兒」。

在舊時代裡，江湖藝人幾乎從不固定在哪裡紮下根來，而往往是走的地方越多，就越證明表演的東西受歡迎，所以人們在恭維這些江湖藝人的時候，才喜歡說他跑腿的，跑的腿長。去過的地方多了，自然就會在路途中增長大量的見識，對於江湖的大事小情，也漸漸無所不知無所不懂，這樣才能算是行家，也就是江湖上所說的「分腿兒」。

要是有一事不懂或是一行不明，就會被說成是「擱」住了。如果事事都不懂不明白，就算是徹底「擱了念」了，不用說什麼發財致富，就連一口飯都早晚有吃不上的那一天，也就成了江湖中人鄙視的那種「念啃」的。

在舊時代裡，士農工商，各行各業，凡是出來做事的人，基本上都只能懂得本行內的事情，只有這種吃「擱念」飯的人，是所謂的「萬行通」。俗話說「隔行如隔山」，不過在江湖藝人這裡，這個規律卻行不通。別人遇到什麼事，都是不「擱」就「念」，可是在江湖藝人身上，卻常常是「不擱不念」的。

說起這江湖藝人的規矩，其實也跟三教九流中的其他行業一樣，是很多的。只不過，他們大都能夠守住行業裡的規矩，這一點，要比江湖上其他行當的從業者做得都好。

在他們看來，既然都是出來混口飯吃的，做的也都是辛苦奔波的生意，就該相互理解相互尊重。別管認識還是不認識，也不管是在什麼地方相遇，一見面，藝人們總是會先說上一聲「辛苦辛苦」，這是禮數，更是一種態度。

如果是從一個地方去往另外一個地方，比如從北京去了上海，那麼他們到達上海後的第一件事，不是立即做買賣，而是先到各處去拜會當地的老合們。實際上，這些上海的老合也未必就是本地人，大家可能都是從別處來到上海的流動人口，只不過是早去了些日子而已。可是在江湖藝人看來，只要是比自己先到的，就都是主，自己是後到的，當然就是客，行客拜坐客，外賓拜地主，這都是江湖中人最講究的規矩。

按照江湖上的說法，這叫「拜相」。這種拜會同道中人的做法，其實是有許多好處的。比如變戲法的人，由別處到了上海，想要把自己的生意做起來，又恰好各個雜技場兒都沒有閒地，按說這買賣也就做不成了。可是如果他能按江湖規矩先拜會同道，就能得到同道中人的支持，就一定會有人讓給他一塊場地，讓他把這個生意做成，同時還會把當地的風土人情、注意事項一一告訴給他。這樣一來，不僅能夠掙到錢，還有可能掙得更多更容易。

反之，如果這個人初到一處卻不願行這些江湖之禮，那麼就有可能凡事不利，甚至還會受到意想不到的排擠和打壓。之所以會有如此大的反差，是因為江湖藝人最講究「義氣」二字。

這種義氣一旦到了某種程度，往往會給人如沐春風的感覺。比如，在拜會了同道中人後，如果來者不願意在上海繼續做這個買賣，又恰好沒錢離開，當地的老合們甚至可以給他湊足盤費，幫助他另往別處去做生意。這種大家湊路費的事，聽起來有些匪夷所思，可是在舊時的江湖上，卻是司空見慣、稀鬆平常的。只要江湖中人肯按規矩辦事，一般來說都能得到很多實惠，甚至還會有意外的便宜可占。

江湖藝人正式開始做生意後，還有其他規矩。比如在一個市場內，如果有兩家變戲法的，是絕對不能挨在一起的，一定要有別的生意把他們隔開，而且至少也要有二、三個場子的距離才行。當然，這是在場地空間足夠寬大的前提下。如果地方狹窄，容不下那麼多的間隔，那麼挨在一處倒是可以，但也必須隔著一丈地的距離才行。江湖人在相互稱呼的時候，常常會尊敬地稱對方為某某象法，所以對於那些挨在一起做生意的情況，才會有「象挨象，隔一丈」的說法。

行走江湖的藝人們，不管從事的是哪個行當，只要技藝精湛，都能讓人百看不厭。他們在哪裡支場子演出，哪裡就會有大量的觀眾駐足觀看、鼓掌叫好。哪怕是那些平日裡極為冷清的地方，只要把江湖藝人約到這裡，敲鑼打鼓開始表演，也很快就能聚積起人氣，變得空前熱鬧起來。

不過，一旦得罪了這些江湖藝人，不管你是多繁華的地方，就算是偌大的一個廟會，少了他們的支撐，也會很快受到影響，變得逐漸凋蔽起來。看似卑微低賤的江湖藝人們，就是有著這種神奇的力量，舊時的各大都市、各個商埠碼頭，很多都是經由他們的力量，才一點點興旺發達起來的。

在早年的營口有個窪坑甸，算得上是當地最為熱鬧的一處大市場了，就是比天津的三不管和北平的天橋，其繁盛程度也差不到哪去。不過在更早的時候，這裡只是塊不起眼的低窪之處，年年夏天都會有雨水聚積，久而久之，就變得臭氣熏天，難以承受了。

就連營口的當地人，都把它當做一個天然的糞池，是不會到那裡去的。這樣的情況一直持續多年，直到這裡添了「雜拌地」（對於聚集了各種露天雜耍、摺地賭錢的地方，江湖中人習慣稱其為「雜拌地」，又叫「雜巴地」），才漸漸籠絡了一點人氣。有個「晃條」的劉鳳岐（江湖中人把喜歡蹲簽賭錢的人稱為「晃條的」，是一種調侃），知道江湖藝人有吸引遊人、興隆地方的能耐，就搭上個肯為他出錢的財東，經營起這個地方。

為盤活市場，他積極邀請各處的江湖藝人前來演出，只是幾年的光景下來，就硬是把一塊原本臭不可聞的破爛地方，做成了遠近聞名的大市場。

後來的窪坑甸，除了賣藝的，還有賣梳篦的，賣刀剪的，賣故衣的，各式各樣的雜貨攤兒，琳琅滿目的大小吃食、飯館接踵林立。馬戲棚，走獸棚，魔術棚，一處連著一處；賣藥的，算卦的，相面的，打把式賣藝的，拉洋片的，說大鼓的，評書場，相聲場，戲法場，比起北京和天津也不輸陣仗……。

可是時隔幾年後，這裡又回復到了往日的冷清，一副人煙稀落的樣子。究其原委，正是因為發跡後的劉鳳岐日漸驕縱跋扈，目中無人，最後得罪了江湖藝人，使人家紛紛離去。如此一來，人氣驟降，再繁華的景象也成了往昔回憶，想不破敗，已是回天乏術。

從前的北京天橋，也是相似的情形。在早些時候，這裡的地皮每畝地才值二、三百元。但自從天橋市場漸漸發達起來，地皮的價格也隨之水漲船高。到了後來，想要在天橋買一畝甲種地，沒個兩千元大洋，根本想都別想。

至於這天橋為何會變得如此炙手可熱、寸土寸金，當然還是江湖藝人們的功勞。據老人說，當初的天橋，絕對是全北京城最熱鬧的去處了。在橋南邊向北觀望，甚至看不見前門的樣子。從橋北往南看去，也根本看不見永定門，足可見這裡熱鬧成什麼樣子。

天橋附近那些個做買賣的，幾乎個個都賺得盆滿缽滿。天橋一帶的茶館，也是個個經典，大野茶館、王八茶館，都是其中最知名的。每逢春去夏初之際，總有無數個閒散人士，或是提籠，或是架馬，但凡想喝個野茶的，都會到這裡來消遣。

清朝末年，提起「王八茶館」，北京百姓幾乎無人不知，無人不曉。以致於在茶館周圍，也有許許多多的江湖藝人做起了生意，支起場子，撂下明地，實在是人能興地，地也能興人。後來這裡雖然也歷經了幾次興衰起伏，但地在人在，終究還是能恢復往日輝煌。

江湖之大，容得下萬事萬物，養得住三教九流。或許那些處在廟堂之上的統治階層，無法體會到市井間的人生百味，也理解不了江湖中人的愛與哀愁，可對於每個置身其中的生命來說，這又有什麼值得大驚小怪的呢？反正日子要一天天的過，飯要一口口的吃，在這個無邊無際的操練場裡，每一個停下腳步的人，總能在他人臉上看到自己的表情，總會在他人的背影中讀出自己的感受，或是快樂，或是哀愁，或是歡聚，或是落寞。在乎的，永遠無法捨棄，而那些註定會被拋諸腦後的，又何必費盡周折還要努力記起呢？

沒有卑微的生命，只有卑微的人生

三教九流中，那些被命運驅趕至社會最底層的人，根本無須反抗命運的不公，因為普天之下，概莫能外。就算你跑到天涯海角，只要你沒有逃離這江湖，一切只能照舊。所以說，與其抗爭，不如屈從和默默承受。或許，在這一眼望不到盡頭的苦難中，還能找出些許快慰來……

要說這三教九流中最底層最卑微的人和事，恐怕就屬各個生意場裡混口飯吃的藝人們最清楚了。老話裡，有「聽說書替古人流淚」的說法，聽的是書不假，但流下的淚是為了誰，恐怕只有當事人自己最明白了。

凡是總去天橋、三不管或是其他環境較為混雜地方的人，沒有哪個是不知道那些開場子擺地的人是誰。說起來，這也算得上是一種職業了，不過這究竟是個怎樣的職業呢？就算是只用看的，也不難發現，幹這行的，大多都是些胳臂粗、腦袋大的市井人物，得是能壓得住人的角色才行。

這麼描述他們，並不是說他們有多像小品中調侃的那種大款或是伙夫，而是真真切切就這副模樣。老話裡講，就是一個個都跟唱戲裡的竇爾敦似的派頭。也只有這樣的人，才吃得了這碗飯。

按說開場子擺地這種事，本錢不用有多大，湊個幾十塊錢就能做。買來些桌子凳子、竹竿杉篙，把布棚兒一扯，吆喝聲一來，就算是開張迎客了。想做好的，可以弄幾個生意場，再有幾塊地，搭上叫得響的江湖藝人，給自己個依傍，就更好了。

只不過，到了結帳的時候得分成給人家，掙的錢要二八下帳才行。也就是說，如果掙了一塊錢，人家江湖藝人拿走八角，剩下的兩角才是自己的。可能有人會問，為什麼自己投資掙來的錢，要分給別人那麼多？這是江湖上最普遍的規矩，誰叫你搭上人家的便利呢？正如前文中所描述的那樣，江湖藝人的能耐就在於此，大到一個集場、廟會，小到一個具體的場子、地攤，都指望著人家招來人氣、拉生意呢。那些開場子擺地的人，沒有了江湖藝人們的支撐，想掙下這一塊錢還真不是那麼容易的事。要是把掙來的錢一個人獨吞，不僅會被江湖中人恥笑，恐怕生意也做不長久。

在老北京的天橋一帶，跑場子、擺地攤的小人物往往都有各自的固定地盤，當然大小就不用計較了。要說起擺場子的人，最早比較有名氣的就得數李六一了。在天橋西北一帶，也就是當時「魁華舞台」的西北方向，李六一所占的地皮，先前屬於官地，後來由商人購買下來，這才改為了民地。

在民國初年，李六一的地勢是最好的，所以江湖藝人們也都願意到他的場子裡混口飯吃。他每天的收入，少說也能有個幾塊錢。後來時局勢變了，地勢也隨之發生了變化，逛天橋的人們很少再去那一帶，再加上有人建了許多的房子，他的場子也就漸漸變得凋零了，只能半守舊業半改行。

在李六一之後，是個江湖人稱老馮的人最出名。他擺的場子，就在「王八茶館」以南、「魁華舞台」東北一帶。還有個叫趙鳳桐的人，他擺的場子在當時的電車道西邊、「公平市場」北半部。到他場子裡演出的藝人，淨是些做武買賣的（江湖中人把賣藝的、變戲法的、摔跤的、拉洋片的生意都叫「武買賣」。因為這些生意大多要敲鑼打鼓，聲音吵得厲害，很容易擾亂其他做生意的人，所以才得了這麼個名字，又被稱為「武檔子」）。那些算卦的、相面的、賣藥的文生意，都因為怕「武生意」攪了自己的買賣，就乾脆不到他的場子裡混飯吃了。久而久之，常去天橋的人就都知道，想看武買賣就去趙鳳桐的場子。要是想找做文生意的人，根本不用往他那裡去了。

別看說得這麼熱鬧，但事實上，在天橋開場子擺地的人物裡，只有兩個人算是最後做到了發達的程度，一個是吳老公，另一個是老魏。

這個吳老公，原本是個宮裡的太監。因為時代變了，失去了太監往日的權勢，這才靠著手裡的一點積蓄，做起了開場子擺地的營生。他開的場子，在「公平市場」西邊、「魁華舞台」以南的地方，屬於逛天橋的必經之路。因為地勢好，所以到他場子裡演出的藝人，都是些有真本事的。再加上他是從富裕日子裡落魄過來的人，更知道珍惜眼前的好生活，所以硬是靠著克勤克儉的一股勁，攢下了些錢，不但蓋起了兩、三所房子，還重新過著衣食無憂的生活。唯一的遺憾，是他沒有後代，所以天橋的人們說起他來，都會加上一句「苦奔而已」的評價。

至於老魏，原本是當時的名伶魏蓮芳的同宗弟兄，所以人脈很廣。他的場子，先是開在「魁華舞台」的後邊，文武生意都做，也都有叫得響的人物給他撐著場面：文生意是做「八岔」的連仲三（江湖人稱呼算奇門的為「八岔」），武生意是「挑廚供」的孫寶善（「挑廚供」即賣戲法的）。後來，隨著生意越做越大，他又在先農壇東面、舊壇坡下邊弄了個場子，請來的同樣是三檔「硬生意」（江湖人稱呼能掙錢的買賣為「硬生意」）：頭個場子是摔跤的寶善林（老北京人稱「寶三」，是當時最有名氣的摔跤好手）；第二個場子是張壽臣、劉德治的相聲；第三個場子是關順鵬的竹板書。做這三檔生意的，都是當時北京城最叫得響的江湖藝人。藝人們掙了錢，也都是和老魏二八下帳。再往後，老魏又拿著掙來的錢在三個場子後邊弄了個野茶館，取名為「爽心園」，先是賣茶，然後又改成了雜耍館子，分為南北賣座，北邊賣的是清茶，南邊做的是唱大鼓的生意。山東的著名坤角李雪芳，就在這裡唱了兩年半的戲，每天都是滿堂座。一來是因為李雪芳的戲確實好，真有叫座的能耐，二來是因為這裡的地勢也夠寬闊，算得上是真正的「流水地」（江湖中人稱遊人必經之路為「流水地」），凡是有點真本事的江湖藝人，都願意到這裡演出。

一來二去，老魏的生意越做越好，就把「爽心園」前邊的官地也買下來，改成了六個生意場，算是真正做到了開場子這個行當裡的頭號人物。只不過，天橋的人們在說起老魏時，也是貶多於褒，都說他是「一家飽暖千家怨」。

舊時的天橋市場，東至金魚池，西至城南遊藝園，南至先農壇、天壇兩門，北至東西溝沿，這些地方都可以統稱為天橋市場。這麼算來，確實有地勢寬闊面積廣大的優勢。全國各個省市的這種市場，沒有一個能比天橋再大的了。

在這種優勢下，天橋市場聚集了眾多優秀的江湖藝人，那裡的相聲場、摔跤場、把式場、戲法場、扛子場、大鼓書場、竹板書場、評書場、戲場、河南墜子場、空竹場等等場子，一旦開場，很快就能聚集起裡三層外三層的觀眾，場面煞是壯觀。

說起京津兩地的相聲場，在過去的江湖上，可是出了名的。雖然其他省市的很多場子裡也有說相聲的，但要論起個地道和正宗來，還是得首推京津兩地的相聲場。

還以天橋為例。在前文說到過的「爽心園」前邊，就有一處全京城都叫得響的相聲場。這場子最早是由張壽臣、劉德志、尹麻子、郭起茹、于俊波幾個人撐起來的。自從人稱「相聲大王」的李德錫（藝名「萬人迷」）死在奉天後，相聲界就一直面臨著青黃不接的尷尬局面，也就只有張壽臣還算是個夠實力也夠名氣的角色，所以才會被天津的各家雜耍館邀去充當台柱。

在他離開後，北京天橋的相聲場就只剩下劉德志、於俊波等人撐場了。再往後，隨著名氣越來越大，劉德志也不經常去天橋演出了。除非是江湖救急，或是參加大型堂會，否則很難再見到他現身天橋一帶。這種事，看上去有點「過河拆橋」的嫌疑，可是對於舊時的江湖藝人來說，誰不想謀個更好的發展？又有誰不想早日跳出過去的苦日子？雖說江湖之大，無論如何也難以從中脫身，可是一旦有了看得見的「高枝」，說不想去努力攀上一攀，都是自欺欺人而已。

要說這江湖藝人的生活處境有多艱難，還以說相聲的為例。

在舊時代，每天場子一開，表演一起，前來圍觀的人就漸漸多了起來。遇到真正的名家，觀眾的人數也會呈幾何級數不斷增長。遠遠望去，真是裡三層外三層，黑壓壓的人頭鑽動。當然，這只是表面現象，白看熱鬧的事，誰不願意靠前呢？等到了演出告一段落，該收賞錢的時候，就是另外一碼事了。

擱在時局好的時候，老百姓兜裡都有幾個餘錢，這賞錢還不難收，有的聽主甚至還會主動往場內扔錢。可是一旦時局不濟，老百姓的經濟狀況大不如前，這錢可就沒那麼好收了。每逢有相聲場開演，周圍的人或坐或立，聽得那叫的起勁。

到了一段相聲說完，眼見著要收賞錢了，那些站著的人往往一哄而散，坐著聽的也都是扔下錢就走，很少有幾個會接著再往下聽的。

別看說相聲的生意會有如此慘澹的時候，這可已經算得上是天橋最掙錢的行當了。只要社會上稍微有個動盪，江湖藝人的生意往往都會受到嚴重影響，輕者收入銳減、艱難度日，重者乾脆無以為繼，只能換個活法另覓出路了。

有必要說說的，還有摔跤場。在早些年間，摔跤還算不上是門生意，也沒有專門從事這一行當的人。秦漢時期，這種技藝稱為「相撲」，宋代又改稱為「角力」。據說岳飛就是個擅長摔跤與槍棒的武術高手，他手下的得力戰將牛皋也想學習這拳腳上的功夫，但因天資較為蠢鈍，所以一時難於學會，岳飛只好將一些擒拿鎖扣、分筋斷骨的招數傳授給他。

直到清代，這種摔跤的技藝才得到進一步的重視，當時被稱為「蹼跤」，甚至清軍中還設有專門的「善撲營」，其左翼部隊設在東城的大佛寺，右翼部隊設在西城的當街廟，都有專門的「官跤場」。

江湖傳言，在官跤場上摔死了人是不用償命的，但私跤場上就要承擔相應的刑事責任了。在當時的「善撲營」中，有著等級森嚴的選拔制度，需要一層層地自下而上完成升擢。只不過，制度是死的，但人是活的，所以跤摔得再好，也不如有背景有門路的金錢運動更有實效。有官有私有作弊，自古以來都是如此。豈止是個小小的「善撲營」，從官場到民間，哪個地方又少得了這樣的黑幕呢？

摔跤場上有很多技巧和手段，也不乏一些陰損的黑招暗招，有的還足以致殘和要人性命。能在較量時使用這些見不得光的伎倆，一般都是相互有仇有怨的對手，是拿摔跤這檔子事來拼命的，為的就是置對方於死地。在多數情況下，摔跤的人不會用到這些致命招式，都是點到即止。

想把摔跤技藝練到家，就得根據自己擅長的套路來，其中有練習胳膊上功夫的，有練腰上功夫的，有練腿上功夫的，還有練腳上功夫的。至於比試時的穿戴，也是有講究的，一般都會在上身穿件「褡褳」，摔跤手大多注重上身穿著的衣服，且一定要用數層布料製作而成，靴子的前臉也要凸出來，也就是俗稱的「螳螂肚兒」。

在小說《雍正劍俠圖》（也就是後來改編而成的《童林傳》）中，主人公童林出場時的打扮，就差不多是這個樣子。他也確實是個摔跤好手，甚至還幹出過把自己的老父親摔翻在地的事。

原本，清王朝設置這種技藝訓練的目的，只是為了鎮懾內、外蒙勢力。可是發展到後期，這種活動從軍營擴展到了江湖上，成為一門集表演和較量於一身的行當。這其中，既有摔跤作為一種技能在自身發展上的沒落，也有時運不濟、生活所迫的因素在裡面。且不論因為什麼，僅就江湖中的各個行當來比較，摔跤也算得上其中最考驗實力的一門生意了。正因如此，摔跤場上的表演者往往更認真，會在表演開始前主動詢問觀看者是否能夠打賞，在得到承諾後才會正式表演，如果不聞不問開場就練，很容易一場跤摔下來，卻得不到幾個賞錢，那這力氣可就算是白搭了。

在舊時的天橋一帶，最有名的摔跤好手，也就只有沈友三、寶三、李永福、魏老、張狗子等幾個人而已。其中時間最久的，要屬寶三的跤場。他和李永福、魏老都是功底最硬的選手，表演起來也最賣力，所以才能坐到「天橋第一摔」的位置。張狗子的摔跤場在「公平市場」和「萬盛軒」東邊，因其身高力大，也守得住江湖本分，所以同樣很有名氣。至於摔跤摔出了點積蓄的沈友三，後來乾脆在紅樓開了家成藥鋪，改行賣大力丸去了。

還有一樣生意最受人歡迎，那就是戲法。擅長此道的江湖藝人孫寶善，可是天橋上最有號召力的「挑廚供」，是屬於明星級人物。

「魁華舞台」身後的那個玩藝場，就是孫寶善的主場了。別看他長得矮胖矮胖、四方大臉，一副普通得不能再普通的模樣，可是這場子卻是天橋一帶最有人氣的地方。

舊時的江湖，也把戲法稱為「幻術」，所以孫寶善也敢在這裡自稱為「幻術家」。直到民國十八年，他才選擇「開穴」（江湖中人稱出走外地為「開穴」），原因據說是他在經濟蕭條後做了些「安瓜瓦點」（即敲詐）的事，無法在北京混下去了，就只好帶著「果食」（媳婦）和「怎料子」（孩子）跑到天津「三不管」去混口飯吃。後來，又在那裡挖個點兒（敲詐個人），這才又跑到奉天避難去了。

說完北京的天橋，再來說說天津的「三不管」。

江湖上的人，不管有沒有去過天津城，大多都聽說過「三不管」的名號。這是天津城裡最熱鬧的生意場，三教九流無所不包，絕對是江湖中人最大的一處根據地了。

事實上，三不管的江湖名氣雖大，卻不像北京的天橋那樣，是個適合討生意的地方。即使是在清末民初之際，這裡依舊看得見又深又大的水坑，甚至比北京的什剎海還要大些。

至於這裡為何被命名為「三不管」，也是有原因的——因這裡距離外國租界很近，所以老外對這裡是不聞不問；當局只把這裡看成一個難於收拾的臭水坑子和垃圾堆，所以也不想進行規劃管理；至於地方縣署，因為這裡的界限屬於市政所轄，就更是輪不到自己來管。由此，這裡也就成了道道地地的「三不管」了。

直到民國初年，隨著周邊環境的不斷改善，三不管才算是迎來了它最發達的黃金時期。西至南關下頭，南到海光寺，東到日租界西邊，往北一直延伸到南馬路以南，都算是三不管的地片。

比起天橋來說，三不管在規模和繁盛程度上絕對不輸陣仗，其中聚集了各類江湖藝人，而且同樣不乏名角。更有趣的是，老北京的天橋是白天熱鬧、夜晚沒人，而三不管則是夜晚如晝，熱鬧依舊。那時候，常年混跡於此的江湖藝人，不管具體做的是什麼生意，發達致富的不在少數。

不論是天橋還是三不管，除了有江湖藝人的表演，還有三教九流的太多行當，其中很多都是只有在社會最底層才能見識到的有特色營生。比如賣故衣的，就是有很多說道的一種行當。

故衣行的買賣，不僅情形最複雜，而且規矩也跟普通的行當有所不同。他們賣的衣裳，大多是由當鋪裡整批購入來的。無論是什麼款式、新舊如何，總是難免會有一些破損殘壞的地方。一旦有買主挑中了哪件衣服，千萬不能讓他看出毛病在哪，否則就不會再買。為此，做故衣行生意的店裡，通常都要比做其他行當的屋子更黑更暗一點才行，不是不能亮堂起來，而是講究的就是這個黑勁暗勁。這樣才能讓買主看不清楚衣服的瑕疵，只瞧個大概就行。一旦雙方講好價錢成了交，衣服買回家中再發現有什麼毛病，就不能再來故衣行裡退換了，這是江湖中人都知道的規矩。

故衣行裡講究的就是「出門不管換」，最討厭的就是那種「抖德」（「德」讀去聲，故衣行內管客戶買走東西後又藉故拿回來換錢的行為叫「抖德」）的事。可能有人會問，除了吃的東西包括藥物是不退不換的，其餘各個行業所賣的商品在原則上都是可以退換的，為什麼故衣就能例外呢？這是因為，故衣行雖然也是講本圖利的一門生意，但卻和其他各行買賣全都不同。

故衣行任用的夥計，分為掙工錢和不掙工錢的兩種。前者每月領固定的工錢，到結帳時得到的分紅就少。後者是沒有工錢可拿的，但到了分紅時就會拿走其中的一大股。比如店裡規定了一件衣服的價格，那麼多賣出來的錢再二一添作五這麼一平分後，剩下的一半就是夥計的了。這樣一來，夥計掙錢的多與少，就全要看多出來的那部分利潤是多少。如果有客戶把買走的衣服拿回來換錢，不但買賣沒做成，這多出來的利潤也就等於打了水漂，白忙活一場，自然會引起夥計的不滿了。

除了這個說道，故衣行裡也有屬於自己的「春點」。按說開門做買賣，求的無非是個利益，本來跟江湖上的那些生意不同，為什麼還要有「春點」這檔子事呢?然而人在江湖身不由己，管你是三教九流中的哪一種，想在江湖裡求個生存和發展，沒有本行業內通用的「春點」，是根本不可能的事情。

具體說來，故衣行裡的「春點」倒是頗為有趣。比如攤上掛著件三尺二長的綢子大褂，來了個身高四尺多的買主看上了這件衣服，非要問價和試穿。這時怎麼辦?掌櫃的會跟夥計說一句「喜」，意思就是告訴夥計甭跟對方廢話，直接告訴買主不用看也不用買，因為這件大褂對方穿著一定不合身。再比如，叫價七塊錢的東西，一旦買主只肯出三塊五角錢，這生意不是不做，就是只能低價賣給對方。這時侯，掌櫃或是更有經驗的夥計會對沒經驗的夥計喊上一句「外庫外」，這也是故衣行裡的「春點」，意思是必須把價格咬定在五塊五角錢。只要能成交，也就等於多掙了兩塊錢。可見，這故衣行裡的「春點」要是被外人掌握了，生意也就不好做了。只要雙方一調侃兒，就知道買主是個懂行的人，哪怕不至於用成本價賣出，也占不到多少的便宜了。

前文說到，這故衣行的貨物，大多都是由當鋪裡買來的。舊時的各家當鋪，都有這種過了期限贖不了的貨物，店主就會按它的本利湊成一堆，直接賣給故衣行的生意人。所以越是歌舞生平的治世，故衣行的生意就越是好做。一旦遇上亂世，典當行的生意不好做，故衣行也勢必隨之受到影響。

只不過，不管治世還是亂世，做這行生意的想要混口飯吃，都得講究技巧。造假倒不至於，但賣「拼貨」的事就極為常見了（用小塊的碎呢子拼湊成大氅一類的東西，只要買主瞧不出破綻，就能和成衣一樣賣出好價錢）。再就是縫縫補補，把舊東西翻新，或是遮蓋細節上的瑕疵，這些都是做故衣行的人最常用的小伎倆。

當然，故衣行裡的東西，也不都是騙人上當的破爛玩意，只要買主有眼力，懂行情，一樣可以買到既便宜又實用的好東西。畢竟誰都不傻，要是常年只賣次品，這一行也就做不下去了。

在舊時代的天橋市場上，賣故衣的行當始終都有。說是有著這麼多的行業內幕在裡面，其實也不過就是個小本買賣，根本發不了大財。畢竟大的時代背景就擺在那裡，每個出現在天橋市場中的生意人，能混口飯吃已是最高理想，還哪敢奢求別的什麼。在這件事上，各行各業都是如此。大家心知肚明，也知道彼此幫襯一把，反正圖的就是個眼前的生活，至於再多的奢望，也只能是想想作罷，既不當飯吃，也解決不了任何實際問題。

那些最讓人難以啟齒的事

三教九流中，總有一些行當，一些人，是最讓人瞧不起的。在這些所謂的「下九流」身上，究竟有著怎樣的人生際遇，又發生過哪些難於啟齒的陳年舊事，恐怕沒幾個人知道。

一提到江湖，人們最先想到的，總是那些飛來飛去、武功卓越的俠客。所謂：「十年磨一劍，霜刃未曾試。今日把示君，誰有不平事。」他們之所以出現在這個世界上，似乎只為了一個目的，那就是除盡人間的不平之事，哪怕是為此賠上自己的身家性命也在所不惜。總而言之，俠客們的人生就該如此豪氣干雲，即使充滿腥風血雨，這血光也一定是他們一生中最美的點綴。

作此感想的人，一定沒有見識過真正的江湖。這所謂的「江湖」，從來就是一處時時有危機、處處存風險的所在。從古至今，不知有多少無辜的生命，葬身在這個鬥獸場裡。管你是什麼大俠也好，販夫走卒也罷，只要身在江湖，就逃不出這張大網，三教九流，無一倖免。

拋開「三教」（儒釋道）和「九流」中的那些上流人物（比如皇帝、官員、武士、商界人士）不說，以今天的標準來看，醫生總該是受人尊敬的職業了吧？可是在舊時的江湖中人看來，這個職業還真就談不上有多精貴。

古人是有「不為良相，便為良將，不為良將，便為良醫」的說法，可是這並不意味著醫生這個職業有多崇高的社會地位。更何況，在舊時的傳統中，醫生在年輕時是沒機會坐堂問診的，多半都得出門行醫，吃的就是風塵裡討生活的這碗飯，必須在這種辛苦顛簸的歲月中一點點累積起自己的聲名。

關於「三教九流」的具體所指，歷來說法就不統一。但不管是哪種觀點，在「下九流」的各個行當裡，總是少不了戲子（包括演員）、娼妓和乞丐這幾種社會角色。

在中國古代，戲子之所以沒什麼社會地位，甚至與妓女同處於社會的最底層，是由宗法社會中流行的一些觀念決定的。「萬般皆下品，唯有讀書高」，說的就是只有透過讀書這個途徑，才能獲得進入主流社會的機會，成為高人一等的朝廷官員、顯赫人物。

相比之下，戲子當然就屬於不入流的社會角色了。他們往往居無定所，甚至缺少必要的生活保障。清白人家的子女之所以會成為戲子，大多是因為「貧窮」二字。不到萬不得已，沒有哪個家長願意把孩子送出家門，去做一個遭人取笑、侮辱甚至玩弄的戲子。

在這個等同於娼妓的行當裡，高級一點的還能取悅一下官員貴族，低等的就只能淪落在江湖上，靠取悅平民百姓混口飯吃了。別看舞台上的他們花枝招展、顧盼生姿，但演的全是別人而不是自己。一旦走下台來，他們的境遇往往不堪忍受，再厚的油彩也遮不住眼角滴落的點點淚痕。

都說「婊子無情，戲子無義」，足可見在舊時的中國社會，這是多麼受人歧視的兩個行當。事實上，兩者還真有著太多的相似之處。他們同樣忍受著屈辱與痛苦，千方百計只為取悅自己的「上帝」。如果說觀眾是戲子們的衣食父母，那麼嫖客就是妓女最為倚賴的經濟來源了。為了討得嫖客的歡心，妓女們總是得使出渾身解數，還要學會察顏觀色的本領。唯有如此，才可能賣上個好價錢，最大限度地實現所謂的自身價值。

為了生存，妓女不僅要五官端正、身段迷人，還得不斷提高自身的業務素質，甚至要和黑白兩道上的人搞好關係，為自己爭取更多的庇護和保障。在出賣身體之外，妓女們還得學會逢場作戲的能耐，別管她們說出多誘人的甜言蜜語，又或是多麼催人淚下的故事，這不過都是用來欺騙嫖客的手段而已，當不了真的。

在古代文學作品中，描寫妓女及其生活的不在少數，但大多都是些文人墨客在興致高漲時寫下的淫詞艷曲，即便其中有文采不錯的，也不具備什麼更高的文化價值。事實上，在青樓這種下九流的風月場所，恰好可以折射出整個社會生活的各個側面。

「青樓」一詞，原本並不是什麼妓院的代名詞，而是用來指代那種用青漆粉飾過的樓宇，或是作為豪門高戶的代稱。在《太平御覽》、《晉書》還有魏晉南北朝的許多詩文中，都是這樣使用「青樓」一詞的。

後來，隨著時代的發展以及詞義本身的變化，才逐漸出現了偏差，開始與娼妓這個特殊的社會行當產生關聯。到了唐代以後，青樓正式被拿來指為煙花之地，與「平康」、「北里」、「行院」、「章台」等詞相比，顯然更加形象，也多了一絲風雅之氣。關於妓女的起源問題，古今中外素來就有種種不同說法，這裡姑且不作探討。倒是青樓往往開在考場附近的現象，很是值得玩味一番。

「青樓鶯聲為誰啼？」選擇把妓院開在考場附近，恰好可以反映出生意人的精明。任何產品的成功推廣，都離不開供需法則這項規律。古時的青樓，招待的除了闖蕩江湖的往來過客，就數讀書人居多了。這種所謂的「士子」，在當時的時代背景下往往擁有一定的社會地位，更重要的是，他們口袋裡大都揣著數目可觀的銀兩和詩稿。對於青樓而言，這可是最有效的兩樣通行證了。

在青樓老闆們看來，有銀子的就是大爺就是活菩薩，必須熱情招待才行；在妓女中，尤其是那種賣藝不賣身的藝妓們看來，只有那些滿腹詩書、一肚子錦繡文章的男人，才有可能圓了自己「才子佳人」的夢想。「鴇兒愛鈔，姐兒愛俏」，說的就是這麼個道理。而且跟有學識的才子打交道久了，妓女們耳濡目染，自身的文化修養也會提高，這更有利於她們今後的生意。

而文人、才子們被伺候得興起，有時還會給她們寫寫詩詞什麼的，比如宋代的詞人柳永就經常混跡於青樓，晚年還乾脆跟她們一起生活。妓女們都來找他填詞，因為經他寫的歌總是很受大眾歡迎，一唱就紅。

柳永為什麼這樣自甘墮落？那是因為他科舉失利，對官場失去了興趣。不管怎麼說，舊時的考場（也叫貢院）確實是「盛產」像他這種文人墨客的地方，所以把妓院開在考場附近，當然是個再聰明不過的選擇了。

在士子眼中，貢院無疑是他們通往富貴功名的必由之路，因而每到開科取士的年頭，來自四面八方的士子們都會趕往貢院應試。一時間，考生雲集，自然也就帶動了周邊的各類生意。士子們在吃住玩樂上的諸多需求，為商人們提供了大把的機會。於是乎，青樓、酒店、茶館這些消費場所，也就密集地分布在貢院周邊了。比如舊時的秦淮河，就形成了「槳聲燈影連十里，歌女花船戲濁波」的繁華景象。

從古至今，關於才子佳人間的風流韻事，歷來都是經久不息的話題。士子們一旦金榜題名，會為鍾情的妓女創作情詩以炫耀才華，這在當時是件非常流行的風雅之事。即便科考失意，無奈的士子們也會找到自己的發洩方式。「忍把浮名，換了淺斟低唱」，就成了他們減輕痛苦、聊以自慰的最佳方式。反正也沒求取到功名，還不如「黃金白璧買歌笑，一醉累月輕王侯」來得瀟灑自在呢。

至於士子們為何會如此鍾愛青樓歡場，在余秋雨所寫的《十萬進士》中就能找到答案。

文中提到，科舉制度在清代已經達到了一個頂峰，為防止作弊，考生們都被要求身披羊皮袍子進入考場。在科考的三天之中，考生們不能自由活動，一切的吃喝拉撒睡都得在兩坪方米左右的號房內解決。一旦遇到風乾日燥的天氣，號房內外屎尿泗流，臭氣熏天，在這種環境下答題做卷，沒有驚人的毅力是很難完成的。因此，科考的三天時間對於大多數士子來說，都像是蹲了三天監獄般難熬。一旦脫身，會有如釋重負之感，當然要到青樓中去瀟灑走一回了。

比起戲子和妓女，乞丐無疑是個更有說道的特殊行當。因為一提到這些人，人們總會聯想起武俠小說中的「丐幫」——這個看似平淡無奇、實則充滿神祕感的江湖第一大幫派。

關於丐幫的起源問題，素來就存有爭議。比較主流的觀點認為，這個由落魄貴族、退役軍官以及鄉間閒散人士組成的幫派，是在唐朝中後期才正式組建起來的。

在以農業經濟為基礎的古代宗法社會中，政治上嚴格奉行的「戶籍制度」以及對於結社自由的極大限制，都在最大限度上降低了農民成為乞丐的可能性。即便餓死鄉間也不能進城乞討的現象，在當時的社會上並不罕見。即便是在農野鄉間，失去土地的農民也沒有流竄討食的權利，否則會被統治階層視為「流民」、「暴民」而加以鎮壓。只有到了唐代以後，政治上的相對開明以及戶籍制度的進一步放寬，才給丐幫的出現提供了必要的社會基礎。

當然，這裡所說的是關於丐幫的組建問題。至於作為個體存在的乞丐，則是早已出現的一種社會角色了。比如《後漢書．獨行傳》和《左傳》中，都有關於乞丐的明確記載。

到了唐代，文學家元結還專門寫了《丐論》，自稱「游長安與丐者為友」。以乞討為生的職業乞丐，可能最早出現在六朝時期。

《東京夢華錄》中曾經形容開封城「諸行百戶，衣著各有本色，不敢越外街市行人，便認得是何色目至於乞丐者，亦有規格，稍似懈怠，眾所不容」。這裡所說的「規格」，大概是指穿著制式服裝在特定地區或針對特定對象行乞的人。至於文中說到的受到團體約束且必須盡到一些規定義務的事，則多少可以看作是丐幫的雛形了。

在宋元話本小說《金玉奴棒打薄情郎》中，還曾專門描述過杭州城裡的乞丐團頭金老大，其手中的杆子是領袖的標記，統轄的也是全城的叫花子。這也就足以證明，到了宋代，丐幫已經形成氣候，發展成為具有一定組織規模的社會群體了。

既然歷史上確實有丐幫的存在，那麼武俠小說中丐幫幫主的打狗棒和降龍十八掌又是否真實存在呢？答案是否定的，那只不過是文學作品中最常見的虛構而已。當然，這些也不是毫無來由的杜撰，還是有著一定的傳說故事作為依據的。

在民間傳說中，明朝各府州縣的丐頭（統治大小乞丐的頭目），就是由坐了天下後的朱元璋逐一冊封的，為的是獎勵那些尚且在世、立有戰功但又犯過小錯的下級軍士。朱元璋一面封他們做了可以世襲的丐頭，另一面又規定丐頭們「生子不得讀書，生女不得裹腳」。表面上看，這是「皇恩浩蕩」的一種封賜，其實就是將這些下級軍士變相地逐出了體制。

到了嘉靖年間，奸相嚴嵩被扳倒後，明世宗念其「專權二十年有功」，就賞給他一個銀碗和一雙金筷子，封他為「天下總丐頭」，掌管全國各府州縣的大小丐頭。只不過，因為嚴嵩在為官時作惡太多，百姓們對他恨之入骨，所以他走到哪裡都要不到飯，最後活活餓死在北京銀碗胡同裡。

嚴嵩死後，因為他是「受過皇封」的天下都丐頭，所以丐幫上下還是尊奉他為「祖師爺」，讓他接受大小乞丐們的香火供奉。那些受過「皇封」的大小丐頭，也可以像帝王公侯一樣世襲下去。皇帝繼位時，接過的是傳國玉璽，而這些丐頭們在繼位時，接過的則是當時當地所有乞丐都認可的一件「信物」，比如一根特殊的打狗棒，或是一支用老竹根做成的旱煙管。至於降龍十八掌，就只是純粹編造出來的一種武功而已了。

不過在史料記載中，丐幫的規模和勢力很大，倒是個不爭的事實。學者周德鈞所著的《乞丐的歷史》一書中指出，在宋代的一些大城市中，已經有「團頭」（作為丐幫首領與標誌著幫主身分的特定稱謂）一詞的出現了。當時流行的宋元話本及稗記小說中，也多次出現這一名稱，其中最典型的就是《今古奇觀》中「金玉奴棒打薄情郎」一節的記載：南宋初年的杭州城中，有一位世襲了七代的丐幫幫主——「團頭金老大」。他管轄著杭州金城的乞丐，收他們的例錢，給眾丐的生活予以相應的照料。這位「金團頭」儼然族長、宗老一般，在乞丐中享有極高的威望，藉由眾多乞丐的供奉，他雖不是城中首富，卻也成了闊綽人家了。

除此之外，關於社會史的相關研究也進一步證明，丐幫的形成與發展歷程與中國古代的祕密會社發展歷程是一致的，它們大都形成於兩宋時期，發展於元、明兩代，在清代至清末民初之際達到鼎盛。

自明、清兩代開始，丐幫作為一個社會群體，已經開始接受朝廷的直接控制。看過武俠小說的人，都會對這個結論感到意外：既然被稱為「幫」，那就應該是江湖上自發形成的幫派組織了，又怎麼會受到統治階層的直接控制呢？殊不知，這樣的結果一方面可以說明統治者對於這一民間幫派的忌憚，另一方面也足以證明丐幫本身的勢力有多龐大了。

到了清代中期以後，與丐幫有關的文字開始越來越多地出現在文獻記載中，其名目之多、內容之廣，遠在其他幫會組織之上。隨著組織規模和影響力的不斷擴大，丐幫無疑成了江湖上最大的一股幫派勢力。

話說到這，或許又有人要問，既然丐幫的勢力如此之大，那麼作為丐幫成員的那些乞丐們，想必也就不用再過那種朝不保夕的窘迫生活了吧？顯然，這又是一種想當然的錯誤判斷。在乞丐們構成的這個小江湖中，哪怕是統治著大小乞丐、有著至高權力的丐頭，在主流社會的官紳、商賈乃至文人士大夫眼中，也依舊是沒人看得起的「下九流」，甚至乾脆就是不入流的社會邊緣分子。

當然，在屬於乞丐們的世界中，丐頭可是皇帝一樣說一不二的人物。由他定下來的規矩，就是不可更改的金科玉律，他吩咐下來的話，就是必須執行下去的金口玉言。要是有誰膽敢違背，就得接受「幫規家法」的處置。這種近於私刑的所謂「幫規」、「家法」，往往要比「國法」還要嚴酷三分。

乞丐們犯了「事兒」，丐頭竟然也要像官府一樣坐堂問案，輕者掌嘴打屁股，重者三刀六個洞——給你一把七寸鋼刀，讓你自己在身上隨便找個什麼地方戳上三刀，但必須每一刀都戳透戳穿，所以才叫「三刀六個洞」。再嚴重的，還可能使用割鼻、剟眼、砍手、剁腳甚至淹死、吊死、亂石砸死、亂棍打死等等刑罰。

這種「幫規家法」，也跟各姓各族的「族法」一樣，是受到「國法」、「王法」保護的東西。所以那些受了刑的人，即便有膽子告到衙門去，縣太爺一聽是小乞丐告丐頭這種案子，也就是所謂的「以下犯上」，都會不予理睬，照例直接轟下堂去了事。要是有執意要告的，就直接按倒在地，打上四十大板再帶枷示眾三天。至於被私刑處死的乞丐，因其自加入丐幫那天就可以免收丁稅錢糧，所以在官方的戶籍檔案中也就被消了戶頭，等於這個人在加入丐幫那天起就從這個世界上消失了，就算這時候才因為受了私刑丟了性命，也沒人會去理會。至於那些鄉官、地保們，就更是不願多管這種沒油水可撈的閒事了！

丐頭坐堂問案的地方，通常都設在各地的棲留所裡。這種棲留所，一般都是由當地的財東個人出錢或多人合力出錢蓋起來的，俗名又叫「討飯屋」，其本意是給過往的流浪漢棲身使用。

別看名稱難聽，其實各個棲留所的規模都不算小，至少也得有大小七八間房。這樣寬敞的房屋，沒人管理可不行，所以通常各地的棲流所就成了丐頭們可以隨意使用的地方。正房中一般都住著丐頭及其妻兒老小一家，中間的一間廳堂就是丐頭審案、行刑的公堂了。之所以選在這裡執行「公務」，是因為住在這裡的所有乞丐都能看見，算是能達到威懾作用。至於其他各個房間還有兩廊廂房的通鋪上，則按照男女有別的原則，分住著男女乞丐。

一個丐頭統轄下的乞丐大約有二百多名，可是一個鄉野級別的棲流所最多也就能容納三、四十個乞丐，剩下的那些人，就得自己去找棲身之所了。但不管能不能留在棲留所裡居住，最下層的乞丐都得每天出去乞討，因為晚上還要回來交納「份例」（不管三、五文錢還是幾兩米都可以，但沒有任何東西上繳就一定會受到懲罰）。那些沒有被安排出去行乞的，就要在棲留所的後院內養雞、養鴨、餵豬、餵羊了。做這種工作的乞丐，丐頭會按月發給他們份例錢，就跟地主雇用的長工差不多。

另外還有一部分人，是乞丐王國裡的「公差」——每當有乞丐犯了家規，掌刑的就是這些人了（相當於執法長老）；地面上有了「路倒」或是「凍屍」，也由他們背到義地去埋掉，然後再到地保那裡去領賞錢；如果丐頭家裡有什麼私事需要跑腿的，也會交給他們。還有那些有家室卻沒飯吃的窮人，一旦淪為乞丐，是可以住在自己家裡的，只是同樣要按月交納「份例」，並絕對服從丐頭的管轄，否則就別想在這塊地上張口討飯了。

也許有人會問，為什麼乞丐還要做處理死屍的事情呢？這也是一種約定俗成的江湖規矩。宋元時代的丐頭和乞丐，都會負責地方上死人的入殮工作。因為古人把這種事看作是一宗「骯髒」的職業，所以多數人都不肯去做。在小說《水滸傳》中，武大郎被潘金蓮毒死後，就是由丐頭何九叔帶著乞丐將其入殮下葬的。

那些不瞭解丐幫內情的人，會以為一個人落魄到了不得不去討飯的地步，應該算是掙扎在社會最底層的可憐人物了。殊不知，在舊時代裡，乞丐並非排在「下九流」的最末位置，至少不比戲子和娼妓更受人歧視。一旦入了丐幫，就等於是有了個更大的保靠，混得再慘，至少還有個組織能夠保障自己的基本權益。在這一點上，丐幫顯然要比戲子和娼妓的處境好上許多。

當然，站在今天的角度來看，這些所謂的「三教九流」，不過是人為劃分的一種結果而已。在真實的江湖上，不管你是哪一教，或是屬於第幾流，都有自己行業內的尊卑上下之分。人們各幹各的行當，各有各的地盤，各吃各的飯，各過各的生活。至於這些個三六九等，又有多少實際意義可言呢？

第4章

八大門，現實版的江湖眾生相

江湖

俗話裡常說「三教九流」、「八大江湖」，「三教九流」已經說過了，那麼這「八大江湖」指的又是什麼呢？這個說法，其實是由江湖上的「八大門」而來的。

這所謂的「八大門」，指的就是江湖社會中八大類別的謀生方式，我們知道，中國古時候的數字，往往並不是有什麼明確指代的，泛指的情況居多。但在這裡，「八大門」卻並不泛指江湖上的所有行當，而是專指金門、皮門、彩門、掛門、評門、團門、調門、柳門。

我們在前文中已經說過，因為江湖上的很多特殊稱謂，都是以口口相傳的形式流傳下來的，所以真正落實在紙面上，往往在發音甚至是具體漢字上都會有所不同。比如有當代的歷史學家就把江湖八大門稱為冊門、火門、飄門、風門、驚門、爵門、疲門、要門；還有把金門說成是驚門、巾門的，把掛門說成是卦門的，這些都是再正常不過的事情，無需大驚小怪。

紙上乾坤終覺淺——八大門之金門

「金點」，是江湖中對於算卦、相面之人的總稱。比如兩個江湖中人在路上相遇，其中一個問另一個是做什麼買賣的，聽到對方說自己是做「金點」的，也就等於知道人家是算卦相面為生的了。在金門當中，又可以細分為「啞金」、「嘴子金」、「戧金」、「帶子金」、「老周兒」等等，都各有各的說道，各有各的訣竅所在。

舊時的江湖上，算卦、相面可是個非常有講究的職業。不論大小場子還是走街串巷，總能看到做這行當的人。除了那些行無定處的，多半都有自己的一席之地。

那些趕場子的「金點」，大都有張單獨的小桌子，兩旁放有兩個小條板凳。

在桌子上，除了破筆墨水匣、紙條子，還有一對玻璃框，內寫「直言無隱，概不奉承」幾個字。桌子後邊立著的那個人，當然就是「金點」了。做「金點」的大多外貌斯文，，穿著打扮也大致雷同，乍一看去像個知識份子的模樣，有兩撇小黑鬍子，到了近代以後，有的「金點」還會戴一副黑色的眼鏡，或是一頂瓜皮小帽。

這「金點」一開口，基本都有一套固定的說詞：「袖裡乾坤大，壺中日月長。今日到此，要送相法。相對了，敢請大家給我傳個名兒。人過留名，雁過留聲。人過不留名，不知張三李四；雁過不留聲，不知春夏秋冬。我有個名，大家諸君，名叫某某某的就是在下。

今天咱們送相，分文不取，毫釐不要。不過話說前頭，有幾種人我可不送：聾子不送，啞巴不送，不孝父母者不送。我送的是讀書認字，明情知理的人。就是不認字，久闖外面，通達人情的人也行。可是多了不送，只送六相。哪位願意送，哪位就伸出手來接我的紙條。接著了，也不用喜歡，接不著，也不用煩惱。接著了的，就有一相哈！」

說到這兒，「金點」會拿起六條白紙，示意圍觀的人來接。舊時的窮苦百姓，大都有貪小便宜的通病。一看這架勢，自然會爭先恐後地接那紙條。於是乎，這一齣你情我願的好戲，也就這麼上演了。

一般來說，這所謂的「送相」基本上就是個「餌兒」，說得好聽點，有點拋磚引玉的意思。「金點」會簡單幾句話，或是隨便寫幾個字，就把拿到紙條的人打發過去，所以當不得真。

再往下，他才會話鋒一轉，切到正題上來：「這就是相面嗎？當然不是啦！這是送相。要真相面，可不能這麼簡單，得講究相人的老中少三大運，哪年妨父母，哪年剋妻，什麼年立子，士農工商該在哪行，是當人中領袖，還是給人做事，哪年不好，哪年發達，得誰的好處，受誰的害處，從幼小一直相到老，全部說到，那才叫相面呢！那位看官問了，相這樣一面，得多少錢哪？若按我的潤格，是細談相法五元。

那位看官又問了，今天在這相面，要多少錢哪？別說五元，連一元我都不要，特別優待。只為傳名，收兩毛錢一相。可要是全都花這兩角錢相面，那我可不相，只相八個人。過了八個相之外，誰要再相，可就要五元錢啦！許你不相，也許我不談。哪位要相，哪位接我的紙條，接著了算有一相，接不著可沒有。接著了不用喜歡，接不著也不用惱哈！」這麼說著，「金點」會另外選出八張紙條，一邊伸手往外遞，一邊還得繼續說：「相對了，兩毛錢歸我；相不對的，你再把錢拿回去。」

有了之前的一番說詞，再加上這回看著是要真刀真槍地開始看相，基本上圍觀的人都會表現得更加踴躍。但實際上，這「金點」的黑幕，可不是人人都懂的。「金點」看相時，看著像是在不停地往本子上寫著什麼，還捂著不讓人看，其實往往只是假裝在寫而已。這是典型的打時間差的伎倆，為的就是能矇騙住看相的客人，一旦客人說了什麼，「金點」會在第二張紙上寫出相對應的內容，然後再偷偷把頭一張沒字的白紙扔掉，這樣也就與客人回答的內容基本吻合上了。江湖上稱這種「金點」常用的技法為「小退皮」，其實就是個偷梁換柱的小把戲而已。

對於一個不懂這些江湖手段的人來說，別管學識多大，或是看了多少年的相書，都免不了吃虧上當的結果，否則也就沒有哪個「金點」能吃這碗飯了。

當然，江湖之大，也有真懂「尖冊子」（江湖中人稱《麻衣相》《三世相》《柳莊相》《鐵關刀》《相理衡真》《大清相》等書為「尖冊子」，也就是那種貨真價實的相學書籍）的人，只是這些人往往需要花費一番苦功，才能做到心中有數、張嘴就來。比如用周易算卦，前後至少得花上一年多的時間，才能學會增刪卜易、六十四卦這些基本的門道；算奇門卦的，也差不多要這麼長的時間，才可能把《奇門大全》讀透，得按著六十根籤子擺好局式，擺得好卦了，才能出來給人占算。還有學相面的，也得把《水鏡集》《柳莊相》《麻衣相》《大清相》這些個相書逐個看透，才有給人相面的本錢。

想做好這一行，光是騙人的假把式可不成，都得有幾年的準備功夫。就算是那些玩「腥門」（即純粹騙人的把戲）的，也得是個真正的「攢尖兒」（江湖中人稱讀熟各種卜筮書籍、各種相書的人，為「攢尖兒」）。只是有這種能耐的人畢竟還是少數，十個人當中也找不出一個半個。

這算卦、相面的生意人，要想能天天掙到錢，就得掌握「水火簧」的技巧。所謂「水火簧」，是指「金點」必須能用幾句話就弄清楚客人的經濟狀況。吃這碗飯的人，要是連人家是窮是富都不知道，怎麼可能掙到錢呢？

當然，這麼說並不意味著「金點」們都是所謂的勢利眼，或是都能做出以貌取人的事來。為什麼？道理很簡單，有的人別看家裡沒什麼積蓄，甚至連個像樣的職業都沒有，可是一到換季的時候，總是能穿上時令的服裝，到了冬天還能穿上細皮襖、水獺領的大氅，這樣的人光是從外表來看，誰又能判斷出他的實際狀況呢？

還有一些鄉下的土財主，錢是不少，但就是習慣穿著個藍布棉袍，即使是出來應酬，最多也就穿個灰布皮襖而已。看上去土裡土氣的，卻未必兜裡沒錢。要是僅憑穿戴就斷定是個窮人，同樣也掙不到人家的錢了。所以說，算卦、相面的「金點」要想弄清楚客人是窮是富，就不能光靠看的，得透過這「水火簧」來探對方的底才行。

至於具體的做法，也不複雜。比如有人前來問卦相面，「金點」多半都會問些家裡的基本情況，比如年齡、家室、婚嫁情況等等。透過這些基本資訊，再結合社會現狀和人倫常識，就能大致判斷出客人的經濟條件如何，接著也就能給予「不同」的待遇了。

凡是常年在江湖上走動的人，對於人情世故，往往都有更真切也更深入的感觸。這既是一份為求生存而累積的世俗智慧，更是一種行走江湖時必不可少的社會常識。少了這個，要麼出師不利，要麼乾脆寸步難行。

在各個場子、廟會當中，有一種比較常見的相面先生，是坐在地上裝啞巴的，俗稱為「啞金」。在他們的攤子上，大多有個玻璃的鏡框，裡面寫著「啞相」或是「揣骨神相」幾個字，還有「坐地不語，我非啞人，先寫後問，概不哄人。父母雙全，兄弟幾位，妻宮有無，有子無子，子宮幾位」的字樣。

按照江湖中的規律來說，因為這種看啞相的不能「安座子」（即開「命館」做生意），所以是不允許使用高案的。各市場廟會的座子，都是些「老周兒」（六爻卦）、「八岔子」（奇門卦）、「拆朵兒」（測字）、「治杵」（江湖八卦）才有資格使用，所以這些擺地攤的「啞金」們只能是盤著腿坐在地攤上，用手指點著過往行人「團黏兒」（吸引遊人圍著自己觀瞧的做法，調侃為「團黏兒」）。人們看到這種裝成啞巴來相面的人，也大多會出於好奇心圍上來瞧瞧。一來二去，這生意也就做成了。

只不過，想做這一行，必須得是個會「戮朵兒」的人（江湖上稱寫字為「戮朵兒」），而且還得是能倒著「戮朵兒」的（即倒著寫字）才行。至於別的技法，就跟普通的「金點」沒什麼區別了，玩的無非也是些眼疾手快的把戲而已。

別看在技術上有這麼多的說道和要求，要想做好算卦、相面這一行，最重要的本領還是眼睛和嘴巴上的功夫。比如透過觀察客人的面貌舉止、表情神態，就能猜出個八九不離十。

這種察言觀色的能耐，其實就是圍繞著「喜、怒、憂、思、悲、恐、驚」七個字切入。至於能說會道，就是得學會「語說一半，話堵兩頭」，如果連這種基本功都不能熟練掌握，根本吃不了這碗飯。

除了「啞金」，「袋子金」和「竹金」也都極具特點。所謂「袋子金」，是舊時用作算卦的一種諸葛神術，江湖中人調侃為「袋子金」。除了測字、周易、奇門這些特定的技能外，恐怕就要數「袋子金」最為玄妙了，其本質與數學有關，屬於江湖人眼中的「尖局的」（江湖中人稱真正的好東西為「尖局的」）。它的「門子」（江湖中人稱使用障眼法為「門子」）就是擺在客人面前的四個紙袋，這四個袋子都是真的，可是在「金點」的身上還藏著個假的，名叫「彩袋」，其中有個填寫的格式，而玄機也就都在這裡了。

這個「彩袋」裡裝著的卦單，上面的字都是提前寫好了的，只有姓名、年歲、籍貫以及家庭狀況才是臨時現寫。客人在面對「金點」時，根本看不到「金點」寫字，可是當客人被「金點」要求用粉筆在石板上寫出基本資訊時，「金點」就會趁機從身上取出一打紙條蓋在「彩袋」上面。

這樣一來，當「金點」謊說要在紙條上寫個「號頭兒」時，實際上就是在往「彩袋」裡填寫客人的基本資訊。江湖上，稱呼這種神不知鬼不覺的技巧為「袖兒吞巾」，再加上「金點」都會用「翻天印」這種戲法一般的手法，客人根本看不出其中的任何破綻。

因為這種「袋子金」有明顯的行騙嫌疑，屬於江湖上有名的「調擾買賣」（江湖中人稱涉及大是大非的營生為「調擾買賣」），所以真有本事的江湖中人都不會做這一行，甚至還很鄙視、怨恨這種壞了行規的無恥勾當。

相比之下，做「竹金」這一行當的，雖不那麼惹人討厭，也因為技術含量太低而不受人待見。所謂「竹金」，就是用兩根竹竿給人算卦的一種手法。比起其他金門行當來說，這種生意最容易掌握，所以在江湖中人來看，也是金門中「腥」到底的一種玩藝，其全部祕訣就在於一種心理上的暗示。

比如兩個人各執竹竿的一邊，當一個人向另一個人發問時，會主動說出可供選擇的各個答案，一旦說到了正中對方要害的那個答案時，就可以透過對方下意識的反應，使手中的竹竿產生細小的動作，這樣也就等於是把實情變相地告訴給

「金點」了。接下來，想怎麼賣弄口舌誆騙客人，都成了易如反掌的事情。不過隨著時代的不斷進步，這種沒什麼技術含量的生意也變得越發式微，最後沒了市場，消失在江湖上。

還有一種相面的營生，既不支棚，也不設帳，甚至連張像樣的桌子都不用，用到的只有幾張紙條，一根毛筆，就算是傢伙齊全了，江湖上稱呼這種生意為「乾跺腳」。

做這種生意的，通常都有一個手段來唬弄客人，就是不管問什麼與數字有關的事情，比如家中有兄弟幾個之類的問題，然後叫客人看自己事先畫在手指頭上的黑痕，一定是完全相符的，其方法之巧妙，足以在短時間內叫人信服。

但實際上呢？按照江湖中人披露的內幕，這種手法叫「五音碑」，那些黑痕也不是事先畫上去的，而是在談話間趁人不備把手收在袖筒裡，用藏在裡面的筆臨時畫上去的。這個技巧強調的就是一個「快」字，跟戲法中的障眼法是同一個道理。

值得一說的是，做這個事用到的那根筆，是用紙鋪裡買來的墨砸碎後磨成細末，然後用膠水和好，再撚上一根極粗的線揉成中間粗、兩頭尖的形狀，最後把線頭縫在袖筒內，這麼細小的東西，外人根本無法注意到。等到要用這東西騙人的時候，或是先用唾沫沾濕一下，或是假裝寫錯再用舌頭舐去重寫。表面上看，他是在用筆寫著什麼，其實是在藉助手指上的濕勁，用藏著的小筆尖往手指上畫呢。這就是「乾跺腳」的最大祕訣，說穿了，只是一種騙人的伎倆。

當然，想要拆穿「金點」們的矇人把戲也並不是多難的事情。所謂「隔行如隔山」，外人看不出的門道，懂得內幕的卻一目了然。所以，但凡想要破了算卦、相面之人的局，別的都不用問，只問他有兒子沒有就可以了。這些金門中人都有一套訣竅，共分為十三道簧。這種問有兒子沒有的說法，就屬於其中的自來簧。只要這麼一問，金門中人自然就知道是同道或行家來了，不敢再耍花樣。

還有一種買賣，是放上一張小桌，上面擺幾個藥瓶、一副玻璃鏡和數百顆人牙。牆上懸掛著一面布幌，上面畫著一男一女兩張大頭像，男女的臉上按照相書標記的部位畫上些黑點，黑點底下寫著「女妨男」、「男剋女」、「有產危」、「有火災」、「有水危」、「有土災」、「有疾病」等等字樣。在這兩張大頭像的周圍還畫有十二張小圖，分別描繪各種禍凶吉福的內容。

看到這裡，或許很多人都會心生疑問，這是做什麼行當的呢？說來也不陌生，其實就是個「去（祛）痣求順」的生意，做這種生意的人，通常都會坐在桌子旁的椅子上，一聲不發地等著有客人上前詢問，偶爾也有喜歡向行人指手劃腳、說說道道的，為的也是招攬生意。

別看這門生意不大，效益倒是十分可觀，碰上運氣好的時日，一天下來掙的錢也不少。除了祛痣，幹這行的還往往兼職拔牙，或是給人相面，也算是多再經營了。江湖中人稱這個行當為「戳黑的」，如果兼職拔牙，又被稱為「戳帶搬柴」（江湖中人稱牙為「柴」，稱拔牙為「搬柴」）。

按照江湖上的規矩，「金點」在收徒時如果遇見聰明伶俐的，會很快「戧盤」（江湖中人稱教徒弟相面為「戧盤」），不過一旦遇上拙笨的徒弟，就會教他改行去做「戳黑的」。這樣看來，這「戳黑的」作為一個行當，也有一部分功底是來自相面之法，當然也算是半個「金點」了。

如果漸漸開了竅，想改行還是很容易的。但要是才能有限，再加上心智始終不夠靈光，也就只能幹一輩子「戳黑的」了。只不過，真要這麼不長進的話，是要受江湖中人輕視的。在他們看來，但凡不是癡愚呆傻，誰會一輩子做這麼個不起眼的營生呢？能忍著別人的白眼把這事做下來的人，全都是些「半控不撮」（在江湖中人看來，祛痣的人雖然也懂江湖規矩，瞭解江湖內幕，卻從沒受過江湖傳授，對於掙錢多少也從沒把握，只不過是將就著混碗飯吃，所以調侃他們為「半控不撮」）的無能之輩。一旦時代有所進步，人們對痣就更沒了迷信，這門祛痣的生意也就隨之成了註定凋蔽的東西。

江湖上管替人散發傳單的人，叫「銃幅子的」。凡是做了這種「銃幅子的」，大多是想在江湖上謀份差事，自己的能力、智慧又不夠的人，實在沒辦法了，才去給人撒傳單。

當然，在這個行當裡，也有能耐高低之分。那些有能耐的，會專門為「金點」服務，然後掙到的錢三七或是二八分帳；至於那些沒能耐的，就只好隨行就市了，哪兒有需要就去哪兒幹，一天傳單發下來也就掙個飯錢而已。

從雇主這個角度來說，聰明的人會找這個行當裡的成手，錢雖花得多些，但能夠看見收益，一千張傳單准保能夠散發給一千個人，而且發放對象還有很多技巧，不能見人就給，而是有目的地進行篩選，比如啞巴不給，瞎子不給，賣苦力的不給，穿著太寒酸的不給……發出去的傳單不多，看得見的生意不少，這才是衡量一個「銃幅子的」成功與否的標準。由此可見，這江湖中的事，不管你做的是哪個行當，都是有個講究在裡面的。至於能不能做好，能做得多好，除了把本家行當的規矩吃熟吃透，就全靠個人動腦琢磨了。

按說，常年行走江湖的「金點」，都是以算卦、相面、看風水、批八字為生，不該兼職賣藥，那是皮門中人才應該去做的營生，屬於完全不同的兩門行當，不能摻和到一起。否則的話，就會被江湖中人以亂道之罪追責，到時候吐沫星子(口水)也能淹死人了。

可是到了清末民初的時候，有些命館就不這麼安守本分了，常常會打出「圓光尋物，專打鬼胎」的招牌。一些不知內幕的人，會以為這些「金點」有「圓光」（丟了東西，透過「圓光」的方法圓出是何人所偷）的能耐，自然趨之若鶩。至於所謂的「專打鬼胎」，是指誰家如果遇到邪魔作祟這種事，可以請「金點」前去捉妖降魔。顯然，這就更荒唐了。

不過世事往往就是這麼奇怪。只要是個買賣，不管做什麼的，有沒有實際功效，只要有人做，就一定會有人光顧。哪怕是個擺明的騙人把戲，也有人心甘情願去上當。眼見生意做得下去，命館裡的「金點」就更是變本加厲，乾脆順便搶了皮門的生意，賣藥不說，甚至做起了「變絕」（江湖中人稱給人打胎為「變絕」，意思是活生生的胎兒硬是被手術奪了性命，活氣成了絕氣）的營生。

闖蕩江湖的人，對於騙人錢財的事往往見怪不怪，但唯獨對做這種「變絕」生意的都不贊成，因為這門生意太「傷攢子」（江湖中人稱做了虧心事和缺德事為「傷攢子」）了。當然，對於做這種生意的人來說，滋味也不好受，一來是受人白眼，二來也確實頂著殺人的罪名，即便掙的錢不少，也很少有人願意涉足其中。歷朝歷代，對這種變絕生意都採取嚴厲打擊的政策，所以做這一行的人一旦事情敗露被捉到衙門裡去，基本上都逃不過一場牢獄之災。

金門生意，自古有之。歷經各朝各代的發展、流變，金門有過車水馬龍的好年景，也有過被排擠到難以為繼的尷尬遭遇，直至清末民初時，金門中人依舊活躍在大江南北的各個地方。這其中，又以北京天橋和天津三不管的場子最為聞名。

北京東安市場上的「問心處」卦館，主人是個姓趙的天津人，早年就在天橋上擺卦攤，趕來算卦的人甚至擁擠到了水洩不通的程度。後來買賣做得發達了，才遷到了東安市場。

有個「順水萬」（江湖中人稱劉姓為「順水萬」）原來是擺「八岔子」（江湖中人稱算奇門卦的為「八岔子」，具體是由奇門遁甲中的「乾、坎、艮、震、巽、離、坤、兌」和「休、生、傷、杜、景、死、驚、開」而來）的，見「問心處」的買賣這麼熱門，就學著人家的樣子，給自己的生意起名為「聞心處」。這就跟不懂行的人買刀剪一樣，根本分不清楚王麻子、汪麻子、真正王麻子、老王麻子之類的各種名稱，還以為買了哪家的都一樣呢。

自從這「聞心處」學了人家「問心處」，生意還真就好了起來。他擺卦攤的地點就在天橋水利居的後身，支棚設帳，有模有樣，每天號稱只算百卦，多一卦都不算，一旦夠數立即收攤。漸漸的，人們都摸准了他的做派，每天早早就來候著，如同盼星星盼月亮似的等他現身。能把生意做到這種程度，也就真的別無所求了。

至於「聞心處」的生意為何會這麼熱門，占出的卦又到底靈不靈，江湖上可就說法不一了。人們只知道，這個姓劉的擺的奇門屬於「腥盤」（奇門的盤，不是那種銅盤鐵盤木頭盤，而是以局式劃分為腥、尖兩種，其中「腥」是假的，「尖」是真的，所以才有這「尖盤」和「腥盤」之分）。

這也難怪，畢竟不是書香門第的家庭出身，誰有那麼多的閒功夫去研究醫卜星相之類的學問呢？買些個這方面的書，再學會數術一類的常識，也就能出來討生活了。前文也說了，想做好這一行，需要的是人情世故上的練達，需要的是察言觀色的能耐，至於學識修養，再多也不能當飯吃啊！

在民國初年，天橋上還有個人稱「市井拙人」的相面先生，也是如此。他既不懂得什麼《互關》（清代方觀成所著，是舊時算卦、相面者必讀的教科書式的讀本），也不知道所謂的「十三道簧」，只是用過幾年時間，把《麻衣相》《柳莊相》《三世相》《大清相》等幾部書讀得滾瓜爛熟，就開始給人看相。

按照江湖上的說法，這個「市井拙人」顯然是個十足的「控子」（即不懂得江湖內幕的人），給人相面都不知道用「簧頭」。但結果出人意料，他的攤位前總是人頭鑽動，還真就一路做下來了。有趣的是，這個「市井拙人」無論掙多少錢，都是一天之內全部花光。他還有個特殊的愛好，就是「專弄老樣」（江湖中人稱斷袖、分桃之人為「專弄老樣」，即現在所說的同性戀者）。當然，這些都是人家的私生活了，輪不到誰來干涉。在當時天橋相面的所有「金點」中，他絕對坐得上這頭把交椅。

說過了北京的天橋，再來說說天津的三不管。

在三不管做金門生意的，大概可以分為三大派別，除了陳大官的門人弟子，還有劉五先生一支和桂振峰一支。這個陳大官是山東人，按行話說，他的人勢壓點（意思是相貌壓人），且膽大敢言，很多做戧金的都是「不吃科郎點」（即要麼只能在鄉間掙錢，要麼只能在城裡混飯吃），只有他是兩頭都能立得住、吃得開的人。當時凡是江湖上的金門中人，只要一提陳大官，無人不知，無人不曉。因為生意好，人又實誠，所以江湖上有好些個人拜他為師。

不過，要說在三不管做金門生意做得最久的，是個叫鄭耀庭的河北人。發跡前，他是收廢品的，常在天津西城根一帶活動。按說這種生意在當時也是個很有賺頭的營生。後來他改做了金門的生意，拜的師傅就是三不管一帶最有名氣的劉五先生。雖然鄭耀庭沒文化，大字都不識一個，但靠著只做「貿易點」（即商人）、「科郎點」（即莊稼人）的生意，幾年下來也掙了不小的名氣，攢足了積蓄。

在三不管南頭，還有個做金門生意的頗有名氣，人稱「賣油郎」，算的是奇門卦，其實擺的是「腥盤」。照常理來說，凡是算這奇門卦的，都得先把局式布好，而這局式又是奇門當中最難學的，所以江湖中人要是急於做生意，大多都會想著怎麼把投機取巧的門道學好，有幾個人願意費功夫去學奇門遁甲之術呢？這麼一來，能吃上這口飯的，還真就不是泛泛之輩，至少得熬得住那幾年的辛苦才行。

回過頭來再說說這個「賣油郎」，之所以得了這個名字，是因為他在從前是個挑擔賣香油的。後來受到一些江湖中人的慫恿，這才改行做起了「八岔子」。別看他出身低，是個典型的「不攥尖兒」（江湖中人稱不懂書理的算卦者為「不攥尖兒」），可是他的買賣在三不管卻很叫得響。只不過，這畢竟是一腥到底的行當，賣的就是個伶牙俐齒，至於可信度就沒有多少了。這也怪不得本人，畢竟身處在那麼個年代，又置身江湖之中，求的無非是個生存，誰還管得了那麼多呢？

懸不起的壺，濟不了的世——八大門之皮門

「皮門」，是江湖上賣藥為生者的總稱，又有個別名叫「挑漢兒」的。一副挑子，一把嗓子，一點所謂的祖傳祕方，一雙看盡世間冷暖疾苦的眼睛。

自古以來，都說從醫之人要有份「懸壺濟世」的大愛，憑著仁心仁術造福蒼生，可行走江湖，要是真靠著這麼個原則去想去做，未免就太過天真了。江湖上到處是狼，真想做羊，就該老老實實待在家裡。出來混，吃虧上當倒在其次，要是一不小心丟了性命，才叫得不償失。

這皮門中事，其實也有很多的說道和內幕，也未必都是騙人錢財的伎倆，但由於生活所迫，刻意誇大藥力藥效，或是變著法兒多賣幾副藥品，倒是最常見的行為。想不吃虧上當，或是不破財買了多餘的藥，就得明白這皮門中的江湖門道

才行。

比如這「做大票」的，就是皮門中最典型的一種生意。問起「做大票」究竟是怎麼回事，好多江湖中人也都說不出個所以然，只有那些闖蕩江湖多年的老合，才會告訴你其中的玄機所在。

「做大票」的生意人，多數都是以團隊的形式出現，其中充當醫生的那個人，往往是這個團隊中的主導人物，江湖上稱其為「掌穴」的。要扮好這「掌穴」的角色，第一要人長得相貌不俗，學識還得充足，對中醫西醫都得精通一二，還得明白這「前棚」、「後棚」的生意經才行。

所謂「前棚」生意，說白了就是「圓年子」（即拉攏人氣）和「鋼口」（即生意口）的本領要強；至於這「後棚」的本領，則是要精通「水火簧」和「墜票」（即「做大票」的由「掌穴」的派人隨患者回家取錢）的技巧。

前文中已經說過「水火簧」的功效了，這裡再來說說「墜票」的厲害。這「墜票」的本領，也包括要簧（即套話）和迷魂法。有的就算是患者發覺上當前來理論，他們也照樣能夠一一擺平，騙到手的錢是斷不可能再讓患者要回去的。

舊時做別的生意，或許有幾塊的本錢就可以了，但想要「做大票」就不行了，得穿著闊綽，住大客棧，出來治病還不能當場要錢，甚至光是置備那些醫療器械就得花上幾百元。之所以要有這麼大的投入，當然還是為了陣勢唬人，為自己的行騙做局打好基礎。

「做大票」是不容易，不過一旦有人受騙上當，收入也是相當可觀的。雖說這種生意幹的是傷天害理、巧取民財的缺德事，但如果不是因為病人有貪圖便宜的心理，也就沒人成全這門行當了。

「挑青子漢」的（江湖中人稱呼刀子為「青子」，稱呼藥品為「漢兒」，所以這「青子漢」就是「刀傷藥」的意思），也是皮門中另一個帶有行騙色彩的行當。做這個的生意人，一般來說外形都是一副膀大腰圓的樣子，站在場子裡就給人一種兇神惡煞的感覺。除了外表唬人，想做好這個行當還得嘴上有功夫，要能「賣弄鋼口」才行。一般他們都會這樣說：「我本不是此地人，來自哪裡哪裡。今日途經貴寶地，不巧路費花沒了，也沒個親人可以投靠，住店要店錢，吃飯要飯錢。所以只能求求眾位，但我可不要飯，也不白求眾位。我家世代以打鐵為生，有個祖傳祕方，專製神效無比的刀傷藥。不過我家可不賣這藥，配得了，只為行善積德，不論是街坊鄰居，還是不認識的往來過客，誰要是不留神割破了手腳，或是與人鬥毆被刀斧所傷，我家都可以白白送上一包刀傷藥抹在傷處，當時就可以止血止痛，傷不重的當時封口，傷重的三兩天後也能封口。祖上有規矩，這藥絕是不賣的，可現如今我受困在這裡，沒了法子了，這才配了這藥賣給眾位。那位說了，你這藥趕集趕廟時見得多了，都是嘴上說得好，到了用時就不見效力，蒙人的東西可不敢買。這話有沒有道理？當然有！所謂『前人撒土迷了後人眼』。眼是觀寶珠，嘴是試金石。真金不怕火煉，好貨不怕試驗。我把這藥當面給眾位試上一回，也叫眾位看上一看。要是眾位覺得確實有效力，就買。要是覺得我也是個矇人的人，就別買了。」說到這裡，「挑青子漢」的就伸手拿起把一尺長的刀，先從圍觀的人群中隨意找出個好事之人，為的是從眾多包藥中隨意抽出一袋試驗，好消除大家的疑心，接著就真的拿他這刀子往自己的大腿上割開個口子了，眼見鮮血橫流，他再把藥抹在傷口上。一邊抹，一邊嘴裡繼續說：「這血要是止住不流了，大家就都行個方便幫個忙，買我一包藥，也算結個人緣了。要問這藥賣多少錢一包，真的不貴，就一毛錢，而且今天我是先賣五十包，您買一包，我再送您一包。過了這五十包，就一毛錢一包，也不再送了。還有人說了，這傷口得拿布蒙上，留神別受了風。受了破傷風，人可活不了。可今天呢，我就叫眾位看看我家這祖傳的藥方有多大的力道，受了風也奈何不了我這藥。」說完這話，他就拿起把破扇子，往傷口處使勁扇起風來。只見也就扇了二、三十下的功夫，這血倒是真的不再流了，全都凝在傷口上，像是要封口一般。這麼一來，圍觀者自然一陣騷動，議論聲不絕於耳，買藥的更是爭先恐後。不一會功夫，五十包藥就銷售一空了。

有了這麼一場活生生的「現場直播」，買藥的多半都會對藥力藥效信以為真，但實際上呢？這就是個明顯的騙局而已。事後真到了自己受傷時，拿出這藥往傷口上抹，基本上都沒什麼作用。要問這是為什麼，就得從這「挑青子漢」的內幕說起。

有經驗的江湖中人都明白，這賣刀傷藥的行當，其行規就是做「打走馬穴」的買賣（江湖中人稱不固定在一處的生意為「打走馬穴」）。說到這一行當的騙人手法，也可以分出個前、後棚來。

這前棚的生意，首先就是招引觀眾，需要的是「賣弄鋼口」的能力。他們確實用刀在大腿上真的割下去，目的是為了「抖漏樣骰」（江湖中人稱以弄虛作假的行為唬人、看上去又很逼真的方法為「樣骰」）。

事實上，「挑青子漢」的所賣的止血藥，根本就是假冒偽劣產品，誰用都不可能達到止疼止血的作用。之所以看上去確實有效，只是一種障眼法，靠的全是扇子發揮的作用，是用風力把流出的血暫時凝住，讓圍觀者誤以為是藥品真的有效。

在舊時醫療手段尚不發達的前提下，這種靠賣止血藥為生的行當才可能有其市場，拿到現代，受傷不是用「ＯＫ繃」應對，就是乾脆去醫院治療了，還有誰會去買這種來路可疑的藥品呢？

至於這種生意人「多了不賣，就賣五十份」的做法，也只是一種「催啃」之術（用一定手段進行促銷）而已。按照江湖上的說法，屬於典型的「海開減買」，為的就是引起購買者的恐慌，以為再不出手東西就要售罄，屬於一種激發人們購買衝動的心理戰。

除了這種「挑青子漢」的，「挑遁子漢」的行當也有明顯的欺詐嫌疑在裡面。

每到初冬時節，北方的多數地區都會出現忽冷忽熱的天氣狀況，氣管不好的人最容易在這個時候犯咳嗽的毛病，於是「挑遁子漢」的生意也就適時地出現在市面上了。

做這個生意的人，多半都是擺個地攤，鋪上一塊大小適中的毯子，毯子上放著小方匣子、洋瓶子還有些門票紙之類的東西，另外就是擺放著幾個兔子腦袋、兔子腿。在小方匣子的前邊有塊漂白布，上面寫著「某某某堂，祕製兔腦丸，專治男婦老幼，五勞七傷，春秋前後，咳嗽痰喘等症。如用此藥白開水送下，效驗如神」的字樣。

賣這種藥的人，也大多穿著青布棉袍，看上去一副鄉下人的模樣。嘴裡說的，基本都是同一套說詞：「說起這咳嗽，可不是一種病。咳是咳，嗽是嗽。有痰無聲，才叫咳嗽。咳嗽痰喘，不一般。白痰輕，黑痰重，吐了黃痰就要命。內科不治喘，外科不治癬。有風寒咳嗽，有肺熱咳嗽，有腎虛咳嗽，有三焦火盛咳嗽。不怕吐痰一大遍，就怕痰上帶血。我們這是三代祖傳的祕方，用三十六味草藥配的兔腦丸。這裡邊雖說沒有牛黃、狗寶、珍珠瑪瑙，都是不值錢的藥材，可偏方就是治大病，草藥照樣能氣死名醫。藥不貴，賣的就更是便宜，一毛錢能買兩丸。病重的兩丸能好，病輕的一丸就行。小孩更簡單，半丸就足夠用。吃不好的，可以憑發票來找我，我原錢退回，分文不取。」

要是有人上前詢問又咳又喘的事，「挑遁子漢」的大多會繼續說出下面一套話來：「外科的病，數癬難治。內科的病，數喘難治。人的肺，是三斤三兩重，六葉兩耳。肺管有節，左通氣嗓，右通食嗓。上有三八二十四個窟窿，分為二十四個節氣。六葉在前，兩耳在後。人的呼吸氣，全仗著肺的力量。如若肝經火盛，催得肺葉紮煞了，就一定會喘。這喘到底是咋回事呢？說來也簡單，就是攏不住肺葉了。必須吃咱這兔腦丸，才能好。所謂『彈打無命鳥，病治有緣人』。我要說自己的藥好，那是老王賣瓜，自賣自誇。我天天都在這裡，擺的是長攤，所以眾位大可放心，先買兩丸子吃吃試試。吃著見好，再來買就是了。只是話說前頭，這藥必須臨睡前用雞蛋青兌點香油送服下去，這樣才能止咳化痰。」

江湖上，稱這種販賣咳嗽藥的行當為「挑遁子漢」的。做這一行的，不用一年四季都出來擺攤，只是在入冬時才有短短數天可以做這買賣。原因很簡單，在春、夏、秋三個季節裡，咳嗽的人本來就少，就算有，也不是因為時令變化引起的病發，大都是久病身虛才導致的咳嗽。這種人因為病的日子多了，也就「久病成醫」了，很少會照顧「挑遁子漢」的生意。只有在初冬的短短數天內，因天氣驟變引發咳嗽的人，才會想到花點錢買點藥試試。等到天氣真的變冷了，咳嗽的日子多起來，也就不大理會了。

從這些描述中也不難想像，這種止咳藥的藥力和藥效其實都很有限，甚至可能根本起不了什麼作用，大多都是用糊麥或雜藥末子摻著海草製作成藥（江湖中人稱大煙為「海草」）。之所以這樣做，是因為大煙這種東西具有強烈的鎮痛提神效果，是舊時江湖上最有名氣的四大妙藥之一（這四種藥分別為頂藥、抗藥、戳藥、串藥，其中頂藥倚仗的就是大煙的藥效）。

值得一提的是，這頂藥也不是隨便就能用來入藥的。就拿止咳這事來說，一旦吃了，咳嗽是能立即止住，但這憑藉的只是大煙的力量，到了第二天藥勁一過，病人還是會照樣咳嗽。所以有經驗的病人一旦發覺這種情況，就會很快判斷出這是頂藥在發揮作用，也就不會再繼續買這種藥了。這樣一來，騙人的把戲也就等於是被拆穿了，成了一錘子買賣，算不上是高明的生意人。

想避免這一情況，「挑遁子漢」的會有意賣給主顧兩種藥，一天是有頂藥成分的，一天是沒有的。這樣主顧吃了藥後就覺得這藥有時管用，有時又不管用，就會覺得自己吃的藥量有問題，這麼一來，生意當然也就能繼續做下去了。

至於前面說到的兔子腦袋和兔子腿，也不是隨便拿來擺放的，其中也有奧妙所在。按照江湖上的說法，這種東西都被稱為「戲頭」，必須是一種稀罕物件或是樣式很特別的東西，為的就是招人看著新奇。

當然，賣藥不能光憑這個，還得靠「賣弄鋼口」和「催啃」的手段才行。必要時，甚至還得玩點「鬼插腿」的伎倆。所謂「鬼插腿」，其實是江湖中人最常用的一種絕招，尤其是在場子裡做生意的時候，如果看出圍觀者無心購買自己的東西，就必須採取先白給、後要錢的促銷方法了。

就拿做皮門生意的來說，這時大多會拿出一部分數量有限的藥品來做「餌兒」，說是不圖財只圖個揚名，免費贈給大家，為的就是勾起圍觀者貪小便宜的心理。等圍觀者紛紛搶著要贈品了，賣者又會改口說：「送是一定送，可不能白送，哪位要買我一副藥，我再送一副。我這叫買一副饒一副……」這樣就是賺得少一點，也總比沒生意可做好得多。反正都是成本低微甚至是無本的買賣，多掙一分錢，都是利潤。到頭來，受騙上當的還是那些自願上鉤的消費者，買到手的大多都是些毫無用途的廢物而已。

在各大集場、廟會的場子裡，還有一種擺攤子的比較常見，賣的東西聽起來也足夠唬人——老虎骨頭。一般都是在毯子上放個長條的笸籮，再擺上四條老虎腿，一把小鋼挫和一把小鋸。那虎腿看上去一副骨壯筋強的樣子，骨髓裡的油都在骨頭內外浮著。

凡是做這種生意的人，都喜歡說自己老家在關東一帶，且世代以圍場打獵為生。隨身帶來的這些虎骨，當然是最貴重的藥材，專治風寒麻木、筋骨疼痛、腎寒腎虛等等虛寒病症，即便不為治病，也可以買回家中泡藥酒喝，包準舒筋活血、追風散寒、提氣補神、延年益壽。這樣的保健品，藥鋪裡自然是價格不菲，但集市上擺攤就不能再賣那個價錢了，為的就是薄利多銷。

別看說得天花亂墜，要問這虎骨究竟好不好用，當然不必追問。江湖上素有「是草藥不值錢」的說法，但虎骨就不一樣了，有了這樣難得一見的好東西，哪家藥鋪不願收來自賣呢？包準比這種在集市上零鋸著賣要省事省神，還能多賣上價錢，何樂而不為？所以但凡是真的虎骨，也就沒必要在這人來人往的集市上跟人廢話了。

這賣虎骨的，也跟賣麝香的一樣，都是最典型的騙人行當。（在舊時的社會上，人們都認為麝香是好東西，因為這東西取之不易，而且用途甚廣。麝香也有生、熟兩種，所謂「七年為生，八年為熟」，足見這種東西的珍貴之處了。拿來入藥的話，是專門用來通人七竅和身上穴道的。所有名貴的好膏藥裡，都有它的成分在內。）江湖中人稱賣假虎骨的這門生意為「老烤」，因為在製做假虎骨時，這些生意人大多會用駱駝的後腿烤製而成，這樣才能以假亂真。為什麼呢？因為老虎的後腿有三節，而騾、馬、牛、驢這些牲畜的後腿都是兩節，就算是仿造出來，也騙不了人。只有駱駝的後腿是三節的，這樣才正對上數。

要做這假虎骨，還需要其他的材料配合，比如虎爪就是用雕爪仿製的，腿爪相連處的筋是用牛筋弄成的。就算所有的「原料」都準備齊全了，還需要用極好的硬炭火慢慢熏烤才行，直到把骨頭上的油烤得外浮裡溢了，才算成功。

這是個需要花費很多功夫的事情，但造假者寧願花去大把時間精力也要幹這種騙人行當，可見其中確實有暴利可圖。倒是苦了那些真心買藥回家治病的人，病沒好轉還白白丟了一大筆錢。

為了生存，皮門中的這些江湖中人，大多都有自己的一套小手段小伎倆。但說穿了，想把生意做成，還是得藉助消費者貪圖便宜的微妙心理才行。只不過，有些做皮門生意的，玩的就不是這麼低端的騙人把戲了。比如做小省兒生意和大粒生意的人，就是靠所謂信仰的力量，來達到賺人錢財的目的。

在或大或小的「神湊子」（江湖中人稱廟會為「神湊子」）上，總能看到做小省兒生意的人。大多都是一個攤子，上面鋪的毯子上放著一尊觀音佛像，旁邊站著一個和尚。

圍觀的人多了，這和尚就會口中念念有詞道：「我是某某地方某某寺的，今日奉師命下山普濟慈航，救治有災之人。不論是男是女，只要有病，都可以向我討藥。我佛的萬靈丹，能治百樣病。我和尚是分文不取，毫釐不要。哪位有病，只管討藥。該著有緣，佛爺賞藥。如若不該除災，佛爺不賞藥的，也勿生怨念，只管自己消業消災就是。」說話間，見有信徒上前討藥，和尚會趕忙詢問是為自己還是給別人討藥，不管對方答的是什麼，都會教對方先供上一點香火錢，再看佛爺是否賞藥。那觀音佛像的手上有個窟窿，只要有人供上香火錢，就會自動彈出一包藥來。這時，和尚才會把藥交給對方，意思是佛爺賞下了治病的藥。

實際上呢？這也只是江湖上常見的一種皮門騙術而已。因為江湖中人稱和尚為「小省兒」，所以這種和尚賣藥的生意就叫作「小省兒生意」了。這些所謂的和尚，多數都是假扮的，屬於「里腥治巴」（江湖中人稱假冒的和尚為「里腥治巴」）。

別看做的是這種騙人的生意，可是也得拜師學藝。要是沒有這江湖上的門戶，是做不成生意的。一旦同行看到不認識的小省兒生意人，就必須和他盤道。要是被人盤問住了，露了餡，不但不能繼續做這門生意，所用的傢伙也會全都被拿走。就算是有師父也有江湖門戶的，要是被盤問住了，一樣會被人奪走傢伙，需要找自己的師父出頭，才能要回自己的東西。所以說，想在江湖上做事，沒門沒戶，不懂得盤道的技巧和門道，根本行不通。

說回做小省兒生意的這一行當，基本都是「打走馬穴」，沒有固定的地方。這是門騙人的把戲，怎麼可能天天都在同一個地方用同一套方法騙人呢？而且，做這行的，得專門找信神佛的人行騙，所以需要在各處的香會廟會間來回游走。

到了場子裡，這些假和尚總會強調自己是奉師命下山來結善緣的（再不然就說自己是來募款修廟的），至於施主給錢多少，或是佛爺能不能賞下藥來，都要看個人的造化決定。

那麼，到底是什麼決定了「佛爺」會不會賞下藥來呢？機關就全在那個佛像上了。在那佛像內部，其實是有個鐵盒子的。盒子的門沒有插關，只憑一塊吸鐵石隔著，吸鐵石連著拐棍，拐棍的下頭就暗露在桌案下面。如果和尚看上前討藥的人像個肯花錢的，就會把桌案底下的拐棍一轉，那吸鐵石就會自動離開盒子的門，從裡邊掉出一包藥來。

如果上前討藥的看起來就不像是個肯花錢的主兒，和尚就不會轉動拐棍，當然也就沒有什麼藥會掉下來了。這只是最簡單的街頭行騙的小省兒生意，要是想騙得更多財物，這些假和尚還會到患者家中看病，也就是江湖中所說的「入窯」了。

至於做大粒生意的，則由和尚變成了道士。要做這種大粒生意，一般都需要三、五個人拉幫結夥才能成事。按照今天的話來說，就是「組團忽悠」才行。具體的辦法是，先由幾個人在市面上用各種宣傳手段把顧客誘騙至道士下榻的地方，再由「敲托」的（即道士的同夥）假裝也來占卜問卦，在此過程中與顧客假裝聊天說話，為的是打探其來意和需求，一旦這些情況都被道士提前掌握，接下來的行騙過程也就簡單多了。

說到這裡，大粒生意的內幕也就基本全部曝光了，無非就是「里腥化巴」（江湖中人稱假冒的道士為「里腥化巴」）及其同夥聯合行騙的一種行當而已，他們根本沒有任何治病救人的本事，至於他們賣給算卦人的藥，按照江湖上的說法，叫「賣料漢」的。這是做大粒生意最重要的一個訣竅。因為本身就是赤裸裸的騙人生意，所以這些人每到一處都不敢逗留太久，但倘若時間太短，又賺不到足夠的錢。因此，「賣料漢」的每到一個地方，至少停留半個月，最多也就待上一個多月的時間。他們賣出的「料漢」，基本上都是告訴病人每天吃上一份，吃半月左右為一個療程。這樣等到病人發現受騙上當時，他們也早就逃往別處去了。

說起這皮門中的騙術，真可謂五花八門、無所不包。除了那些擺攤行騙的，還有更讓人意想不到的騙術存在，比如做「丁香座子」這一行的，就大多是些衣冠楚楚之輩，從表面上看去，往往眉目清秀、風度儒雅，怎麼看都不像是那種騙人錢財的傢伙。

跟做大粒生意的一樣，要想吃「丁香座子」這碗飯，也得好幾個人聯手才行。其中要有個「掌穴」的（醫生），還要有另外幾個人做「展點」的（江湖上稱聽差的為「展點」）。這個「掌穴」的人，必須長相漂亮，衣著氣派，談吐文雅，才能壓得住場面。

他們每到一個地方，都會先在旅舍中租下房屋，按照江湖上的說法叫「安丁香座子」，然後再往各個市場上人氣最足的地方去「票丁香」（江湖上稱臨時設立的場子為「票丁香」）。「掌穴」的得事先練好這一行的「鋼口」，說上一大套「包口」（即這一行的行話），再給人治病。當然，所謂的治病也是擺擺樣子，騙人的把戲而已。其手段跟變戲法一樣，要先將一根假管子含在口中（這根假管子通常是用羊五臟中的管子製作而成），在實施「手術」時，必須讓病人見點「光子」（即見點血），然後在用紙給病人擦血時暗中把口中含的管子藏在紙內，江湖上管這種做法叫「過托兒」，一般都是把假管子放在病人流血的地方，然後再以假當真，有模有樣地往外取管子，讓圍觀者以為是治療後取出的管子。一旦這種「現場直播」的方法獲得了圍觀者的信任，他們就可以在撒下傳單後回到「座子」裡，靜待願者上鉤了。

本來生病了就該去正規的診所看病吃藥、接受治療，但偏偏就有貪圖便宜的人，會被這些聲稱吃藥治病不花錢的騙子們蠱惑，一旦到了「座子」裡，人家要做的就是騙光你的錢，又怎麼可能輕易叫你得了便宜呢？等到事後清醒過來，再想找這些騙子算帳，人家早就腳底抹油溜之大吉了。

還有一種做「小帖」生意的，也要靠拉幫結夥才能行騙。一般也都是由一個「掌穴的」在屋裡裝扮成治病的先生，「把二門子的」負責在店裡指路，再由幾個「敲家子」扮成聽差的人，至於「撒幅子的」，就是在外面負責發放傳單的人。

他們這個行當，也跟上述兩種生意一樣，靠行走江湖到處行騙為生，屬於典型的「打走馬穴」。

組團行騙的，還有做「挑沙子杵」的生意人。這也是一種典型的皮門騙術，奪人錢財不說，因為賣的是吃的東西，所以真要遇到有病求醫的，就成了傷人不淺的禍害了。

具體來說，這種「挑沙子杵」的生意人，最早都是扮成南方人賣藥，賣的都是些紫金果、川丁香一類的東西。因為東西都是假冒偽劣產品，所以受騙上當的人越來越多，也就無法繼續行騙了，於是後來就改了套路，變為賣一種叫「活血珠」的東西。

「活血珠」，顧名思義，是一種活血化瘀的藥，治療婦女經血不調有奇效。然而「挑沙子杵」的賣的是假藥，是用化學方法製成一種「小靈丹」，雖然也能對付各種寒症，但跟真正「活血珠」的效用畢竟不同，而且價錢也低廉多了，江湖中人稱呼這種東西為「沙子杵」。所以「挑沙子杵」也是江湖上最受人輕視的一種行當，因為它的出現壞了江湖規矩。

按說，這種以次充好或是以假亂真的行為，在江湖上都不是什麼稀罕事，不過江湖中人也有自己的原則和立場，行騙歸行騙，不能因為自己要發財，就斷了別人的財路。拿「沙子杵」出來騙人，賣得比真「活血珠」要便宜許多，等於是斷了賣真「活血珠」的生意人財路，這才是萬萬不能被江湖中人接受的事情。

俗話說牙痛不是病，痛起來要人命。不論窮富貴賤，一旦牙疼起來，都得儘快調治才行。雖說治療牙疼的偏方比比皆是，但真要找個藥到病除的，卻並非易事。

在舊時的各個市場上，總是能看到有賣牙疼藥的生意人，江湖上稱呼這一行當為「挑柴吊漢」的。他們往往都吹噓自己有「戮子漢兒」（江湖上稱當時見效的藥為「戮子漢兒」）的祕方，只要塗抹在牙齒上，立刻就能止住疼痛。

這藥說來也奇怪，還真能做到立時見效，只不過一旦不抹了，還是照樣疼起來沒完。按照這行的「春點」來說，這叫「迎門杵」，就是「頭一回錢」的意思。一旦病人再來找「挑柴吊漢」的治病，人家可就要賺這「二道杵」了。

一般的做法都是告訴病人，要想去根，就得把牙內的蟲子治出來，才能永久不犯。等到藥價議定後，「挑柴吊漢」的會用棍席皮另抹上一點藥，大約一袋煙的功夫，再用骨頭針從牙上往外挑弄綿頭一般的小蟲子，撥出來的時候還都是活的呢。千萬別以為這是什麼靈丹妙藥在發揮作用，其實這仍是個騙人的伎倆罷了。事後向那些治出蟲子來的病人打聽，多半還是一切照舊。

照理來說，病沒治好病人就該去找「挑柴吊漢」的理論啊！可是做這行生意的當然早就料到了這一點，所以在當初把蟲子治出來後，都會向病人說上幾句這行的「鋼口」，讓病人即便發現上當受騙也不能再來找自己的麻煩。

不光是「挑柴吊漢」的這行如此，在江湖上，幾乎所有的生意人都有自己行當裡的幾句「鋼口」，為的就是避免「倒了杵」（江湖中人稱掙來的錢又被人索討回去為「倒了杵」），這可是生意人最大的恥辱，甚至比掙不到錢還要丟人。

話說回來，為什麼說這「挑柴吊漢」的行當也是騙人錢財的買賣呢？因為根本不可能從人的牙齒中治出什麼蟲子來，那所謂的「牙蟲」其實就是菜蟲而已，是他們事先黏在席皮底下，等到治牙時往上一綳，這蟲子也就掉在牙上了，過一會兒再取出來，給人的感覺像是真的從牙裡治出來的。這也有點戲法的手段了，講究的同樣是個眼明手快，才能賺到這「二道杵」。

在舊時醫學還不夠發達的時候，做「挑柴吊漢」的這門生意還算賺錢，但隨著時代的變遷，人們的見識也越來越多，就很少有人會上他們的當了。畢竟這是門靠騙人混飯吃的營生，不管使的招數有多巧妙，註定不可能持久。所謂「一天能賣十石假，十天賣不了一石真」，說的就是這麼個道理。

除了治牙疼的，還有一種治眼疾的皮門生意，按江湖上的說法，就是「挑土海寶」的。

做這行生意的，一般都會在場子裡找塊空地，鋪上一塊白布，再把一塊煙筒大小的布包擺在布面上。要是有人上前詢問布包裡的東西是什麼，「挑土海寶」的就會把事先準備好的「鋼口」一股腦地說出來，基本上都是強調布包裡的東西是個寶貝，是在海邊撿到的云云。一邊說，一邊會把布包打開，裡面裹著的是塊又圓又高的石頭，石頭上還長著十幾個小蛤蟆。不明就裡的圍觀者，多半都會覺得這東西奇怪，更不可能認得出是什麼東西。這時，「挑土海寶」的會繼續說道：「我撿了這個東西，也不知道是個啥東西，找了明白人瞧過才知道它的用處，是專能治病的寶物。不過寶物歸寶物，倒也不是什麼病都能治，治的就是這眼睛上的毛病。不論是氣矇眼、火矇眼、暴發火眼、見風流淚、努肉盤睛、紅絲血線……保准藥到病除。說是藥，我可不是什麼賣藥的，也不是行醫的，我把這東西送給眾位一點，為的就是行個方便，結個人緣。」話說到這，就會問圍觀的人有眼疾沒有。一般都會有人上前應聲，接下來的事，就進入「現場直播」的模式當中了。

「挑土海寶」的會從腰間掏出個小玻璃瓶，瓶裡有水，又掏出一把小刀和一個骨頭簪。先是用小刀在那寶貝上削下一些細末，再用骨頭簪沾點涼水，然後蘸那細末，點在求醫者的眼睛上。不一會兒功夫，求醫者就會一個勁叫嚷著舒服多了。

有了這麼個樣板，圍觀者自然開始信服，紛紛詢問價格。「挑土海寶」的也不客氣，直接叫價一千塊錢。眾人當然覺得太貴，於是又紛紛建議削下細末零售。「挑土海寶」的也好說話，這檔子生意就這麼成交了，有錢的買個三塊兩塊的，沒錢的三毛五毛也行。一眨眼的功夫，「寶貝」就賣出了很多，生意興隆啊！

要說這「寶貝」究竟是什麼，還得從賣眼藥的這個行當說起。

說穿了，這門生意也是「挑招漢」的一種（江湖中人稱賣眼藥的生意為「挑招漢」的）。至於所用的這個「寶貝」，就純屬騙人的東西了，完全是自己「攥弄」出來的（即自己製作而成的東西），所用的「底啃」（即物質的原料）其實就是爐甘石和冰片。

根據《雷公炮製藥性賦》以及其他醫書上的記載，爐甘石和冰片是治療眼疾最有效的兩味藥材。用這個製成的「寶貝」，本來也該是個好東西，但所謂「貨到街頭死，肉賤鼻子聞」，不論是什麼好東西，一旦落到土地上，也就成了不值錢的玩意。為什麼這樣說呢？是因為「挑土海寶」的並不是真心想給主顧治病，騙人錢財才是他們的最終目的。

在場子裡，最先上來求醫的人，別管是一個、兩個還是三個、四個，其實都是他們用的「托兒」，是合起夥來設局騙人的把戲而已。這麼一說，想必這「挑土海寶」的是門什麼樣的生意，大家也該心裡有數了吧。

在舊時的江湖上，砸石頭賣壯藥的也是一種很常見的皮門生意。這裡所說的砸石頭，可不像石匠那樣用鐵錘去砸，而是用自己的手指頭，一聲大吼，再使勁一戳，基本就能戳碎石頭了。

要做這檔子生意，要的不止是「鋼口」和「催啃」的能耐，還得多少有些真本事。圍觀者往往都拿這當個熱鬧看，等到表演結束賣起了大力丸或是跌打藥，那就很少有人問津了。不過就算這樣下來，一天賣個三元兩元的還不成問題，也算是江湖上不錯的一種買賣了。

當然，要說其中有多麼高深的功夫，倒是談不上的。江湖中人都明白，他們用的那些石頭，多半都是用醋泡過的，再加上練成了「托門」（即行業技巧），拿來的石頭才能一下砸開。因為要靠這個訣竅討生活，所以他們對外人是絕對不能和盤托出的，否則就等於砸了自己的飯碗。

這皮門中的生意，還有一種不是以賣藥為生，倒是賣起了書，江湖上稱這種生意為「挑漢冊」的。

一般來說，做「挑漢冊」的都會在賣書前講上一段「包口」（即先說一段與偏方有關的江湖逸事，然後再開始兜售自己的書，書中的內容當然也都和這些偏方有關），至於這些偏方祕本是否真的有效，按照江湖上的說法，也都是些「腥」（假的）尖（真的）結合」的東西，其中確有功效的少，濫竽充數的多。真要照著其中的方子去做，小病小災倒也無妨，最多是用了不見效果，再尋名醫治療也就是了。一旦真遇上急病、重病，稍有差池就要人命的那種危急情況，千萬不能照著這上面的說道去自行醫治，否則後果不堪設想。

在民國初年的天津三不管，遍布著很多做皮門生意的江湖中人。其中最有名的，是一個叫高鳳山的人。他打得一手好彈弓，藉著這個能耐在三不管賣大力丸。

天津本是個集水旱兩棲於一身的碼頭，中外洋行林立其中，那些外洋的貨物都在這裡裝卸，所以腳行一向都很發達。其他各省各市的人們到此謀生，只要有膀子力氣，就不用擔心沒飯可吃。最不濟的，還可以去水碼頭「扛大個兒」（指用體力搬運重東西），或是到旱碼頭上的火車站去賣點氣力，都能掙到錢花。正因為如此，天津成了整個華北地區最大的農工商業交貨場，自然也就聚集了三教九流八大門的各色江湖人等。

這樣的遊民一旦多起來，各種頭疼腦熱的病症自然也就多了起來，剛好為皮門中人提供了掙錢良機。一旦誰有個筋骨疼痛或是風寒麻木，去醫院診治是花不起錢的，於是都來找這打彈弓的高鳳山，買些個大力丸來吃。這種生意也被稱為「挑將漢」的，剛好是江湖中人掙江湖中人的錢，合情又合理。

這「挑將漢」的生意，並非民國才有。過去的時候，只要是有「尖掛子」的江湖中人，往往都做得了這門生意。當然，能夠做得多好，就要看這「挑將漢」的有沒有鎮得住場子的能耐了，「鋼口」得有，「催啃」的本事也得有，就像這高鳳山一樣。在當時的三不管，一提起滄洲賣大力丸的「高大怔」，常逛這裡的人沒有不知道他的。

既然說到了三不管，不妨就來看看這地方還有哪些皮門中的行當是值得說上一說的。

在三不管的場子裡，有一種「挑火粒」的生意，一般賣的都是「化食丹」一類的藥品，說是專治小兒百病和消化不良。不管是食積、乳積、大肚子痞積，還是跑肚拉稀、紅白痢疾、存食存水等等毛病，吃了這種「化食丹」，准能藥到病除。

為了證明藥力強大，「挑火粒」的會把米粒、黃豆甚至是小塊的羊肉扔進盛滿藥湯的鍋裡，只見這些東西冒一陣火苗兒再冒起一陣煙，隨後就化得無影無蹤了。因此，江湖中才稱這種用藥化豆的生意為「挑火粒」的。至於為何扔進鍋裡的這些東西會很快消失不見，是因為藥品的成分裡摻有「火硝」。

照理說，騙人幾個錢也不是什麼江湖大忌，但在騙財的同時還傷人身體，就不為江湖中人所容了。火硝這種東西一旦進入人體內，會引起胃腸發熱、口乾舌燥等諸多不適症狀，輕者傷害身體健康，重者甚至會導致更危險的情況出現。

當然，比起「花柳座子」的生意來說，這些都還是危害相對小一些的。所謂「自古娼門一條路，不見閻王不甘休」，說的就是坑人不淺的「花柳座子」。

清末民初年間，娼家的生意還是極其興盛的。雖然不能再明目張膽地公開經營，但隨處都有暗娼橫行。一旦這種淫亂的事多了，花柳病也就自然蔓延開。得了病如何治療？正規的醫院不是所有人去得起的，那些家境不好的人，也就只能到江湖上找「花柳座子」來解決問題了。

說到「花柳座子」，大致可以分為兩種。其中一種是有固定診所的，其實也就是租了個簡易的屋子，在室內擺放些個裝滿藥水的瓶子，再於門前掛個布幌子，上面畫著一條毒蛇，盤繞著一個全身潰爛的人，旁邊寫著「專治花柳，管保除根」的字樣。江湖上稱這種買賣為「洋漢座子」。

還有一種是沒有固定診所的個體遊醫，專門找那種遊人聚集的場合宣揚花柳病的危害，一旦有染病的人上前詢問，也就找個就近的室內開始行醫治病了。錢少的可以買瓶藥水，錢多的可以扎針治療。那藥水說來也怪，喝下去當天就能見效，但一旦停用馬上又會恢復原樣。這種藥物其實也就是含有鴉片的所謂「頂藥」，看似有效，其實根本治不好病。至於給人扎針的方法，就更是扯了，甚至鬧出人命的事也屢見不鮮。

按照老江湖的說法，「花柳座子」這門生意也是分為「前棚」、「後棚」的。其中的「前棚」無非就是介紹花柳病的危害，順帶吹噓自己的醫術有多高明。至於「後棚」的能耐，則在於努力為自己開脫責任。什麼「三天保好，無效退洋」，不過只是騙人掏錢時的「神仙口」（即騙得患者的信任，使其乖乖上當受騙）罷了。一般來說，想要防止患者發覺被騙後前來鬧事，「花柳座子」的生意人都會一再提醒患者在就醫吃藥期間必須忌口。忌不了口，這病一定就無法治好，當然也就不可能退款了。

他們給患者使用的藥，除了頂藥之外，還有一種「猛烈藥」，其藥效常常導致患者上吐下瀉，至於其原料，則是中藥店裡家家都有的「紅升丹」，也就是含有硝石等成分的烈性藥材。拿這個給人治病，要是在懂得專業知識的醫生那裡，是斷不可能的。倒是這些「花柳座子」的生意人，為了謀取利益，才敢使出這麼傷天害理的陰招，連起碼的江湖道義都置之不理，更別提什麼所謂的職業道德了。

玩的就是個心跳——八大門之彩門

彩門，又被稱為「彩立子」，凡是江湖中以變戲法為生的行當，都在彩門之列。當然，這彩門中人也有不同的具體行當，各有各的精采，玩的就是個心跳。只不過，玩歸玩，鬧歸鬧，要說這江湖上規矩最為嚴格的行當，還真就非這彩門莫屬。

說起彩門這一江湖行當，其實也由來已久。只不過，自從有了這一行，直到清末年間，都是歷來只有變戲法的，而沒有賣戲法的（江湖中人稱為「挑廚供」的，也就是教人變戲法）。據彩門中人自述，一直到清末庚子年（一九〇〇年）後，才有了賣戲法的行當出現。

在當時老北京的東安市場即將開業時，就有個人稱「廚供楊」的江湖藝人在這裡賣仙人點戲，且廣收門徒。從此，這門後興起的彩門生意才得以推廣，逐漸流行於世。

凡彩門中各種變戲法的生意，只要能變會變，那麼不論手法高低，花式大小，都可以儘管嘗試，無人阻攔。但賣戲法的就不一樣了。想做這門買賣，就必須使用高案，不能隨隨便便擺個地攤就開始，而且所變的戲法也都是什麼「仙人摘豆」、「三仙歸洞」、「金線抱柱」、「破扇還原」、「金錢搭橋」、「巧變金錢」、「捧打金錢」、「霸王卸甲」、「仙人解帕」、「空盒變煙」、「空盒變洋火」、「巧變雞蛋」、「平地砸杯」、「巧變煙捲」、「木棍自起」之類的東西，其中除了「仙人摘豆」、「三仙歸洞」、「平地砸杯」、「破扇還原」等幾種是變戲法之人常用的手藝，其餘的戲法都是他們很少碰的。

對於賣戲法的生意人來說，也有一些戲法是不准他們涉獵的，比如「羅圈當當」、「大大碗公」、「吞寶劍」、「吞銅球」、「八仙過海」、「扇碟扇碗」、「大變酒席」、「十二連橋」、「十三太保」、「海底撈月」、「口內生蓮」等等。這彩門的很多戲法原本就是假的，變戲法用的都是各種門子，而賣戲法的種種手藝，就更是以「腥活」為主的，要是他們把這些彩門裡的各種門子都給賣了，這戲法也就不用變下去了。江湖藝人的買賣，行行都有自己的規律，這就是個最典型的例子。

說起這「挑廚供」的生意，也分為「前棚」、「後棚」。其中「前棚」的能耐包括「團黏」、「拴馬樁」、「賣弄活」、「撤幅子」、「把點」。具體說來，這「團黏」（即吸引路人的注意力）也有說道。賣戲法的，一般都要支起個大案子，最好後邊緊靠著牆，這樣牆上就可以掛一些布擺子了。布擺子上再寫上「某某堂」或「某某魔術團」的字樣，為的是吸引路人的注意力。別看這攤子上寫的是各類戲法，但真正表演的時候只使出最常見的一些就行，一旦圍觀者越聚越多，就得及時打住，開始「賣弄活」（即表演一些簡單易學的戲法，務必做到人人可學，一學就會）了。目的再簡單不過，就是靠教授這些東西收取費用，所以才會打出「專教戲法，當面管會；如若不靈，准保退錢」的條幅。再往下，就跟其他江湖生意的程式差不多了，無非是變著法子的「催啃」，好讓人們付錢來學自己的「絕活」罷了。這就是「挑廚供」的掙錢之道，掙的都是些眼前的小錢。要想掙大錢，說道就全在「後棚」上了。

接下來，就說說這「挑廚供」的「後棚」能耐。這可不是所有賣戲法的藝人都能掌握的東西，除了天資聰慧之外，還必須得到師父的真傳才行。「前棚」的能耐再好，也就能掙口飯吃，但「後棚」的本事要是學會了，用好了，就能掙到一輩子都花不完的錢。

具體說來，這「後棚」的能耐又可以分為好幾種，有「把點水火」、「翻鋼疊杵」、「挑雨頭字」、「使樣色」、「平點」。這是「後棚」的五大技能，缺一不可。因其過於複雜，很多賣戲法的生意人都只是把「前棚」的簡單東西學到了手，對這「後棚」的本事也就望洋興嘆了。畢竟是以「賣戲法」為主，要是真的把彩門這些奧祕都悉數賣盡了，後世的彩門中人也就別想在江湖上混口飯吃了。所以說，凡是「挑廚供」的，一旦把握不好尺度，就容易與人結仇樹怨，甚至還受到來自主流社會的一再打壓，不是「卯」了，就是「淤」了（江湖中人稱軍警機關的打壓、取締為「卯」和「淤」），並不是什麼長久、安穩的江湖生意。

江湖中人都習慣了調侃，不管是對什麼事，只要是真的就都調侃為「尖的」，只要是假的就都調侃為「腥的」。在舊時的江湖上，還有這麼一種彩門生意，玩的都是說大話、吹牛皮的假把式，所以又被江湖中人稱為「腥棚」。至於說這玩意為何會大行其道，靠的無外乎是人們的一份好奇心。

從古至今，社會上總是有那麼一些人，專好談論稀奇古怪的事情，哪怕聽起來就十分荒誕不經，也總是有人津津樂道。什麼三條腿的姑娘，六條腿的牛，人頭蛇身的美女，八個眼睛的怪物……凡此種種，總是最能引得人們爭相議論，要是能有機會親眼一見，更是求之不得。

正因為如此，這「腥棚」的生意才應運而生。你想想，能花上幾個銅子就能看到這麼多新奇的玩意，誰不想趁機開開眼啊？可是這「腥棚」裡的玩藝又有多少是真的呢？答案當然是肯定的——少之又少，甚至乾脆就全是假的。

舊時的大型集場和廟會上，大多都能看到這種「腥棚」的生意，花幾個錢買張「迎門柞」（即門票），就能看到宣傳中所說的「三條腿姑娘」。當然，光是從表面看去，你是分辨不出這裡的門道的，需要等到一天的演出結束，到了推棚（即閉門）的時候才有機會看個究竟。原來，那所謂的三條腿的姑娘，一旦站起來也是兩條腿的正常人，地上掉著的那條假腿倒是動彈自如，只不過那是地坑內暗藏著的另一個人的腿。所謂三條腿的姑娘，其實是兩個人湊成的，是在表演者坐著的位置下挖了個坑，事先藏進一個人而已。這樣露出來的那條腿，再加上姑娘的兩條腿，才有了觀眾看到的三條腿。這麼一說，想必大家也就明白了，這「腥棚」裡的玩藝都是「一腥到底」的東西，賺的就是這種弄虛作假的黑心錢。

在舊時的京津一帶，變戲法的藝人可謂層出不窮。不管是在各大集場廟會上，還是平平常常的小市集中，總有這些彩門中人的身影出現。

在這些人當中，也有手法高低之分。有的人既能變戲法，又能練玩藝（江湖上稱不是純粹的戲法為「玩藝」，行話也叫「籤子活」）。戲法是為了吸引路人的注意力，不能靠這個掙錢，這是江湖規矩，所以玩藝才是用來賺錢的東西。

一般來說，這些人都是在場子內立起一對圓籠，上面寫著「某某堂，專應堂會，巧變戲法」的字樣。鳴鑼敲鼓後，就算正式開場，先變幾個叫好又叫座的經典戲法，藉以賺足人氣，賣個好口彩，接著才開始操練各種功夫，為的是把觀眾的錢收上來。當然，比起這些大型戲法，也有專攻小戲法的人，都是些特別講究手上功夫的絕活，看似簡單，要想做出彩來，也得多年的勤學苦練才能有所成就。

在清代末年，老北京有個變舊戲法的「快手盧」，是當時最有名氣的。他在年輕時專做明地的生意，專門到各大市場、廟會去擺場子，隨便扣個腥，就能把觀眾都吸引住（江湖上稱那種許諾變個什麼什麼，最後卻只變了個相對簡單的手法為「使拴馬樁」，行話也叫「扣腥」，目的只是為了把看熱鬧的人吸引住）。

既然人稱「快手盧」，他的手法之快也就不在話下了。他的「掛活」（即變戲法的人往自己身上藏各種東西的手法）比一般人都掛得多，而且不管身上藏了多少物件，他在台上行走時都能來去自由，絲毫不露一點破綻。他的「落活」也極其乾淨（「落」應讀「潦」，是說變戲法的人從身上不斷變出東西來），經常能變出很多讓人意想不到的東西來。因其技藝精湛、手法了得，「快手盧」成了光緒年間最著名的江湖藝人，幾乎到了無人不知無人不曉的地步。後來，有個名叫瑪齊師的美國魔術舞蹈團的經理人，還專門邀請「快手盧」加入自己的團隊，共同前往南洋群島、菲律賓、小呂宋、香港、台灣等地獻藝。甚至有外國人在南洋群島看過「快手盧」的戲法後，意猶未盡，又專門來老北京點名要看他的表演。

到了清末民初的時候，彩門中人的生意大多變得不再受人青睞，能夠慘澹經營下去就很不易了，只有這「快手盧」的買賣不但不受影響，反而越做越好，還能掙到外國人的錢，也算是替彩門中人爭氣露臉了。

「快手盧」是厲害，可是要說到在天橋戲法場上做得最長久的，還要數金家的戲法了。不止在天橋一帶，老北京各個市場廟會上變戲法的手藝人中，十有八九都是他金家的徒弟。金家當家的是兄弟倆，其中年長的大爺外號「金麻子」，年歲小點的叫金萬順。

說起這「金庥子」，可是在天橋上站得最穩的人物，是把彩門手藝發揮到極致的頂尖高手，他不翻觔斗（即倒立），更不練三把刀或是大鐃鈸，就一門心思地專攻變戲法。常用的花活，既包括「空壺取酒」、「玻璃變雞蛋」、「懷中生蓮」、「紙變蛤蟆」、「破扇還原」、「仙人摘豆」這些小戲法，也有「揪子」（即變大碗公，碗內有金魚的戲法）、「照子」（即變羅圈當當的戲法）這樣的硬功夫。

「仙人摘豆」看著簡單，卻是典型的童子功，至於「月下傳丹」、「吞寶劍」、「九連環」這樣的手藝，沒練個一年半載的時間更是想都別想。說到這兒，不妨插入個彩門中人的行規，就是這門生意都是「大人掌買賣」（就是說，想靠變戲法掙錢，全得靠成年人來支撐，不能靠小孩，所以調侃兒為「大人掌買賣」），小孩多的時候也可以變戲法，不過目的多半是為了「抖漏包袱」（江湖中人稱當場抓哏逗笑為「抖漏包袱」），為的是引得孩子們的喜歡，以便多收徒弟。

不過收徒歸收徒，要想靠孩子掙錢就費勁多了，這錢還得從觀看演出的成年人身上賺才行。這金家的戲法，不僅是彩門中做得最久最大的，收徒弟也是相當多的。能靠這個過上不錯的日子，可見其生意確實好到了一定程度。

與金家不相上下的，還有程家的戲法。他們是兄弟五人，往下再數就更多人了，算得上是一家人都做了這個行當。

在東安市場一帶，說起「戲法程」可能沒人知道，可要是提起「狗熊程」，就無人不知無人不曉了。除了一些硬橋硬馬的外練功夫，他們最驚人的玩藝就是扔木球，是比鴨蛋還大的那種木球。扔球的時候，表演者會在腦袋上戴個皮兜，球扔上去十多丈高，落下的時候不用手接，而是用腦袋去接，讓球不偏不倚剛好落在皮兜內。更絕的是，還可以把皮兜轉在腦後，然後不用眼睛盯著木球落下的方向，只管低頭看地，那木球還是能照樣落在兜內，而且百發百中無一紕漏，這就稱得上是門絕活了。

在他們這門生意裡，所變的戲法倒是排在其次，最引以為傲的還是這些了得的武功。江湖上也不認為他們這行有更多彩門中人的技術含量，所以行話裡又稱呼他們為「千子」。「狗熊程」確實是因為要狗熊得的這個名頭，可是後來生意難做，買個狗熊都得花上幾十塊大洋，所以乾脆還是選點其他成本小的買賣來做，這才有了後來的「戲法程」。

在公平市場一帶，也就是萬盛軒的前邊，還有個戲法場子非常有趣。他們所變的戲法，既沒有「仙人摘豆」、「杯中生蓮」、「破扇還原」這類的傳統玩藝，也沒有司空見慣的那些大活小活，劍、丹、豆、環等等的功夫更是一個不見。他們所用的道具，也就是幾根竹竿支起個兩面的架子，再用布棚擋上三面，棚內放著一只箱子。

表演開始後，往往都是找來個小孩裝在箱子裡，再掀開箱蓋的時候，小孩已經消失不見。這個靠箱子來變的戲法，正是後來的「大變活人」。比起那些小來小去的把戲和玩藝，這可是門掙錢的手藝，看熱鬧的觀眾往往是裡三層外三層，一見人沒了就一個勁地鼓掌叫好，生意也就這麼做成了。

在彩門中的各個行當裡，還有一種要空竹的生意，說到這個，就得先說說有名的王氏父女。父親王雨田的「三股子」（即叉子）練得最為出色，每次開場表演都會吸引無數路人駐足圍觀。

早在清末年間，他曾在步營裡當過差，民國後才進入警界，在糧店一帶站崗執勤。後來因為和車主起了糾紛，又礙於對方勢力太大，這才被逼無奈闖起江湖來。初入老合的行當，他只是在馬班子（即跑馬唱戲的草台班子）裡練練叉，「劈了穴」後（江湖上稱拆夥為「劈了穴」）才輾轉來到東安市場，與耍空竹的常立全「聯穴」（江湖上稱合夥組班為「聯穴」），這才算有了塊自己的地盤。

王雨田練叉，常立全耍空竹，這種「合作經營」的模式確實有效，每日的收入也足以維持兩家人的日常所需。常立全是旗人出身，不僅會說評書，還能耍得一手好空竹。至於為何沒靠著說書的能耐立起門戶，是因為他是自學自悟，沒經過「帥」（江湖中人稱老師為「帥」）的指導，頂多只能算個愛好者。

說起他的空竹手藝，確實堪稱一絕，單雙都能玩轉不說，花樣也多，什麼「王瓜架」、「猴爬竿」、「跳梁」、「回頭望月」、「枯樹盤根」、「正反插腿」，樣樣都拿得起來。這王雨田也是個有心之人，練叉的空隙就學會了抖空竹，後來看常立全也無心經營，二人就此「劈了穴」，由王雨田帶著自己的女兒王葵英，在天橋公平市場一帶另立門戶，也做起了耍飛叉、抖空竹的營生。

隨著王葵英的技藝不斷精進，王氏父女的名聲越來越響亮，被當時最有名氣的白雲鵬的雜耍班子相中，父女二人受邀加入班子，終於在京、滬、津、漢等各地揚名立萬，只用了十幾年的光景，就治下了多處房產，成了富足人家。

都說江湖藝人難有富貴，謀的無外乎是個生存而已，但這世上的事又怎能一概而論呢？有一技之長傍身，再加上勤儉持家，再貧窮的人也有大富大貴的那一天，怕就怕自己先失了心性，被眼前的成就燒得沒了理智，所謂「謙受益，滿招損」，說的就是這麼個道理。

在江湖上闖蕩的人，但凡有個一技之長，就能混口飯吃。學會了一門手藝，就等於是有了一件生財的寶貝，歷朝歷代莫不如此。像抖空竹、踢毽子、盤杠子、扔石鎖等等這些玩藝，在舊時的江湖上，都是可以拿來掙錢養家的行當。或許早年練習這個的想法很簡單，不過是消遣解悶、活動身體，可是到了後來，還真就有憑著這些玩藝討來好生活的。上文說到的王氏父女，就是這方面的典型例子。至於接下來要說的順桂全，則剛好相反。

在當時的老北京，提起說書的順桂全，未必有多少人知道，但要是講到他說的那套《鐵冠圖》，就絕對是婦孺皆知了。這《鐵冠圖》又名《崇禎慘史》，說的是明朝末年崇禎皇帝的事。尤其是講到崇禎自縊這一段，往往能聽得人落下淚來。評書說到這兒，往往書座上的人也就走光了。所以在評書界，沒有幾個藝人願意說這部書，為的就是避開這個太悲切的故事，免得壞了自己的生意。可是這個順桂全偏偏不信邪，就拘定了《鐵冠圖》這一套書說了一輩子，所以到死也沒掙到什麼錢。倒是他的徒弟桂殿魁，在老北京沒說出個名堂，後來輾轉到瀋陽（當時名為奉天），這才開始出名得利。當時全東三省的說書藝人裡，也就數他名號叫得最響了。

明明說的是彩門中的事，為什麼要扯到說書上去呢？這是因為，在去瀋陽前，這個桂殿魁先到了天津的三不管，在那也不敢說《鐵冠圖》，而是仗著自己早年練過杠子的技能，在三不管幹起了盤杠子、拿大頂的生意，成了地道的彩門中人。

只不過，看他練這些玩藝是不必給錢的，能花幾個銅子買他的藥糖，就算是支持生意了。再往後，三不管一帶蓋起了房子，把空場都擠壓得沒了，桂殿魁這才不得已去了瀋陽，又從彩門做回了說書的本行，誰知竟在那裡轉了運氣，成了這一行當裡數一數二的頭牌人物。

江湖上，把拉洋片、玩西湖景的生意調侃兒為「光子」，至於為何要被稱為「光子」，道理也簡單——洋片箱上下都是大塊的玻璃和玻璃鏡，是一門離開玻璃就玩不轉的行當，所以才得了這麼個名字。

別看「光子」出現的時間較晚，卻是彩門中一個比較搶手的行當。之所以這樣說，是因為拉洋片需要的設備很複雜，手藝就相對簡單得多。光是一個洋片箱，裡邊就有七、八張片子，底下有四個玻璃鏡，行話裡稱這種器具為「四開門」。

要說這「四開門」，可是「光子」行裡最普通也最常用的一種傢伙事。拉洋片的江湖藝人，只要能有一點說唱的能耐，再用上這「四開門」，就基本能吃上這碗飯了。至於能掙多少錢，也基本上由藝人自身本領的大小而定。比如天橋一帶最有名氣的「光子」藝人大金牙，用的洋片箱子底下就有八個玻璃鏡，每回能讓八個座出來，也就是掙了八個人的錢。

按照行話來說，這種八個鏡的洋片箱子又叫「八開門」。還有一種洋片箱子，頂部有幾個洋鐵片製成的小人造型，箱子上面有個水漏，箱子底下有個洋煤油桶，桶裡盛著涼水。在做生意時，需要用管子從煤油桶內向水漏裡灌水。水順著一根繩流入管內，憑藉水的力量催動洋鐵片製成的小人，使其在上邊轉動。一邊動，一邊再由藝人說唱情節，形成最終要表達的故事。

雖說聽起來簡陋，可是在一切尚不發達的舊時代，這卻是最受人歡迎的一門生意。當然，藝人們唱的說的都是固定的套路故事，聽過一遍也就沒什麼稀奇的了。只是因為好奇者太多，這門生意才能長盛不衰，收入也相當可觀。直到後來有了電影，人們見識到了更加奇妙有趣的東西，才不再看這呆板的東西了。

要說這江湖上的生意人，最難做到的就是揚名立萬。畢竟人人都想發達，都想擺脫朝不保夕的窘迫生活，但真要做到這一點，就非得能夠吃得苦中苦才行。就像上文中提到的「大金牙」，就是江湖上響噹噹的人物，而他所憑藉的手藝，不過是拉好了洋片而已。可見這江湖上的行當沒有貴賤之分，只有做得好不好的分別。

說起這個「大金牙」，本名是叫焦金池，自幼就開始闖蕩江湖，學的是「柳海轟」（江湖中人稱唱大鼓書的行當為「柳海轟」）的本事。多年以來，他唱遍了各個商埠碼頭，凡是久在江湖上走動的人，沒有不知道他的。因為唱的是西河大鼓，又沒有什麼真正叫得響的「萬子活」（江湖中人把整本、大套的書稱為「萬子活」），所以「大金牙」一直也沒發達起來，頂多也就掙下個衣食無憂而已。為了謀取更大的發展，他和別人合夥弄過「腥棚」，也沒賺到什麼大錢，這才跟著一個姓潘的親戚學起了「光子」行，從此一發不可收拾，算是真正找到適合自己的職業了。

學會了這門手藝後，焦金池的生意越做越好。因為他鑲了兩顆金牙，所以江湖上的人都不再叫他本名，而是改叫他「大金牙」了。靠著這個，他硬是拉出了自己的名頭，成了江湖上大名鼎鼎的明星人物。

按說這拉洋片的生意人也很多，從來沒見過哪個人能像「大金牙」這麼發達。不僅廣播電台會常常邀請他到現場表演節目，就連一些達官顯貴的家庭聚會，也常常邀請他去助興。還有，就是他的洋片器具也與眾不同，就像前文所說的那樣，別人的箱子都是四個鏡頭，唯獨他的箱子有八個鏡頭，掙到的錢當然也比別人多出一倍。這麼大的傢伙事，收拾起來也得兩個人抬著才行，一個人根本搬不動。

說完「大金牙」，再來說說「小金牙」。在當時的京津地區，一共有兩個「小金牙」，一個是「大金牙」的兒子，是個標準的「星二代」；另一個是「大金牙」的徒弟，也是著名說書藝人張福全的兒子。尤其後者，算是跟師父一起開疆拓土的人物了，這一師一徒，都是為「光子」這門行當的興盛做出過重要貢獻的人物。

或許，這才是真的武林——八大門之掛門

掛門，又被稱為「掛子行」、「夜叉行」。早年江湖中人把這一行當的技藝稱為「武術」，也就是俗稱的「把式」，民國年間更是奉其為「國術」。這掛門中的各個門戶、支派，是八大門中最為繁複的。畢竟人在江湖飄，再好的「國術」，也只是謀求生存的手段而已。

在舊時的江湖上，掛門是與武術關係最大的一個行當，具體又可分為「支」、「拉」、「戳」、「點」、「尖」、「腥」等等分支。其中，保家護院的被調侃兒為「支」，押運保鏢的被調侃兒為「拉」，教場子的被調侃兒為「戳」，拉場子撂地賣藝的被調侃兒為「點」。至於「尖掛子」和「腥掛子」兩支，則是用來指帶有真功夫和玩花架子、假把式的掛門中人。

在江湖中人看來，只有那些真下過苦功去學練武術且得到過名家真傳的，才能被稱為「尖掛子」。要是只會打幾趟熱鬧的拳把式、熟套子，靠這個矇騙外行，就是所謂的「腥掛子」了。

還有一種被調侃兒為「清掛子」的，是指那些在各個集場、廟會上拉場子撂地，靠著耍把式賣藝掙錢的生意。要是做這行的還兼職賣膏藥和「大力丸」這類東西，那就成了皮門中「挑將漢」的行當，按理說是不能稱為「清掛子」的。

當然，這只是江湖中人約定俗成的分類方法，真到具體操練時，往往就會混淆在一起。畢竟，比起這些毫無意義的規矩和教條，生存才是江湖中人的首要追求，只要能討到一個好生活，誰還在乎什麼說道不說道呢？

在掛門的各類生意中，就數這種有明顯的「挑將漢」色彩的買賣最為難做。首先，是因為幹這行買賣的得能夠「壓住點」（凡是耍把式賣藥的掛門中人，必須長得身材高大，相貌最好凶一點，這樣不管武藝高不高，憑這副樣子也像是有點真功夫在身似的，這才能夠鎮得住場壓得住人），壓不住點，這生意可就不好做了；其次，得是真下過苦功學有所成的「尖掛子」，至少也得有幾手不錯的把式，這樣才能討個口彩，吸引得住往來的過客。

這些耍把式的一般都是先在場子內練上幾趟拳腳，活動活動腰腿，等到場子邊上站滿了人，才有可能把這買賣順利地做下去。這兩樣缺一不可，否則要麼沒人看，要麼就是人們看完了一哄而散，沒了人了，東西還賣給誰啊？

當然了，除了樣子得好、把式得出彩這些前提條件外，想把這生意做到好、做到發達，還得藥品本身的品質過關才行。不見得那些膏藥或是「大力丸」有多大的藥力、藥效，但至少不能是假冒的偽劣產品，更不能吃了以後害人生病。這是幹這行的底線，否則就是犯了江湖大忌，很難再被江湖中人所接納了。不過話是這麼說，可是在江湖上，什麼樣的人都有，什麼樣的事也都有人幹得出來。樣子是改不了的，把式是假不了的，可是要說到這藥的真假，還真就不好說。

打個比方，據舊時的江湖中人說，有一種號稱可以治腰腿疼、化解人體痞塊的膏藥，效力很猛，連銅子都能化成粉。這種膏藥往往都是在藥鋪裡買點「自然銅」（中藥裡的自然銅指的是一種硫化物類黃鐵礦，又名「石髓鉛」、「方塊銅」，色澤跟銅很像，買來時都是一小塊一小塊的，用手一捏便成了銅末狀），事先將其弄成粉末後摻入膏藥內，為的是最後賣出膏藥時混淆人的耳目。

一旦有人買藥，賣家就會當著眾人的面把銅子放入藥內，再把這膏藥和摻有自然銅的膏藥放在一起。然後賣家一邊對眾人說話吸引他們的注意力，一邊把兩副膏藥一翻個兒——暗中就把那有銅子的膏藥掩藏起來，把有自然銅的膏藥打開了，叫人看裡面的「銅」末子。眾人一看，就以為銅子真的被化成了粉末，自然心服口服，佩服這膏藥的力量。這種翻個掉包的手法，被江湖中人稱為「翻天印」。

還有一種造假的方法是用膏藥化瓷，也是在藥鋪裡買些「海螵蛸」弄碎，因其質地為白色，所以特別像破碎的瓷片。

海螵蛸準備好後，放在一包破瓷內，這樣從包裡拿出來時就很難瞧出破綻來，再摻入膏藥裡，用手指微微一捏就成了粉末。這種造假的方法，江湖上調侃兒為「丁老骨」。至於這膏藥本身，也很少用香油熬製而成，多數都是用桐油來熬，為的是降低成本，至於功效如何就不是他們關心的事了。江湖上稱這種使用桐油熬成的膏藥為「南底」，拿來治療寒症還是有一定效力的，只不過因為是桐油熬製成的，所以往往不易貼住，還會弄得渾身都是膏藥油，很是讓人難受。

「清掛子」的生意，原本應該乾乾淨淨、一清二白，但因為「利」字當頭，結果成了半「尖」半「腥」的行當。相比之下，倒是做押運保鏢這行生意的人更純粹些，至少練的功夫都是貨真價實的「尖掛子」。可想而知，要做好這一行也不容易，一旦習武之人真的決定去幹保鏢或是護院的行當，就得從頭學習這門生意裡的江湖行話。只有把行話學成用好了，才能出去做事，有效解決自己跑江湖所遇到的各種突發問題。

在古時候，水陸交通遠不像如今這麼便利，所以做買賣的客商在往來販運貨物時，大都需要鏢局的保護才能成行，哪怕是官家解送餉銀時，也都是花錢從鏢局雇用鏢師進行護送。在當時的社會背景下，想要開辦鏢局是件很不容易的事，既要黑道白道都行得通，還得雇用真有本事的鏢師做鏢頭。這裡面的說道，在前文中已經詳細說過，這裡就不再贅述了。

有趣的是，在押送頭趟鏢的過程中，一旦出了鏢局所在的省會地方，也就是入了「梁子」後（即上了大道），押鏢的夥計們就得扯開嗓門喊起口號，一般喊的都是「合吾」二字。一來是教路上的江湖人都聽到自己的聲音，二來也可以替自己壯膽提運。

其中的「合」字，是「老合」的意思，就是告訴走過路過的江湖中人，自己不是什麼都不懂、什麼都沒見識過的「生瓜蛋子」；至於「吾」字，喊的時候更是得拉著長聲。不論是走在拐彎抹角的地方，還是過村過鎮，都要趕緊喊出這兩個字。

唯一的例外，是路過孤墳野廟的時候，斷不能喊這口號。因為這些地方要麼是真的埋著死人，要麼就是在棺材裡藏著賊人，這是這類江湖中人常用的一種「道兒」（布局方法）。看著像是棄在荒郊野外的一副棺槨，可一旦有人經過，裡面就會衝出幾個事先埋伏好的山賊草寇，行打劫殺戮之事。

至於野廟裡的出家人，也未必都是真正的和尚老道，十有八九還是別有目的的江湖中人，要麼就是犯了事躲在這種地方消災避禍的，要麼乾脆就是由賊人假扮而成的，為的還是行不法之事。

還有一種離著村鎮不遠的孤店或是獨居人家，那也多半都是「踩齒窯兒」（即匪類賊人潛伏布局的地方）。除了這些地方不能喊號外，還有一處專門的地方也不行，不是不能喊，而是不敢喊。這個地方，就是直隸（現河北省）滄州。

鏢車到了這裡，要是不喊鏢號，還可以安然走過，一旦喊了鏢號，不管押送這趟鏢的鏢師有多大的能耐，都很難順利通過。之所以這樣，是因為滄州這個地方自古就是有名的「武術之鄉」，不論村莊還是市鎮，也不管老人還是孩子，幾乎沒有哪個是不會幾下功夫的。這樣的地方，這樣的人，又有哪個押鏢的惹得起呢？

還有些押鏢的說道，也是很有趣的。比如鏢師帶隊走鏢時，剛出鏢局只能先拉著馬匹步行，只有出了鏢局所在的省會地方，這才能上馬趕路。到了別的省會地方，只要遇到了當地的鏢局和鏢師，還得照例下馬招呼對方，直到走過以後才能再上車上馬。

在押鏢的路上，別管是遇到了孤樹還是路旁躺著的死人，或是過橋、乘船，又或者遇上了集場、廟會，都要立即「把簧」（即喊出對應的行話）。要是在走鏢的路上遇到了江湖上的綠林好漢，還得一問一答對著「把簧」，等到這套行話都說完，要是對方還不閃躲讓路，也就只有動手解決問題了。

一般來說，只要是常在江湖上走動的綠林人物，絕不會輕易翻臉動手，只有那些初出茅廬的新人，才有可能不理會這套禮數，非得讓「尖掛子」的鏢師將其打服了才算完事。這也就是為什麼鏢局都得有「尖掛子」的鏢師加盟，否則幹不了這行的原因所在。

一旦在路上遇見了劫鏢的賊人，用江湖行話又不見效果，鏢師大多會喊上一聲：「輪子盤頭，各抄傢伙，一齊鞭托，鞭虎擋風！」這是保鏢行裡最典型的「春點」，凡是做這行的都能一聽即懂。

所謂「輪子盤頭」，就是要夥計們趕緊把所有的鏢車往一處聚攏，盤成個大圈。各個夥計有抄傢伙保住鏢車的，也有抄傢伙準備迎敵的。「一齊鞭托」是「趕緊動手」的意思，至於「鞭虎擋風」，則是告訴眾人必須把賊人趕跑，但只可驚動走了就行，不必非得真把賊人「青了」（即殺了）。畢竟都是吃江湖飯的，不至於真要了人家的性命。

還有一種狀況，是進了江湖上的「黑店」，這也是走鏢押運的人最不願遇到的事情。凡是賊人可能出入的地方，都得格外留神，路上如此，住店同樣也是如此。如果沒有熟店，只能投宿在陌生的旅店時，押鏢的夥計們都會把屋內的桌子底下、床榻底下仔細查看一遍，看看有沒有暗道或是別的「消息兒」（即暗藏的機關）。如有發現，就一定是住進了黑店，得儘快告知鏢師，請示接下來該如何應對。

一般來說，遇到這種情況能夠及時撤出最好，如果不能，就先按照江湖上的規矩「把簧」，盡可能用「文把式」退去賊人，實在不行才會用武力解決問題。

一旦鏢車真的被綠林中人劫去了，鏢師是可以逃命自保的，但絕不能逃得遠遠的，得暗中跟著賊人查出他們的窯子（即賊人窩藏的地方）在哪裡，這樣才能想辦法把丟了的鏢找回來。至於是動用官府的力量，還是靠著跟當地黑道的交情，都不是最重要的，畢竟丟了鏢才是天大的事，這個問題解決不了，對於鏢局的日後發展來說絕對是個滅頂之災。

關於走鏢闖江湖的細節，還有很多很多，其中種種艱辛，不足與外人道。不管你有多好的武功，想把這碗飯長久吃下去，都不是件容易的事。至於那些沒有真功夫的「腥掛子」，就更是別想在這個行當裡混飯吃了。

舊時代的掛門中人，除了可以保家護院或押鏢遠行，還可以在各個集場、廟會上練把式賣藝。舉凡習武之人，一旦混到了無事可做的程度，最不濟的出路就是擺場子賣藝了。所謂「人窮了當街賣藝，虎瘦了攔路傷人」，這種人到了玩藝場上，要靠著練把式討口飯吃，多半臉上都會帶著一點羞愧的樣子，尤其是遇到同道中人，就更是受人白眼。

不過說歸說，真到了場子上，還是得捨得力氣才能賺個好口彩。只不過，想法是好的，可現實往往殘酷無比。練把式的時候，看熱鬧的圍個裡三層外三層，但一旦到了要錢的時候，圍觀者多半會一哄而散，好不慘澹。江湖上管這種情況叫「淨練不說傻把式」，那感覺辛酸無比。

凡是靠打把式賣藝為營生的江湖中人，按照行當裡的規矩，多半都得拜個老師，等到術業有成，才能出來擺場子掙錢。不管走到哪裡，只要是落地開張，都得能夠打出一片天地來。在各個省市商埠的生意場上，總有那麼一種擺地之人，他們會事先把地皮租好，再置備些桌椅板凳。一旦有江湖藝人要撂地做生意，就得先找他們商議租用地面的事，是把全部收入「二八下帳」還是「三七下帳」，就得看溝通的結果了。

這種擺地之人其實也不容易，不僅得懂江湖上的規律，還得練就一雙火眼金睛，對於生意人中哪個有掙錢的能力，哪個不濟做不長久，都得做到心中有數。

吃江湖這碗飯的老合們，首先得學會的就是這打地的能耐。能打著好地，掙錢也就是件水到渠成的事情了。要是打不著好地，不管再怎麼會張羅事，到頭來也容易落個竹籃打水一場空的結局。

江湖中人常說「生意不得地，當時就受氣」，就是這麼個道理。到了生意人這裡，要打地時更得擦亮雙眼，得能瞧得出這地勢如何，能不能把生意做紅火了。

沒這個能耐，管你身上有多大的本事，也難在江湖上闖出個名堂來。

話扯遠了，回過頭來繼續說這掛門中的事。吃這行飯的人，江湖上都習慣調侃兒為「武生意」，得敲鑼打鼓弄出大動靜來，才能吸引住遠近行人的注意力。這麼一來，就必須離那些「文生意」的人遠一些，不去騷擾人家，才能做得成這買賣。

掛門中人要想開始賣藝，就必須把這打地的事情辦妥辦好，得是那種往來遊人最多的地方，這樣鑼鼓一敲，吆喝聲一起，才能攏得住人，直到四面圍得裡三層外三層了，這才算正式開練，什麼空手奪槍，什麼拐子破棍，凡是熱鬧好看的，都統統招呼上，為的就是討個頭彩，好把錢掙下來。

當然，身上有把式，那是招攬顧客的功夫；嘴裡有把式，這才是掙錢的功夫。掛門的這套「鋼口」，大致都是張嘴就來：「淨說不練那叫嘴把式，淨練不說那叫傻把式。若要是連說帶練，練到了，說明了，好叫人愛看，我們可不敢說。練得好，是才學乍練。練得好，練不好，各位包涵著瞧。常言說的好，大槍為百般兵刃之祖，花槍是百般軍刃之鬼。

大刀為帥，棍棒為王。救命的槍，又好贏人，又好防身；捨命的刀，練的時候，我得捨出命去，練的叫各位瞧著得拍巴掌叫好。叫好完了怎樣，得跟各位要幾個錢，住店要店錢，吃飯要飯錢，上有天棚下有板凳，官私兩面的花銷。我們練完了，各位大把的往場裡擲錢，你明理我沾光，我們不惱別的，就惱一種人，他早也不走，晚也不走，單等我們練完了，一腔子力氣賣在那了，他轉身一走，饒是不肯捨這個錢，還把樂得花錢的給擠走啦！

這種人好有一比。比作什麼呢？就比作我們弄熟了一鍋飯，眼瞧著飯要到嘴裡了，他這一走就如同往那鍋裡扔了一把沙土，簡直缺了大德啦！我們也不說什麼，挑刺礙好肉，說他們叫好人難受。我們可不是都要錢，也不惱人白瞧白看，家有萬貫，有一時不便，趕巧碰著沒帶錢，你只管放心，腳底下留德，給我們多站一會兒，給我們站腳助威。我們要多看你一眼，如同看我們的家堂佛，瞧他祖宗哪！話我們是交代完了，再託付託付，我們練完了，大把往裡扔錢的，我作個揖；我們練完了，沒帶著錢，給我們站腳助威的，我也照樣給作個揖；那早不走，晚不走，我們要錢他才走的，別怪我說你是腳底下不留德的人。」

別看說的這麼情真意切，可實際上，在這練把式賣藝的掛門中人裡，也有「尖掛子」和「腥掛子」之分，而且往往是「腥掛子」居多。尤其是那些成了名的賣藝之人，大多都是「尖」「腥」兩樣都會的，所以江湖上才有「腥加尖，賽神仙」的說法。不光是練把式賣藝的，凡是江湖上的生意行當，也淨是「腥」「尖」結合的買賣，賣給外行的永遠都是個熱鬧，只有內行人才能從中看出門道。

比方說老北京的天橋，就是個五方雜處之地，藏龍臥虎之處。那裡進出往來的各色人物，其實最為繁雜，真的是什麼樣的都有。想在這裡的掛子行混出個名堂，可謂難於登天。早年間，有個著名的「花槍劉」，帶著兩個姑娘，就在這裡賣藝。按照江湖的行話來說，他們父女玩的是「活穴大轉」（即做得名利雙收），算是在天橋揚名立萬了。

當然，要說在天橋做得最久的把式場，還得是「彈弓子張」。他本名叫張玉山，曾在前清時當過官差，後來大清垮了，他也因此失了勢，這才不得已入了江湖。

據江湖傳言，別看他做的是掛子行的買賣，不過歸根結柢卻是柳門中人，與柳門中的著名人物袁桂林是師兄弟。到了中年時候，這張玉山仗著身體靈便，精神頭足，打得一手好彈弓子，武藝也算不錯，這才成了天橋上混得最久的人物。要說他的彈弓絕技，也確實了得，橫打豎打，正打反打，蹲著打，臥著打，仰面朝天躺著打，都能百發百中。尤其是連發兩彈，後彈擊碎前彈的功夫，無人能出其右。

這張玉山有兩個兒子，也都自小跟著父親練把式賣藝，玩得一手好花槍，成人後自己擺場子，練的也都是「尖掛子」的把式，順帶賣的大力丸也能招來回頭客，是真東西，這個行當裡的江湖人能夠做到這一點，實屬難得的事情。

還有個叫孟繼永的，人稱「孟傻子」，也是天橋上相當有名氣的掛門中人。他別看他成名時已經有六十多歲了，身體可強壯得連正當年的小夥子都比不上。他的絕活，是用大白（即刷牆用的白粉）在地上畫個人頭，在耳目口鼻上各放一個銅錢，然後他在場子內一站，手裡拿著「甩頭一子」（一丈多長的繩子，一頭繫著個鏢，懂武術的練家子稱這東西為「甩頭一子」），扯開嗓子喊押鏢的號子「合吾」，逛天橋的人們一聽見這個，就知道是「孟傻子」要開場了。至於為何要喊鏢局的號子，原因很簡單，這孟繼勇在擺場子賣藝前曾在鏢行裡做過押鏢的營生，後來因為有了火車、輪船以及郵政部門，保鏢的行當漸漸沒落衰亡，這才不得已擺起了場子。

為了表示自己的本事來頭不小，「孟傻子」每每都會給圍觀者講這「甩頭一子」的厲害。說的是康熙年間，浙江紹興府有個保鏢的顯赫人物，就是人稱「金鏢黃」的黃三太。他因為要湊足銀子營救被冤枉下獄的清官彭大人，就想到了指鏢借銀的辦法——以他的金鏢為憑，向黑白兩道的各路豪傑借錢，要湊足十萬兩。誰知江湖上的「鐵羅漢」竇爾墩不買他的帳，不但不肯借錢，還與他結了仇怨，雙方遂約在山東德州李家店比武。這次比武中，黃三太用「甩頭一子」贏了竇爾墩，這才有了「三支金鏢壓綠林，『甩頭一子』定乾坤」的故事。

說完典故，「孟傻子」再練這「甩頭一子」，就顯得更是意氣風發，圍觀者的叫好聲也是此起彼伏，不絕於耳。因為看熱鬧的人多，所以他又兼職做起了「挑將漢」的行當，順帶著賣些江湖中常見的藥品，養家糊口不成問題，就是始終沒發達起來。

說起來，這掛門當中，也有個明暗之分。凡是行偷盜竊取之事的人，都被江湖中稱為「黑門檻」的人，所練的功夫也被調侃兒為「暗掛子」。至於練好了武術用以當差服役或是加入行伍的，再不就是保鏢護院、擺場收徒、打把式賣藝的，則被統統稱為「明掛子」。

比如說這保家護院的吧，就是專以保護富戶人家為己任的一種掛門行當。這和那些專以偷竊富戶人家為目的的「黑門檻」正好相反，雖然兩者同屬掛門中人，卻處在對立面上，絕不可能彼此合作。舊時的富戶人家，別管家業有多大，要想擋住這「黑門檻」的人，都得花錢請來「明掛子」保家護院。這個行當，又被江湖中人調侃兒為「支杆掛子」。

要請「明掛子」來保家護院，一般都不會只請一位兩位，大多都是或三或五，或八或十，其中還得有個頭目才行。到了夜間，這些夥計都得聽頭目的指揮。各宅各院，都得由這些人來回巡視監察。倘若真有「黑門檻」的人來訪，也得按照江湖規矩先作「升點」（即投石問路，往院子裡故意扔下石子發出聲音，一旦有人回應，就可以知道這是有「明掛子」保護的人家了）。一旦真有保家護院的「明掛子」在此，雙方就必須先用掛門中的行話「對簧」：「塌籠上登雲換影的朋友，不必風聲草動的。有支杆掛子在窯，只可遠求，不可近取。」這些話是在警告來者儘快離去，以免傷了江湖和氣。要是遇上好說話、明事理的「黑門檻」人，憑這幾句話，已經能把對方打發走了。如果對方並不買帳，「明掛子」會繼續發出警告，能用「和談」的方式解決問題最好，實在不見效果，才可能撕破臉皮，武力相向。即便是真的動了手，往往也會手下留情，儘量不與人結冤。當然，要是輸給了對手，那可就丟了臉面，甚至這個行當也幹不下去了。

至於做「暗掛子」的，也有個「鑽天」、「入地」之分。那些「鑽天」的賊人，一般都是江湖上有名的江洋大盜，講的是來去無蹤、掩人耳目。本領低一點的，玩的是一種「摘天窗」的絕活，一般都是在房子上面掀瓦挑頂子，弄個窟窿後再使繩索攀著下去行竊，得手後再把天窗抹飾了，外行人根本看不出痕跡。

再往下說，才是鑽窗戶的、鑽煙囪的，這些人練就的都是軟功夫，也可以稱為輕身術，把一張席子捲成鍋蓋茶盤粗細後放在桌子上，這些人可以一鑽而過，進退自如。這樣的功夫用來鑽窗戶、煙囪，當然手到擒來。至於「入地」的賊人，也可以分出高低幾等，有的能由幾十丈外的地方挖個窟窿，從地下一直到達目的地，還有的能在牆上挖出窟窿進入室內偷盜。按照江湖上的說法，這些「入地」的賊人一般都會在狂風雷雨的天氣裡行事，這樣人們才聽不見他們挖窟窿時發出的聲音。保家護院的「明掛子」，越是在惡劣的天氣裡越是不能掉以輕心，得時時留意著這樣的賊人才行。

想要吃好「支杆掛子」這碗飯，一般的江湖中人都不易做到，還得是那些有點年歲的做得最穩、最久。可能他們的精力和功夫都不如年輕的掛門中人，但這些人到中年的「明掛子」往往都是年輕時曾在鏢局裡「上過道」的人（江湖上稱走過鏢的夥計為「上過道」的）。只要「上過道」，武藝大多不錯，而且經驗閱歷一定豐富。一旦遇上了「黑門檻」的人，多數情況下都不用動手，幾句話就能把對方打發走，而且對方以後也不會再來登門行竊。反倒是那些年輕的「明掛子」，往往仗著自己武藝高強，總想靠著動手把賊人制服，這樣就容易結下怨仇。都說「不怕賊偷，就怕賊惦記」，一旦被賊人惦記上了，怎樣防備都有防不到的時候。只要露了空，造成的損失反而更大。那些上了年歲的「明掛子」，甚至可以訪查到哪裡有「黑門檻」的朋友，再設法聯絡套上交情，這麼一來，就更是可以高枕無憂了。

要知道，在江湖之上，無論黑道白道，總有個道義和規矩要講。即便是「暗掛子」，也不能因為一時的利益就壞了江湖規律，否則就算是行走在黑道當中，也要受人白眼。大家都是出來混的，但凡能有個通融，就沒必要撕破臉皮，更不至於武力相向。各自安好，才是上上之選。

吃保家護院這碗飯的人，也有過幾個叫得響的人物。清初年間，吳三桂在雲南興兵造反時，就曾派遣綠林中人到北京刺殺大學士索額圖。執行任務的殺手深夜潛入大學士府，正好看見索額圖坐在書案旁辦理公事，想到這是個為國操勞的忠臣，非但不忍下手，反而投靠在索額圖府中，做起了保家護院的工作。此後，陸續又有許多刺客前來行暗殺之事，竟然都被他擋了回去。

到了清朝末年，八卦門的董海川、尹福，還有太極門的楊露禪，都是這一行裡響噹噹的人物，還有楊班侯、翠花劉、煤馬、眼鏡程等人，也都把「支杆掛子」做得風生水起。

舌尖上的舞蹈——八大門之評門

江湖中把說書的這一行當調侃兒為「團柴的」，也就是所謂的評門。其中，唱大鼓書的被稱為「海轟」，也叫「使長傢伙的」（指長長的弦子而言），唱竹板書和說評書的則被稱為「使短傢伙的」，因為它們所用的道具裡都有竹板醒木。

有人認為，既然評書是由大鼓書演變而來的，那就不該算作一個獨立的門派，更不該被列為八大門之一。但事實卻是，隨著時代的進步、社會的發展，八大門中的很多門派都漸漸消失不見，卻唯有這評書流傳得日漸廣泛，支派甚多。

按照江湖中人的說法，這評門原本是由唱大鼓書沿革而來的行當，因其年深日久，且支派也日漸流傳廣大，什麼「使長傢伙的」、「使短傢伙的」分別早已不再明顯，這才漸漸成了一支單獨的門派，不必再拾人牙慧了。

正因如此，要說到評門中事，還得先從這唱大鼓的門戶說起。所謂「梅」、「清」、「胡」、「趙」，是北方大鼓的四大分支，到了黃河以南與長江中下游地區，則又分為「孫」、「財」、「楊」、「張」四大分支。其中唱西河調的，還有怯口大鼓的，都在「梅、清、胡、趙」這四門當中；唱鑗鏵調的，還有山東大鼓的，則都是「孫、財、楊、張」四門中的流派。

在評書真正興起前，大鼓書都是有說有唱的形式，後因被召入清宮為皇室表演時禁止演唱，所以為克服諸多不便，就改為以說為主的表演形式，往往只需一桌一凳一塊醒木，去掉了多餘的弦鼓樂器，只留下一把嗓子評話演說，也就由此誕生出評書這一藝術門類。

據評書界的老輩人說，評門是在雍正年間才正式由掌儀司立案的，當時還有龍標作為憑證，只是到了光緒年間，隨著這件具有歷史性意義的資料不慎遺失，這種說法也成了無法查證的傳聞，只能作為後世的一種談資出現了。

比起這種不確定的東西，倒是評書祖師王鴻興在北平收徒（即安良臣、何良臣、鄧光臣三人）一事確有可考。王鴻興故去後，這三位徒弟嚴立門戶，定下鐵規，這才有了評門後日的不斷發展和持續壯大。

因為走的是純粹大眾化的路線，評門在清代達到了空前的興盛局面。要知道，當時的評門中人還都是「拉順兒」（江湖上稱拉場子、撂地兒的買賣形式為「拉順兒」）為生呢，根本沒有後來那種專供說書人使用的茶館。

在說書的場子裡，都是用幾十條大板凳排列妥當，當中擺上一張大桌，上面放著一個木質的香槽，裡面再插上一根鞭杆粗細的香。預備這個東西，是給聽書時抽旱煙的人們使用的。還有一個專門的小錢笸籮，是說完書後由人打賞時用的。

說書的藝人，一上場就得盯著桌子後面板凳上坐著的人。因為按照當時的規矩，江湖上的生意人聽書可以不用賞錢，但必須坐在龍鬚凳（即桌前面的兩條大板凳）後面的凳子上，見了面互相說上一聲「辛苦」，說書的就知道這是個生意人了。這麼一來，說書的藝人一到場內，自然會事先看看今天坐了多少的生意人，也就大致可以判斷出今天收入的多少了。

到了開書的時候，說書的藝人必須先說幾句引場用的套詞，然後才是一套開場的醒木詞：

一塊醒木七下分，上至君王下至臣。

君王一塊轄文武，文武一塊轄黎民。

聖人一塊警儒教，天師一塊警鬼神。
僧家一塊勸佛法，道家一塊勸玄門。
一塊落在江湖手，流落八方勸世人。
湖海朋友不供我，如要有藝論家門。

凡是舊時在江湖上闖蕩的人，不論幹的是哪一門哪一行，都得做到有所師承，沒有師父就等於沒有家門，走到哪裡都會吃不開的。就拿這說書的藝人來說吧，他要是沒有家門，沒拜過師父，就算是靠這個手藝掙了錢，也一定會有同行的藝人來攤他的傢伙（也就是同行的藝人把說書的傢伙事全部收走）。要是遇到不明事理的說書人，同行還可以把他的傢伙連同所有收入一併拿走，這就等於是斷了他的生路。如果還想繼續幹這一行，就只能儘快拜師，然後再出來掙錢。

這種同行互相攤傢伙的事，在舊時的江湖上並不少見，直到清末民初才有所改觀。一旦再有同行做這種事，那些沒有家門和師承的人，就可以喊來員警和對方打官司，最後惹到法院去審判，還可能定下個強搶私人財物的罪名，自然也就沒人敢做了。

早些年闖蕩江湖，這些規矩必須是生意人心知肚明的東西。不管是出於什麼目的，採取什麼手段，無非都是為了求得一個自保，與人方便，才能自己方便。

在江湖上，那種沒有家門也就是沒有師父的人，往往被稱為「海青腿」。儘管不受人待見，但很多江湖中的老合們也都承認，越是這種海青腿，就往往越是有能耐。他們對於人情世故、社會深淺的認知最深、最透，因此做起事來也就更加遊刃有餘、泰然自若。

就以評門中人來說，在舊時的老北京，也就是評門的發源地，論起這門行當中的規矩，相比起其他的地方而言，實在是更多也更嚴厲。但偏偏就有些不守規矩的人，靠著自己的能耐，照樣做出了彩，惹得同道中人是既羨慕又妒忌，到頭來還是用盡手段將其排擠出這一行。

早在光緒年間，就有一位名叫范友德的「海青腿」，說得一口叫座的《西遊》。按照評門中的分支和流派來說，有「永」、「有」、「道」、「義」四大門戶，其中的「永」是指恆永通，也是專門說《西遊》的，屬於永字輩中的翹楚人物；「有」是指慶有軒，屬於有字輩的代表人物。至於為何評門中會容下范友德這個「海青腿」，說起來也是有個不得已的原由，因為這范友德會說《安良傳》，所以評門中人也曾勸他念個家門拜個師父，再幹這個行當。他本人也表示願意接受建議，念門拜師，只是因為他已是五十多歲的年紀，在當時的評門中根本找不出年紀在七、八十歲的老說書人，再往下一輩都是和他年齡相仿的同輩人，自然不可能收他為徒。這樣一來，范友德入門拜師的事兒，也就不了了之了。大家商議的結果是，就讓他以「海青腿」的身分說書，但這已經是打破評門規矩的事了，所以絕對不允許他再收徒弟。按說規矩都給他破了，「新政策」也給他定下來了，只要好好遵守也就行了，可這個范友德偏偏就是個不愛循規蹈矩之人，一個沒門戶也沒師父的「海青腿」，還真就收了個名叫陳紀義的徒弟，而且最後也得到了評門中人的承認。可見，這個范友德在「海青腿」裡，也算是個相當特殊的人物了。

清末民初的時候，有位頗有名氣的「松先生」，也是個沒認師父、沒拜門戶的「海青腿」，不過他可就沒有范友德的幸運了。他到書館裡表演節目，照樣叫好又叫座，要是一直做這一行，說不定也能坐到頭把交椅。不料同行的人都拿他既沒門戶又沒師父的把柄說事，甚至警告開書館的掌櫃，如果再繼續用他就將受到全體評門中人的共同抵制。在那個年月裡，誰敢為了一人就得罪一群人呢？到最後，真就再也沒人敢用「松先生」了。人家倒是也有志氣，一看同道中人都這麼容不下自己，乾脆棄了這行，另謀他業去了。

既然說到了收徒的問題，就不妨繼續說說這評門中的徒弟「托杵」（江湖上稱向聽書的客人要錢為「托杵」）的事吧。評門中人的徒弟，除了跟著師父在場子內「聽話兒」（即學書）外，每到說完了書，還得負責跟客人要錢。自從光緒、宣統年間起，說評書的就總是以八旗子弟居多。這些人以往家境殷實，有錢有糧，衣食無憂，閒著無事，就來聽書消遣。後因時局改變，旗人的錢糧沒了著落，受生計所迫得去投個門戶、拜個師父，自然也就入了這耳熟能詳的評門了。說書人站在台上，不可能凡事做得面面俱到，更不好意思親自下台來收人錢財，所以這「托杵」的營生，當然也就交給徒弟們去做了。要說這評門中人收徒弟，一般有兩大規矩：一為「入門」，二為「擺知」。比如有人想要學這說書的行當，就得先拜師學藝。這就需要下帖請客，定下酒席，當眾把一份「關書」（即門生帖）交予師父，行師徒之禮，從此這新入門的徒弟在評書界就算確有其人了。與這「入門」的規矩對應，「擺知」則是出徒後謝師用的儀式，相對更為隆重，且徒弟必須經過這道程式才能離開師父單獨做事。一旦學滿出師，不行這謝師之禮，就絕對別想自立門戶。即便強行如此，要是遇到了同行盤道，也一定會被搶下全部傢伙事，無法吃這行飯的。「擺知」這一天，當師父的也算全始全終教成了個徒弟，自己同樣有名有利。只不過在這一天，當師父的也必須當著同行人的面，將本行的規律、行話暗語等等全部傳授給徒弟。這樣做徒弟的再出去走街串巷找活兒做，也不用擔心有人盤道了。不謝師還想知道這些東西，真的門都沒有。

按照評門的行話來說，很多成套的大書都有自己的代稱。比如《施公案》這部書，就被調侃兒為「丑官」（即施公本人。因野史中說他是個有殘疾的「十不全」，所以評門中人才將其調侃兒為「丑官」），《隋唐傳》被調侃兒為「黃臉」（因《隋唐傳》是以秦瓊作為書膽，而秦瓊長的是黃面皮，所以調侃兒為「黃臉」），《包公案》被調侃兒為「大黑臉」（因包公的臉生得又黑又亮），《小五義》被調侃兒為「小黑臉」，《三國志》被調侃兒為「汪冊子」（因江湖中人稱「三」字之數「汪」），《明英烈》被調侃兒為「明冊子」……這些行話外人聽來是一句不懂，可內行卻洞若觀火。當然了，不管有多少的行話暗語，歸根結柢還得以本事說話。說書的要想掙大錢，就必須得有「把鋼」的絕活（江湖上稱拿手的能耐為「把鋼」），得能夠攏得住座才行。每逢說完要收錢的時候，如果淨是「走座」（即離席而去）的，這買賣可就做不下去了。說書的人，要是沒學好能耐就進館子說書，一定火不起來，江湖上管這種情況叫「湯水」。一旦被行業內外說成了「湯水」的，也一樣吃不了這碗飯。說書的講究的就是個「扣子」，相當於相聲行當裡的「包袱」，要是把「扣子」說散了，就等於說相聲的不懂得抖「包袱」的妙用，江湖中人就會評價這個說書人是「開了閘」了，這也是行業大忌，要不得的東西。說了這麼多，不難看出，想做個優秀的說書人，也不是件容易的事。所謂「人前顯貴，人後受罪」，沒有一番苦功下在前面，就別指望有一鳴驚人的好事等著自己。

在評門當中，還有一條鐵規是人人都得遵守的，那就是每個說書的江湖藝人，在書館內都只准說兩個月的書，行話叫「一轉」，也就是每兩個月都得換個地方繼續做生意。不管你是多大的腕兒還是籍籍無名的後起之秀，都得按照這個規矩來。至於離開一個書館後，是否還能有重新回來的機會，就真的得看個人本事如何了。

喝茶的人都知道，茶是越喝口味越高，價錢也是越賣越貴。聽戲的也是越聽癮頭越大，票價也是越聽越貴。大千世界，三教九流，規律大多如此。唯有這聽評書的生意，是個罕見的例外——不論說得好歹優劣，聽者都得一樣花錢，且價格沒有高低之分。說評書的江湖藝人，掙多少錢全是由上座的多少來決定的。其中的道理也不難理解，說得一口好書的藝人，多叫「書座」，收入自然也水漲船高；至於那些藝業平庸的人，因為沒有叫座的能耐，所以每逢開書時座客也少，收入自然高不到哪兒去。所以開書茶館的主人家，都喜歡爭著邀請那些有叫座能力的說書人。又因為評門當中有「一轉」的鐵規，所以一年下來，也就只能請六個說書人到場表演，所以更是得精挑細選，畢竟這是關乎生意存亡的頭等大事。

按照三教九流的劃分方法，別看說書的江湖藝人地位不高，可這門行當裡的規矩卻極為嚴格。一旦上得場來，無論台下坐著何方貴客，也不能行禮不能答言，否則就算是壞了規矩。之所以會有這麼個規定，是因為說書的行業最為特殊，講的都是古往今來的傳奇故事，其中往往人物眾多，一旦在台上臨時與人行禮答言，多半會讓聽書人生出誤會，那就耽誤了正事，所以才有了這麼個「不近人情」的說道。

還有一種情況，是一旦某個說書人因為私事不能到場表演，也可以臨時找人來替他說上一天，行話叫「替買賣」。只是按照評門的規矩來講，這找人「替買賣」的說道很多，一個是必須找與自己技藝相當的才行，不能因為「替買賣」的技藝不行而砸了書館的招牌；二來是替人說書的別管有多辛苦，一天表演下來的收入還是不能拿走，得按著規矩存在書館的櫃上，因為這錢還是人家本人的。按照評門的行話說，這叫「把杵頭掛起來」。唯一的一種例外，就是如果由師父替徒弟說一天書，那麼可以把這錢帶走。除了師父可以，別人斷斷不行。從這件事上就能看出，評門中的江湖藝人，絕大多數還是很講究江湖禮數的。

在評門最初誕生之際，還沒有後來的評書茶館可供藝人們表演使用，要想出來說書掙錢，就得在路邊擺場子賣藝。在當時的老北京，西單牌樓、東單牌樓、東四西四的後門外、交道口，這些地方都曾經是名噪一時的評書場子。自從庚子年實施禁煙後，評書館子才漸漸興旺起來。到了民國初年，有一定名氣的說書藝人都已經進了館子，露天場地裡說書的情形再也難得一見。正因如此，天橋上的評書場子才難以發達起來。直到連闊如、陳榮啟、苗闊泉等幾位當時的評書界大腕在天橋說起了書，這種狀況才有所改觀。其中最值得一說的，就是連闊如說的《東漢》了，因為這純粹是個「道活」，而不是「墨刻」。什麼叫「道活」，什麼又叫「墨刻」呢？以《三國志》為例，從前的評書界一直有人在說這部書。可是所說的書中，人物和段子大都來自書中的描述，不過是加上了說書人對身段表情、刀槍架式的理解和評論而已。這種照本宣科的方法，就是行話裡所說的「墨刻」了。「墨刻」確實省去了好多麻煩，可話說回來，如果說書人講的和書本上一樣，那麼聽書的人大可去書店裡買本書回來，幾天的時間就能讀完，又何必天天去書館裡花錢聽書呢？所以真正優秀的說書人，要想把書說得更加惟妙惟肖，一般都是不屑於這種「墨刻」的。

而「道活」指的是那些說書人之間口耳相傳的故事、段子，一般都是從師父那兒學的，在書本上根本找不到。比起「墨刻」，「道活」顯然更加生動有趣，通俗易懂。所以一個優秀的說書人，在選擇最全面最詳實的書本作為參考物件的基礎上，往往都還熟練掌握著「道活」的路數。這樣就可以把書說得更加緊湊動人，更能「入扣」（江湖上稱聽書聽得上了癮，非要接連不斷往下聽的情況為「入扣」）。江湖藝人常說的一句話就是：「唱戲的要想叫座，得有好軸；說書的要想叫座，得有好扣。」什麼叫「好軸」？就是把最精采的戲份留在最後面，也就是現代人所說的「壓軸演出」的意思。而這說書人要想叫座想掙錢，就得有「好扣」，這書裡的好扣與戲裡的好軸還不太一樣，它又可分為大扣、小扣、碎扣、連環扣等等。說書人到場開書時，一張嘴就得先用小扣，次用碎扣，再用大扣，這樣才能攏住座，才能掙到更多的錢。

回過頭來再說連闊如，他原本是個做「八岔子」的金點（也就是算卦的），後來才改入評門說起了書，拜的師父是有名的李傑恩，說的是《西漢》這部大書，雖然也叫好叫座，卻始終沒能揚名立萬。直到又學了《東漢》這部大書，這才一鳴驚人。之所以會有這個反差，是因為《西漢》那部書屬於典型的「墨刻」，與市面上流行的書本幾乎一模一樣，可他學《東漢》下了半年的苦功，耗費了許多的金錢和精力，故事又屬於典型的「道活」，這才有了出頭之日。一時間，江湖內外都知道評門出了個說《東漢》的連闊如。此後連闊如再到天橋說書，可就今非昔比了。

比起連闊如，陳榮啟就屬於地道的「星二代」了。他是評門大腕陳福慶的兒子，拜的是群福慶為師。和父親一樣，他也說《施公案》，後來才改為《精忠傳》。在民國初年，評門可謂人才濟濟，所以競爭極為激烈。本領稍差一些的，都無法在京津一帶混出頭來，於是紛紛出外另謀生路。後起之秀因為有前輩擋在身前，也很難真正揚名立萬，唯獨陳榮啟是個例外。他既能說袍帶書《精忠傳》（舊時把講述名將、賢相一類官場人物精忠報國事蹟的評書叫「袍帶書」），又能說短打書《施公案》（以劍俠、義士等人物除暴安良的故事為主的評書叫「短打書」），實屬不可多得的青年才俊。成名後，他先是去大連、煙台、營口、天津以及東三省其他地方獻藝，頗受當地人歡迎，後來重回老北京，接過了重振京津評門的重任。只不過他為人有些個性，尤其不願在各個書館裡表演，專門醉心於天橋這種露天場所，所以才更受普通百姓的歡迎。

還有原本出身梨園行當的苗闊泉，因為自小愛好評書，所以拜在金傑華門下，學說「大小黑臉」（評門中人稱《三俠五義》、《包公案》為「大黑臉」，稱《小五義》為「小黑臉」）。雖然他在評門當中始終不是什麼登峰造極的頂尖高手，但也能叫到七八成座，已經相當不錯了。除了久在彰儀門、報國寺、山澗口、西安市場等地可以進館子說書外，他很受同行們的排擠，別的地方也沒館子可進。當然他本人也很有志氣，別處約他他還不去。就算有時沒有館子請他，他也全不在乎，隨便在天橋擺個場子，照樣靠露天表演贏得個叫好叫座。

說到書館，就不能不提「福海居」（即「王八茶館」）。在老北京的各家書館中，數它最為發達。最初這裡是家清茶館，專供那些提籠架鳥的閒散人士使用。後來改為評書館後，吸引的也全是些喜歡聽書的客人。在當時的老北京，這種書館共有七八十家之多，可唯獨這「王八茶館」最為寬闊，能容下三百多個書座，成為各家書館中規模最大的一個。在這裡說書的江湖藝人掙錢也是最多的。當然，能到這裡說書的，基本都是評門當中最叫座的藝人，否則一旦上不到足夠的座兒，藝人只能辭館離開，這樣即便另尋他處，也會受到同道中人的譏誚，說是在某某書館被「磕出去」的人，這可是評門中人最恥辱的事。

相比而言，「劈柴陳」書館就差了一些陣勢，還有「六合樓」、「西華軒」、「同樂軒」，雖然也都有說書藝人在那表演，卻終究輸在了規模和水準上，聽聽倒是無妨，只是遠沒有一線大咖坐鎮表演了。至於「小小茶園」、「天桂茶園」、「小桃園」、「萬盛軒」，則都是些跟風攪局的角色，成不了氣候不說，還摻雜著相聲、墜子、大鼓書這些表演，給人亂哄哄的感覺。

再往後，隨著經濟狀況的越發不濟，還有閒心去聽書的人也越來越少，那些因為失業而賦閒的人倒是樂得聽書，只是聽完也會想辦法溜之大吉，書館根本收不上錢來。眼看著各家書館的上座率都在減少，很多評門中人不得已又回到了最初的經營狀態，重新回到天橋這樣的露天場子裡進行表演。大富大貴不敢奢望，能夠忙碌一天討個衣食無憂，也就足矣了。

在天津做評門生意的，大多都是由北平分出的支派。其中門戶最為昌盛的，是英政常、王致九、福坪安、周坪鎮、張誠潤等人，其中每個支派又可以分出若干個更小的支派。

雖然天津與北京相距只有不到三百里的路程，可風俗習慣還是大不相同。就以評門中事來說，老北京的說書藝人有兩個月一換地方的鐵規，可是到了天津，就改為三個月「一轉」了。老北京的說書藝人一部書要說上兩個月的時間，每天要說上三個多鐘頭，可天津的說書藝人一部書要說三個月，所以每天只說上兩個鐘頭就行。

在老北京聽書，是幾回要一次錢，可是在天津聽書，是每天要一次錢，這樣算下來，在老北京聽一天書要三十多枚大錢，在天津卻只要三枚大錢。最大的區別還有，在老北京的書館裡，每天散場後書館和藝人要「三七下帳」，書館要分走其中的三成利潤，可是在天津，不管說書的藝人每天掙下多少錢，都不需要下帳，所得錢款都歸說書人所有。

那麼，這些開書館的主人又依靠什麼賺錢呢？答案很簡單，茶資啊！每天來書館聽書，都要收取三枚大錢的茶資，這個就是人家的利潤所在了。千萬別以為這麼看上去還是天津的說書人更有賺頭，那樣的話老北京的藝人還不都跑到天津去做生意了？事實上，老北京的說書藝人，只要有足夠的叫座能力，每天就能掙到兩倍於天津藝人的錢，所以相比之下，藝人們還是樂於固守北京。

有了這個比較就不難想到，常駐在天津說書的江湖藝人，大多只是評門中的二三流角色，其中很多甚至是從其他行當裡轉行過來的，比如有個叫劉慶和的說書人，看著颱風地道，說起書來卻不像是評書的味道，就因為他原是「使長傢伙」的「柳海轟」（即唱大鼓書的改行來說評書）。自幼學習「掃苗」（即剃頭）的馬軫元，其實與老北京的「闊」字輩屬於同輩人，但說到技藝和成就，就不可同日而語了。至於在三不管做得最久的顧桐俊，還有從老北京走出來的金傑麗、陳士和，在來到天津前是都出了名的，卻並不是紅得發紫的顯赫人物，一旦到了天津，卻像換了頭頂上的一片天似的，立刻坐上了數一數二的頭牌交椅，這其中的高低上下，自然也就一清二楚了。

從前文可知，在評門當中，按照書的內容來分，又有「袍帶」、「短打」的區別。「短打」說的就是公案書，其中最有名氣的藝人就要數群福慶了，其次是袁傑英。群福慶本姓吳，字光甫，因其自小就最喜歡聽評書，所以拜在白敬亭門下，學起書來。這白敬亭也不是等閒之輩，他是「文」字的支派，本名叫白文亮，素以短打書中的《施公案》最為拿手。群福慶拜師學藝後，按著支派得名為福慶，他本姓吳，應該叫吳福慶才對。可是他覺得「吳」和「無」音同字異，不大吉利，這才改名叫「群福慶」。他跟著師父在天橋各處擺場子「拉順兒」，很有叫座的能耐。因為他的「夯頭」好（即嗓子好），常常能把書中英雄的肝膽氣概表現出來，所以成了難得的「挑簾紅」（即一出師就成了名）。在《施公案》後，他又學會了《於公案》，於是更加大紅大紫。每逢要與袁傑亭（袁傑英的弟弟）對壘時，他都會說這《於公案》而不是《施公案》，為的就是表示自己的讓步之義。袁傑亭患病去世後，已經無人能在《施公案》上與群福慶並駕齊驅了。要說這評門當中一出藝就做到「挑簾紅」，而且一紅就紅了三十年之久的藝人，除了群福慶，再無第二個人了。

說了群福慶，就順便說說他的大弟子劉榮安。這個人長得身材矮小，好像《施公案》裡的灶王爺。最初開始說書時，他也沒有念過家門拜過師父，就在宣武門外擺了個場子，貼了張寫有「劉海泉」字樣的海報就開場了。這就屬於典型的「海青腿」了，而且寫的東西也是評門中人最為不滿的內容。因為按照評門的各個支派來說，「劉海泉」中的那個「海」字，輩數是最大的。當初滿清中葉時，有個說書的「肇弘六者」，是與乾隆一輩的清室子弟（同屬「弘」字輩），他的藝名就叫「肇海鳴」，專說《明英烈》，在當時頗有聲望。到了清末年間，評門中早已沒有「海」字輩的藝人了。所以現在出了個名叫「劉海泉」的說書人，當然無法讓評門中人接受，於是就找了個老輩的說書人，前去攜傢伙。要說這劉海泉也真是機靈，見有老輩的說書人前來找自己的麻煩，立即俯身請安，嘴裡還不住口地叫著「師爺」。老前輩沒奈何，只好叫他趕緊找了家門拜了師父，剛好就認在群福慶門下，藝名就叫「劉榮安」了。

與群福慶同屬「挑簾紅」的說書藝人，還有哈輔元。他本是蒙古旗人，後來混跡於老北京。因為覺得學會說書可以養家糊口，就拜在姜振明門下，得名「哈輔元」。自學成登台獻藝以來，哈輔元就大獲成功，也成了難得一見的「挑簾紅」。每逢登台獻藝時，他總能使得聽書之人有種身臨其境之感，而且受師父的影響，他的「變口」（按照評門中人的行話，將學說外地口音稱為「變口」）極其惟妙惟肖。評門中人常說，「不出一怪，得出一率」才是揚名立萬的前提，這哈輔元能說能學，除了擅長類似相聲手法的現場抓哏外，更生得一副俊俏模樣，既有「一怪」又有「一率」，想不大紅大紫，恐怕天理都難容了。

前文已經說過，評門大致可分為「袍帶」、「短打」兩派，直到《西遊》開始進入評門當中，其支派流傳才有了「永」、「有」、「道」、「義」四大門戶。這「永」字輩的藝人，有恆永通作為代表，「有」字輩的藝人則包括李有源和慶有軒。這個慶有軒，也就是後世人常常說到的「老雲里飛」了。

其實單論技藝水準，「老雲里飛」並沒有更多值得稱道之處。他早年曾入松竹成科班學戲，出徒後又拜在恆永通門下學習評書，說的是《西遊》，也始終沒能揚名立萬，後來為生計所迫，不得已又帶著兩個兒子在各個廟會、市場上搞起了「綜合經營」，走的是半「春」、半「柳」、半「相聲」的花活，十足一副「海青腿」的架勢。

好在他本人忠厚老實，既不「端鍋」（即搶人家飯碗），又不「撬杠」（即奪人地盤），所以死後竟然成了後世傳頌的著名人物，都說《西遊》在他之後就沒有傳人了。但實際上，其中的甘苦滋味以及內在原由，恐怕未必就像人們想像的那樣。

另外，還有說《聊齋》的，也是個值得說說的支派。它既不算「袍帶」，也不算「短打」，而是自成一體，自得其樂。說這個最有名的，當屬西城人曹卓如。

早年他還沒說《聊齋》時，這玩藝也是有人說的，只不過多是一些「鋪紅氈子」（評門中人稱呼那些說子弟書且不要錢的人，行話叫「鋪紅氈子」；子弟書則是指清代由八旗子弟首創並流行的一種講唱文學）。在東城一帶，就有個叫劉逢元的人，他說的子弟書就很有名，而且也是專說《聊齋》的。別看他是個票友（非專業的愛好者），但跟那些靠說書掙錢的江湖藝人相比，甚至有過之而無不及。

回過頭來再說這曹卓如。他曾在衙門口裡當過差，再加上家境殷實，本來不至於淪落到江湖上來討生活。只因為他癡迷評書，尤其是《聊齋》，所以才自願入了評門，拜在任俊山門下學藝，藝名曹聚銳。

自登台獻藝以來，他始終沒有大紅。究其原因，也不難理解——他是個「念單招」（江湖中人把一隻眼的人調侃兒為「念單招」），又只會「一條夯」（江湖中人稱那種似啞不啞、又不能多作變化的嗓音為「一條夯」），甚至沒有「發托賣像」（江湖中人稱那種充滿生旦淨末丑的角色感，以及喜怒哀樂等表情變化的表演為「發托賣像」），每次上得台來，總是坐在凳子上一動不動，全憑一張嘴說盡天下，要想靠著這種呆板的表演揚名立萬，實在是件不太容易的事。再加上在他之前，已經有個說《聊齋》的名角陳士和了，更像是有座大山擋在身前一樣，想大紅大紫就越發不易了。幸虧他也是個有韌性的人，雖有如此艱難，卻依舊百折不撓，這樣說了七、八年後，終於漸漸成名成角，躋身為明星級的人物。

這說書的技藝，也跟唱戲的技藝類似。唱戲的角色可以分為生、旦、淨、末、丑，而說書的江湖藝人一旦上得台來，也是各種做派各樣表情都不能少。說到其中的刀槍架式，評門中公認做得最好的三個人，就是何茂順、高勝泉、田嵐雲。

在三人當中，掛門出身的何茂順專說《東漢》、《明英烈》，他那把式是得過真傳的，每每說到激烈處，常常可以比劃幾手刀槍架式，特別精采。他有三個徒弟，各自都只得到了他的一門單傳。在何茂順離世後，三個徒弟只能互相傳授所學技藝，這才算得到了師父的全部能耐。

這也怪不得何茂順，舊時的江湖藝人，大多會把自己的技藝看得比命還重，就算是自己最親近的徒弟，也不肯輕易傾囊相授。很多江湖上的技藝之所以最終失傳，往往就是因為這樣的原因。

在高勝泉所收的三個弟子中，田嵐雲本是官宦人家出身，精於武術，遍覽群書，所以無論是文是武，都拿得起來。別看他一把年紀，可是說起《明英烈》、《東漢》、《水滸》這些大書來，照樣能在台上跳躍自如，刀槍架式也煞有介事。

他嗜酒如命，性情剛烈，頗有俠客風範，而且專好打抱不平。因為聽聞同行裡的王傑魁人品誠實，謹守道義，所以最敬重王傑魁。後來他聽說王傑魁在東安門外某家書館受到一群太監的欺侮，就特意去到該書館，將一個習武的太監暴打一通，甚至還在台上罵了兩個月的「念灣」（江湖中人稱太監為「念灣」），才算出了這口惡氣。能為同道中人做到這一點，也算是留下了一段評門佳話。

可不管怎麼說，說書藝人的江湖身分，還是顯得有些尷尬。論藝術上的成就和所處地位，評書都遠遠不及戲劇的十之五六。只不過因為其中有針砭時弊、宣揚忠義的內容，可以引發人們向善驅惡的美好願景，這才深受世人的歡迎罷了。

嘴上風暴——八大門之團門

江湖上，把說相聲的行當調侃兒為「團春的」（「團」讀入聲），簡稱為團門，又叫「臭春」。一個人說的相聲，叫「單春」；兩個人對鬥，叫「雙春」；用幔帳圍著說相聲，看不見人只能隔著幔帳聽的，叫「暗春」。

不管具體分為多少個種類，做這一行的，玩的都是嘴上功夫，至於能否憑著這三寸不爛之舌掀起一場風暴，就要看藝人自己的本事了。跟評書一樣，相聲這種藝術形式也發源於老北京。

北京，作為中國歷史上最為著名的政治、文化中心，一直都是盛產藝術以及藝術家的地方。自明代永樂皇帝遷都於此，直到崇禎皇帝在位期間，隨著吳三桂放清軍進關、滿人入主中華、康乾盛世、西方列強入侵等等一系列時局變化，傳統藝術在這一時期內也發生著前所未有的巨大變革，舊江湖的一切在經受風雨洗禮的過程中，有消亡，也有誕生，有衰敗，也有興盛。而相聲作為一種民間藝術，也正是在這樣充滿動盪的時代裡悄然興起的。

清代盛行一種藝術「八角鼓」，它是孕育了相聲這種藝術形式的母體。八角鼓最早出現於滿清中葉，時值乾隆盛世，皇帝為平定大小金川之亂，戰爭再起。苦於軍中文化生活過於貧乏，也出於鼓舞士氣、振作軍心的目的，八角鼓就這樣應運而生了。

戰爭結束後，經專人研究八角鼓的曲詞特點，創編出雜牌曲目，這種藝術便由此漸漸興盛於世。按照八角鼓的八部分類（包括乾、坎、艮、震、巽、離、坤、兌），進而衍生出吹、打、彈、拉、說、學、逗、唱這八種演唱形式。

八角鼓班子中的「丑」角，每逢上場總要以抓哏鬥樂為主，講究的是見景生情、隨機應變，絕不拘泥於死套話。當時有個叫張三祿的丑角，就是其中最有名氣的人物，因其性格怪誕，很難與人搭班，所以一直受人排擠，索性入了江湖單幹，在市井街邊擺場子賣藝，靠著說、學、逗、唱這四大技能，照樣引來無數人觀望。

這張三祿不願意說自己是學八角鼓出身的，於是給自己的這門手藝起名為「相聲」。其中的「相」字，指的是以藝人的相貌舉止來表現喜怒哀樂各種感情，使觀眾能夠開心解悶；而「聲」字，則是以語言表達的形式，表現人生百態、世間萬物。相聲這門藝術形式由此誕生，而張三祿也自然成了相聲的創始人，當之無愧的開山鼻祖。

此後，相聲歷經流變演化，漸漸分生出三大派別，一是朱派，二是阿派，三是沈派。

其中朱派就是後來的「窮不怕」，代表人物叫朱少文。此人品識高尚，所以同道中人都不直呼其名，而是更習慣叫他「窮先生」。

在當時的相聲藝人乃至所有生意人當中，他都是少有的知識淵博、學問過人的表演者，最擅長的就是當場抓哏，俗中帶雅，以致於不少文化人都愛聽他的相聲。在光緒年間，「窮不怕」的名號幾乎到了無人不知無人不曉的地步，可見其影響力有多大。

相比之下，團門中的另外兩大流派就顯得薄弱了許多，除了人丁不旺，藝術傳承上也遠沒有朱派這麼深入、久遠。到後來，在京津地區說相聲的江湖藝人中，十有七、八都是朱派的門人。

在團門當中，最難的相聲表演形式是單春，也就是單口相聲。想靠著單人表演就把觀眾逗笑，需要的往往是藝人超強的表演水準。而這恰好就是「窮不怕」最擅長的絕活，他因此堪稱單春裡的開山祖師。

在其後輩當中，唯一能在雜耍館子裡壓大軸、演末場玩藝的，也就只有「萬人迷」一人了。這位本名李德揚的江湖藝人，可是個全能型的行業高手，自從入了團門以來，去的就是扛鼎的正角（在舊時的團門當中，對口相聲的分工包括一個逗哏和一個捧哏，誰的能力更強，誰就負責逗哏，所以逗哏為正角，捧哏為副手）。

他在館子裡可以一連說兩、三個月的單春，而且從不掉座（團門中的行話，稱上座率下降為「掉座」）。因為他的「活頭」最寬（團門中稱掌握的段子為「活頭」，「活頭寬」就是掌握的段子數量多的意思），所以兩、三個月內都可以表演不同的段子。除他之外，其他的相聲藝人幾乎都是半個月內就必須得作重複的表演了。

更難得的是，別管「萬人迷」能把觀眾逗得如何大笑不止，他自己卻從不「咧飄」（團門中把逗得觀眾發笑時表演者也忍不住笑了稱為「咧飄」，一旦出現這種情況，就表示表演者技藝不夠精湛，是會受到同行恥笑的），而且抖出去的「包袱」（團門中稱笑料為「包袱」）也從來沒有不響的時候，甚至哪怕他在場上一言不發，只靠著那副表情和眼神的變化，也照樣能引得觀眾哈哈大笑。這在團門當中，也是絕無僅有的特例了。

在南方各地，相聲這門藝術就顯得凋敝了許多，畢竟這屬於土生土長的北方藝術，到了南方除非進行必要的變革，否則就很難適應當地特有的文化氛圍了。比如上海、杭州等地，比較著名的相聲藝人也就只有「吉三天」一人而已。

此人的藝名為評三，江湖上都習慣稱他為「三天」，因為他在平時說的更多是評書，而不是相聲，雖然叫座，但也只能維持三天的時間，到了第四天就已經拿不出什麼可用的技藝了，只好換個地方重新開始。所以江湖中人給他起了這麼個綽號，明顯含有譏諷嘲笑的意味。

至於為何多說評書而不是相聲，是因為他拜在團門中人馮六門下，而這馮六早年就是評門中人，與說書名家玉昆嵐、德昆平、福昆鈴是同門師兄弟。「吉三天」拜馮六為師後，就可以一門兩吃，既能使春，又能團柴，最拿手的還是貫口活（即相聲裡的念白）。憑著這些能耐，他在江南一帶大紅大紫，只不過多少還是沾了「地利」的光，並非本事高到了怎樣出神入化的程度。

江湖中有一種跟相聲有些關係的行當，叫做「窮家門」。在舊時代裡，如果有人沿門乞討，說的是「老爺太太行行好，賞我這叫花子點剩的吃」，那麼這種人不論男女老少，多數都是沒家門的真正乞丐；凡是那種拿著塊竹板且說且唱，挨戶討要的乞丐，手裡或是拿著個「撒拉雞」（所謂「撒拉雞」，就是二尺多長的兩塊窄竹板，上按鐵釘，再按幾個銅鈸。左手拿著它，右手再拿著一塊又長又窄如同鋸齒似的竹板，按照窮家門的行話，又稱這種東西為「三岔板」），或是使著魚鼓簡板，這種乞丐多數都不是真正的乞丐，而是窮家門的人。雖然他們一樣也向人行乞，嘴裡卻不叫「老爺太太」，也絕不要吃要喝，而是直接索要錢財，至少也得是一小枚銅元。

當時最厲害的乞丐是「女撥子」，一般都是年輕的小媳婦、大姑娘，用青布包頭，手裡拿著竹板，三五成群到各個商家鋪戶去索要錢財，或說或唱，或笑或罵。看到這樣的架勢，別管你是多財大氣粗的商家鋪戶，對其都會退讓三分，唯恐避之不及。一旦得罪了這些人，她們就會天天來滋擾你的生意，人數還越來越多，有這樣的人在門前吵鬧騷擾，生意也就無法做下去了。更讓人感到奇怪的是，官府對這樣的人和事往往也沒辦法，即使強行取締也會捲土重來，所以乾脆聽之任之。

商家鋪戶為了躲避這種騷擾，只好託人說合，哪怕賠些好話給些銀兩，當消災解禍，也總比讓這種爛事纏身要好。到後來，隨著時代變遷，官方也逐漸開始重視這件事，終於把這些「女撥子」取締乾淨，市面上再有這種靠說唱乞討的，也就只有會唱「數來寶」的那些流浪藝人了。

話說回來，在各個城鎮鄉野的集場、廟會上，總是有窮家門的乞丐出現其中。這些人早年都是供奉祖師爺范丹的，後來又改為供奉洪武大帝朱元璋。原因很簡單，這位大明朝的開國皇帝在發達之前，就曾落破為走街串巷的乞丐。他雖然後來做了一國之君，可對於乞丐這一行還是多少有感情的，不但頒布了一系列的寬政給這一社會族群，還准許他們有挨戶乞討且必須乞有所得的權利。

當然，這些只是明代的規矩，到了清王朝，也就沒人再去尊崇這些惱人的條條框框了，誰讓這些乞丐仗著「上面有人」，就變得飛揚跋扈呢？這些「逼柳齊的」（江湖中人稱窮家門的乞丐為「逼柳齊的」，因為生意人都習慣把一文錢調侃兒為「柳齊」，而窮家門的乞丐平日裡橫行無忌，為的不過就是這一文錢而已，所以才稱其為「逼柳齊的」，從中不難看出人們對於這一群體的厭惡之情），早就成了江湖上公認的毒瘤，不僅遭人白眼，更是令人恨不得除之而後快。

眼看時局不再、時運不濟，窮家門的乞丐們也漸漸學會了變通。既然單純的乞討已經很難再要到錢，就只好在乞討時加入一些江湖技藝的表演，或說或唱，先討得主人家的歡心，再行乞討索財之事。

按照舊時的江湖規矩，這些窮家門的人，一般都是不允許到各個集場、廟會上去擺場子賣藝的，一旦被人發現，很快就會遭到強行取締。無奈之下，這些人只能繼續走街穿巷，連說帶唱有個熱鬧勁也就行了，畢竟不是八大門中有專業技藝傍身的那些江湖藝人，能討個好口彩，達到索要錢財的目的，也就夠了。

說到唱，從這些窮家門的乞丐嘴裡，多半聽不出什麼美妙的感受，倒更像是喊叫或哼哼，能聽出個大概就很難得了。說穿了，這是需要專業素養的一件事，要不然別人多年的苦功也就白練了嘛。

相比而言，倒是說書或說相聲來得更容易些，只不過各種貫口活是絕對沒有的，大多開板就來，張嘴就說，能囫圇著聽出個子丑寅卯，就算是撿著了，反正你不賞錢我就繼續往下說，是我的嗓子挨累，還是你的耳朵遭罪，可就不是這些窮家門的人在乎的事情了。他們要的，就是你從兜裡摸出來的那一個大子，給了，也就立即閉嘴了。

唱「數來寶」的人，也多是窮家門裡的這些乞丐，而不是什麼地道的江湖藝人。正如上文中所說的那樣，這些人早年都是走街串巷挨戶行乞，沒有到集場廟會上擺場子賣藝的權利。

可是隨著時代的變遷以及社會的發展，江湖中的規矩也逐漸發生變化，舊有的很多鐵規都出現了不同程度上的鬆動，窮家門的人自然也就見縫插針、隨行就市，終於有了出頭之日。於是乎，在舊時的京津兩地，天橋或是三不管這樣的熱鬧之地，也就漸漸有了數來寶的一席之地。

比如天橋上的小海，就是其中的一個代表人物。他沒有屬於自己的固定場子，只能隨機找個空地就開板說唱。一來是因為他畢竟不是地道的江湖藝人，所以掙的錢少，人家擺地的人就算有場子，自然也不願意租給他；二來也是因為這數來寶不算什麼正經的營生，比不得八大門裡的那些行當，一旦把場子盤給這樣的貨色，怕受到江湖中人的恥笑，說是生意不濟了才找這些人，久而久之會壞了自己的長遠經營。

唱數來寶用的傢伙事，是兩塊牛骨頭上繫著個銅鈴鐺，敲打起來非常吵鬧，按照江湖上的說法，怎麼看怎麼不像是正經玩藝。唱的詞也都是最淺顯易懂的東西，每每唱起來總是帶點滑稽的感覺，頂多也就能招人一笑罷了，所以凡是稍有點知識學問的人，都不愛聽這個，倒是那些販夫走卒才專門喜歡聽他們在那胡謅八扯。因為地域色彩濃郁，所以這唱數來寶的藝人們往往都是久居一地賣藝為生，很少有天南海北四處為家的能人。

說了半天窮家門的乞丐，無外乎是因為他們當中也有靠說相聲乞討索財的人物，所以也不能算是說離了題。當然，要說這真正的團門中人，還得回到正規行業中來。

前面說到了「萬人迷」，接著再來說說其他有名氣的相聲藝人。比如同樣靠單春成名的張壽臣，就是「萬人迷」之後公認能坐頭把交椅的顯赫人物。

舊時的江湖中人因為講究「義氣」，凡是有固定地點擺場子賣藝的，總要儘量照顧那些初來乍到或沒有場地的同道中人，畢竟大家都是一樣的窮苦出身，做的也都是這平地裡摳餅的辛苦營生，能搭把手幫幫忙的，誰也不至於坐視不管。

在早年的江湖上，人們只要做的買賣相同或相近，大可以合夥一起經營，一個場子擱兩擋生意，這種辦法也叫「聯穴」。

團門中事也是如此，前文中說到的張壽臣，就曾和劉德志、尹麻子、白寶亭等人在一個場子做生意。而田瘸子、湯瞎子兩個人，因為與上述各位不同路，所以也不跟別人聯穴，自己擺場子做自己的生意。

之所以這樣，是因為張壽臣等人說的都是傳統套路化的玩藝，就像科班裡的角色、戲詞一樣，都是有一套固定准詞的，所以他們之間也能臨時合演，按照套路來說就不會出現任何問題。但這田瘸子、湯瞎子所說的相聲，卻屬於無師自通的野路子，要麼自編自演，要麼就是臨時拆改別人的東西，靠的就是股靈氣和臨場應變的能耐。

這樣的表演方式，自然不可能與傳統的套路化表演混在一起，否則就等於是互相砸了飯碗，誰也別想得到個好了。尤其是湯瞎子，他的特長就是坐在場內學飛禽走獸的叫聲，或是學磨剪磨刀吹喇叭的聲音，可以說是惟妙惟肖，栩栩如生。在早年的團門中人裡，還沒有哪個能像他這樣，靠著一口足以亂真的口技就能掙錢吃飯的呢！這樣的行當，用團門中的行話來說，就屬於「暗春」。

前文中說到的張三祿，也是使「暗春」的高手，是真正意義上的「暗春泰斗」。至於後世的「百鳥張」、「百鳥王」，雖然也靠著這門絕技火紅了好些年，但終究比不上老一輩人的技藝精湛。後來，湯瞎子和田瘸子合夥在西單商場租下了個場地，這才時來運轉發了大財。

有了錢，田瘸子就開始花天酒地，最後得了花柳病，也就無法再登台演出了。倒是湯瞎子很講義氣，一直照料著他，在他死後還幫忙照顧他的父親，也算是留下一段江湖佳話了。

在清末民初年間，江湖上還流傳著「八大怪」的說法，其實就是常常混跡於天橋一帶的八位江湖藝人，包括窮不怕、醋溺膏、韓麻子、盆禿子、田瘸子、丑孫子、鼻嗡子、常傻子這八個人。其中韓麻子也是說相聲的，他嘴上無德，個性刻薄，每到說完相聲要錢時還常常罵人，算是十足的怪人。盆禿子做的是半春的生意，一邊敲打瓦盆一邊唱各種小曲，隨唱隨抓哏，抖的都是些葷笑話的「臭包袱」，每每都能引人發笑。丑孫子也是在場子裡說相聲的能手，鼻嗡子是把一根竹管插入鼻孔內，透過竹管模仿各種聲音，醋溺膏則專唱小曲為生，最拿手的絕活就是「柳里加春」（江湖中人稱唱曲的帶說相聲為「柳里加春」）……還有人把「大兵黃」、「大金牙」、「雲里飛」也歸為八大怪之列，只是說法不同罷了。

說起這「大兵黃」，是專門以說笑話作為手段來賣藥糖的。他早年曾經當過兵，退伍後因為不願再去當差，才入了江湖，做起了這門賣糖糊口的生意。後人都說他講的是「改良的單春」，裡面笑料百出，這就很像是如今的脫口秀表演了。

按照江湖中人的描述，他最擅長的除了噴口，還有在無人問津的地方招徠客人的能耐。江湖上都把他當成專做掉地（即地勢不佳）的能人，以致於生意場上的藝人們都不敢挨著他做買賣，否則只會冷了自己的場子，只能看他在一邊賺得盆滿缽滿了。

還有個叫王德寶的相聲藝人，按輩數來說屬於德字輩的團門中人，也是最擅長貫口活的。要說這貫口活，想要做好就必須聲音圓潤、口齒伶俐，百八十句的詞從頭說到尾，也得一氣說完，還得字句分明，中間既不能斷了章節，也不能沒了氣力，否則是絕對不成的。

王德寶的貫口活，有「餑餑陣」、「百鳥名」、「百蟲名」、「滑梁子」、「菜單子」，都是最受老北京人歡迎的能耐。後來，他又拜在關德志門下學習評書，在評門的支派又有了王致久這個藝名。所以他也是個評門、團門一肩挑的能人。但他在老北京始終沒有混出個名堂來，這才不得已去了天津獻藝。在當時，凡是老北京的藝人，無論是說相聲的還是說評書的，只要到了天津，全都能得到最大程度的扶助。

王德寶在天津收了幾個徒弟，其中有個叫常傑森的，就是《雍正劍俠圖》的原作者。這部書說的雖是雍正年間的事，不過成書卻是在清末年間，講的是童林董海川（其實就是八卦門的名人董太監董海川）其人其事。說相聲的最後成了武俠小說的作者，這也算是個有趣的小插曲了。

見不得人的另類智慧——八大門之調門（上）

調門，是江湖中人對以欺騙手段謀利的各種行當的統稱。

江湖之大，包羅萬象。三教九流之中，滾滾紅塵之下，本就是個充滿心機與算計的世界，做調門生意的當然也就無孔不入了。各式各樣的騙術，只有你想不到的，沒有人家做不到的。正所謂：「天下熙熙，皆為利來；天下攘攘，皆為利往。」歸根結柢，有人求名求利，就有人騙來騙去。都是為了生存，只要不壞了江湖規矩，也就足矣。

要說這調門中事，不妨先從一件小事說起。

在清朝末年的時候，人人都得剃頭髮留辮子，以示對大清王朝的衷心擁戴。有了這個大的社會背景，「掃苗」（即理髮剃頭的行當）的就有了營生可做。

當時的剃頭師傅，多半都沒有固定的店面，只能走街串巷流動著做買賣。畢竟是小本生意，賣的是個手藝活，所以開店經營這樣的事，是想都不敢想的。不過這樣一來，也就給了某些別有用心之人以可乘之機。比方說，走到某個三岔路口，有人喊住剃頭師傅，說是要剃頭打辮。一般在這個時候，剃頭師傅可能面臨兩種選擇，要麼被來人帶到屋內做活，要麼就乾脆在街巷內的牆根底下就地作業，圖的是個方便。

一旦開始工作了，剃頭師傅自然就把挑子放在一邊，全神貫注地幹起活來。就在剃頭刮臉完畢後給客人洗臉的時候，拐角處走過來一個人，先是對他擺擺手，然後伸手端起凳子就往拐角裡退身，還示意剃頭師傅不要出聲。乍看之下，拿凳之人似乎和客人是很熟絡的朋友，是在以這種方式跟對方開玩笑，所以才將凳子拿走，為的是讓客人屁股坐空驚嚇一場。這樣一來，剃頭師傅也不好說破，只得任由對方去做。將臉洗完了，客人往後一坐，自然一下子摔在地上，立刻就責問剃頭師傅為何故意摔著自己。等剃頭師傅把剛才的事說出來後，這客人更是一臉糊塗，稱自己並不認識拿走凳子的人，叫剃頭師傅趕緊去追。

一聽這話，剃頭師傅當然就朝拐角處追了出去，追了好一會也不見人的蹤影，但等他再返回來時，那剃頭刮臉的人也早就沒了蹤影，當然，一起消失的，還有剃頭師傅的全部傢伙。看到這裡，想必我們都跟剃頭師傅一樣回過神來了，原來這兩個人是合夥的騙子，分工各有不同，早就事先策劃好了行騙的整個過程。

大千世界，比這精妙得多的騙局，可說是比比皆是。

在封建時代裡，牲口交易一直都很盛行，用於作此種交易的市場旁邊也淨是一些騾馬店。由外埠趕來販賣騾馬的客人，都習慣把牲口放在這種店內寄賣，一旦成交，讓出一小部分利潤作為提成即可。

這樣的生意看似好做，但也剛好成了騙子們下手的目標。比如，要是有衣著闊綽的人光顧鞍韉鋪，說是要買一副上好的鞍韉，夥計大多都會熱情招待。挑好了東西定好了價錢，客人多半都會要求找匹馬來試試，試好了再買。這時是不用先付銀子的，可以在試好後直接叫同去的夥計拿回。夥計帶著客人來到一家騾馬店，叫店主牽出一匹馬來。等到夥計把鞍韉放在馬身上以後，客人會要求上馬試試。

夥計以為既然騾馬店的主人都允許客人這樣做，就一定是很熟的客人了，自然不好攔阻。而騾馬店的主人也同樣把鞍韉店的夥計當成了客人的家丁。既然家丁在此，就算馬被騎走也是沒有問題的。有了這麼個誤會，雙方就眼睜睜地看著這位客人騎走了馬，結果不僅一套上好的鞍轡就此打了水漂，還搭上了一匹好馬，只有騙子從中得了個大大的便宜。

上面的騙局屬於調門中的「流星趕月」之術，此外，還可以再舉個例子看看。比如有人在驛站碼頭發放傳單，東西放到甲手上，一看傳單上寫的是某個大型銀號被人監守自盜，作案的乙從櫃上帶走了上百兩銀子後外逃，為捕獲乙，銀號願出酬金五十兩，同時給出乙的相貌特徵，比如臉上哪裡有痣，或是其他明顯特徵。甲正看得出神，發現身邊站有一丙，同樣也在看這傳單，二人攀談後剛好同路，就此結伴而行。

等二人到了目的地，丙竟在碼頭上「意外」地發現了在逃的乙，相貌特徵正與傳單上一模一樣。於是，甲和丙立即攔住乙詢問，果然是「踏破鐵鞋無覓處，得來全不費功夫」。

乙為求脫身，答應將手中餘下的二十兩銀子拱手奉上，丙得了銀子，自然高高興興離去，甲不甘心，也想藉機發筆小財，無奈乙身上已無銀兩，只剩下用偷走的銀子買的一些金首飾，為不被甲捉拿去吃官司，也自願折為十兩銀子全部給甲。甲估量著這些東西至少能值幾十兩銀子，當然樂意成交，給了十兩銀子，也就樂得做個順水人情，放乙一條生路。等到甲興沖沖帶著首飾去金店兌換時，才發現全部都是假貨，根本不值錢。直到這時他才醒悟，原來乙和丙是一夥的騙子，自己中的正是這調門中「流星趕月」的騙局。

還有一種靠行醫騙財的行當，騙子通常都會聲稱自己是對方親戚推薦來的上門醫生。一旦「入窯」（即登門行醫），治病開藥都不收費用，理由是「畢竟熟人介紹來的，這些費用能省則省」。直到最後，這些上門醫生才會告訴被騙者，只要收取一點藥材的成本費用即可，只是因為用的都是上好的藥材，所以價格照樣不菲就是了。

做這種生意的，江湖中人稱其為「做平」的。看著都是單人行動，其實也是有組織有策劃的，具體分為「掌穴的」和「使托的」。那些「使托的」每天都會在各個藥鋪、醫院打聽病患的家庭狀況，再不就乾脆裝成病友與抓藥之人閒談，為的還是瞭解第一手資訊。一旦鎖定某個家有病人的行騙對象，再由「掌穴的」出馬，假冒親戚朋友推薦來的名醫。至於能騙到多少錢，就要看「掌穴的」本領是高是低了。

再比如調門中的「磨杵」生意，也是有很多說道的。

在江湖上，人們習慣稱那些流動到鄉鎮村莊去做的生意為「磨杵」，其中可以包含很多門買賣，而且多多少少都有些欺騙的成分在內。比如說手搖串鈴賣藥的，就是一個典型。

做這門買賣的，一般都有個皮包（行話稱其為「啃包」），裡面裝上些瓶瓶罐罐，大都是丸散膏丹之類的東西，還有舊時用來治外科瘡症的刀剪傢俱，以及扎針用的針線包。左手提著「啃包」，右手再拿著一個「虎撐」（行話稱手中搖的那串鈴為「虎撐」），就可以到鄉鎮村莊裡去做生意了。鄉野中人一聽見鈴聲，就知道是治病的先生來了。哪家有個大病小情的，就可以把先生請進門去。

一旦入了窯，這些「磨杵」的看病先生就開始使上手段了，可以給病人「插磨」（江湖上稱扎針為「插磨」，這裡的扎針指的是中醫裡的針灸，而不是西醫裡的注射），也可以拔罐子，再就是賣鞋膏藥、藥面子之類的東西了。

但看病歸看病，他的醫術連帶這些藥品多半都是矇人的東西，頂多算個半吊子水準，連江湖遊醫的水準都達不到。之所以做得成這個買賣，一半是藉著人家有病亂投醫的心理，另一半則是靠連矇帶唬的「催啃」技巧。

所以說，在江湖上做「磨杵」生意的人，所用的藥品大多不過是「頂、抗、戳、串」這四樣，真正的學問並不在於醫術，而在於調門中的騙術。

在調門當中，還有一群專以偷竊為生的人，江湖中人將其調侃兒為「老榮」。細分下來，這「老榮」又可以分為「輪子錢」、「朋友錢」、「黑錢」、「白錢」、「高買」等等幾種。

在早年的江湖上，是沒有「高買」這一行當的。從前的店鋪商號都不講究修飾門面，也沒有什麼玻璃製成的東西，都是木質的老式貨架子。只要貨真價實，哪怕是在最幽深的小胡同裡，也照樣有人光顧生意。所謂「酒香不怕巷子深」，說的就是這麼個道理。

但隨著時代的發展，東西越來越多，人心也就越來越複雜，與各種商品一起多起來的，還有人的欺詐手段，什麼「老只加一」，什麼「賠本減價」，什麼「低價促銷」，什麼「買一送一」，玩的都是這個路數，反正羊毛出在羊身上，只要能想方設法讓你掏出銀子，就是勝利。至於被買走的東西有用沒用甚至是真是假，就不在商家考慮的範圍內了。

既然商家都不實打實地做買賣，有些「高買」來收拾他們也就不再是什麼讓人接受不了的事情了。

在舊時的江湖上，人們都習慣稱小偷為「小綹」，但為什麼這種專偷商家的「小綹」，會被稱為「高買」呢？原因也很簡單，這些小偷在沒行動前，大都會假意在店鋪內翻看許多貨物，最好能堆起高高的一堆來，這樣才好下手。

他們這種盡可能多看貨物的方法，往往是先看一樣東西，然後故意挑出毛病來，再去選是否有更合適的替代，這麼一樣樣的選下去，給人的感覺是他要買好多東西，而且不在乎花多少錢。事後商家發覺是這些來買「高貨」的客人偷走了自己的東西，就給他們起了「高買」這麼個稱號。

這種做「高買」行當的人，一般很少單獨行動，要麼三五成群，要麼乾脆十個八個一起上陣，都是不一定的事，要看行竊對象是多大的商鋪以及有多少夥計來定。當然，也有手法特別穩準的人，可以獨自一人去竊取商家的財物，這樣做的好處是不至於引起太大動靜。

即便是團夥作案，也往往都是由一個竊術精湛的人主偷，而那些手法一般的人來為其掩護或是放風。如果看上了某家店鋪商號內的貴重物品，這些「高買」一般都會在行竊前到店內踩點，假扮成買主的模樣流連其中，為的就是察看這家店的櫃上有多少夥計、多少主顧，以及由何處進、在何處出。把這些情況都一一掌握清楚後，才會前來行竊。

相比之下，「高買」們更習慣在冬季做事，因為這時身上穿的都是皮襖、馬褂、大氅一類的東西，便於行動時藏匿贓物，而且冬時偷來的物品也相對更值錢些。因此每到這個季節，他們大都會天天出去「工作」，一來是為了多偷一些東西，二來也可以給沒生意可做時作個接濟。

說到這裡就不難想像，每到夏季來臨，可就苦了這些「高買」們了。衣服一旦單薄起來，偷來的東西都沒地方藏著了，所以那些本事不濟的「高買」們，十有八、九都會選擇歇夏。當然，想要在這時還能有所收穫，就得另覓他途了，比如偷些金銀細軟之類的東西，照樣容易得手。只是這樣的店面一般都防衛森嚴，不是個中高手，恐怕還是難有作為。

要做好「高買」這事，除了主要負責偷東西的人得手法高超外，負責掩護的以及負責放風的也同樣重要。掩護者必須看準時機，早一秒或是晚一秒，都會錯過最佳的行動機會，必須剛好在那一刻引開店家的注意力，這樣才能確保自己的同夥能夠成功行竊。而負責放風的人，也得生就一雙「火眼金睛」，如果有「老柴」到來（江湖上稱官府的差人為「老柴」），得能一眼看出人家是從門前經過，還是專門來「掛樁」的（江湖上稱官府的差人在門前等候竊賊為「掛樁」）。如果情況屬於後者，那麼放風之人必須立即走進店鋪，示意「高買」儘快脫身而出。就算是官家都認識的老賊，一旦被例行檢查時身上並無贓物，也不至於被抓到，畢竟常言說得好，「捉姦要雙，捉賊要贓」嘛。

也因為這個緣故，那些「老柴」中的高手就經常在「高買」剛剛「入窯」（即進入商店）後守在門前「掛樁」，一旦「高買」及其同夥在疏忽大意後有所行動，出來時就剛好掉進了「老柴」挖好的「坑」裡，有贓物在身，還怕治不了你的罪嗎？

可能有人會問了，在這些「高買」行竊的時候，就沒有被人看穿、當場抓住的事發生嗎？答案當然是有的，不過是少之又少罷了。

「老榮」在財物到手後，一般都會在第一時間內把贓物轉移到同夥手中，這用調門中的行話來說，叫「二仙傳道」。即便店家馬上就能發現東西不見了，一般也不會在「高買」的身上搜到，這樣也就拿他沒奈何了。我身上沒有你們店家的東西，你憑什麼說是我偷了你家的貨物呢？

即便是告到官府，而且官府也知道被告之人是個慣偷，但苦無沒有證據，還是得照樣放人。所以說，大凡是這些「高買」出去做活，被商家當場抓住現行的機會可謂萬中無一。至於「高買」們有沒有「偷雞不成蝕把米」的事呢？當然也是有的。只要店家足夠機靈，把「高買」的一舉一動都看在眼裡，對方也就無計可施了。

既然是假裝前來買貨的，又挑來挑去弄出了這麼多囉唆，什麼都不買就想轉身離去，顯然也不太可能。到最後，無計可施的「高買」也就只能硬著頭皮，在所選貨物中買下相對最便宜的那個了。當然，「高買」這麼做也有自己的目的，錢財是損失了些，但至少還能讓店家安下心來，以為這是個真正的買主，那麼下次再來行竊，也就相對容易得手了。

說到這兒，可能又會有人發問，有沒有「高買」們也偷不了的商店呢？答案還是一個「有」。

這是因為，越來越多的人店大鋪因為被偷的東西過多而折了本錢，於是就花錢雇用了「高買」來做自己的保鏢，那麼其他的「高買」們也就不好再來這裡行竊了，畢竟都是同道中人，面子上多少有些說不過去，大不了到別家去偷也就是了嘛。更何況，做「高買」這檔生意的人，多半都不會固定在一處行動，本來就是個不停在江湖上游走的行當，何必為了眼前的一點利益得罪了人，封了自己的後路呢？

當然，一旦非偷不可，多半也是再無出路可走，這時同行相見，保鏢的「高買」就知道行竊的「高買」一定是遇到了難題，那麼他們的選擇往往是寧可得罪商家，也不得罪同行，所以不但不會全力攔阻，反而會幫助行竊的同行，使其不至於空手而歸。

如果因為護著商家就得罪紅了眼睛的「高買」，還有可能被其反咬一口，最後一起去吃官府的整治，這也不是沒有過的事情。所謂「賊咬一口，入骨三分」，還真是不得不防的事情。所以說，一旦成了這江湖上的人，學好事難，入正道難，可要是學起壞事，那就再簡單不過了。只是這麼一走彎路，再想抽身而出，可就比登天還難了。

說完「老榮」，再來說說賭桌上出老千的人。

這些藉助騙術贏取既得利益的人，想盡一切辦法，只為把醉心賭博的那些人騙得五迷三道，掏乾對方身上的最後一分錢。而這所謂的賭博之道，無論是麻將撲克，還是抽籤押寶，最先勾引起的，無不是人的好勝心。隨著賭局越來越深，輸贏越來越大，再連帶起的，就是人的貪財心。都說「久賭無勝家」、「賭場無父子」，就是因為凡賭必賭的規律擺在那裡。不管男女老幼，只要上了賭桌，能夠真正做到見好就收的人，實在是少之又少。

歷朝歷代，凡是賭局盛行之地，總能聽見簽桶子嘩啦啦亂響的聲音。那玩籤子的攤位上，總是人潮湧動，絡繹不絕。而能在集場、鬧市裡開設這種攤位的人，也幾乎都是當地的無賴地痞。這些遊走在社會最底層的窮光蛋，每天弄個這樣的小攤位，專門出老千騙那些鄉下人與江湖遊民，為的就是撈到他們身上那可憐的幾個小錢。一旦千術被人發現，他們也有恃無恐，仗著一副死不要臉的脾性和流氓無產者的架勢，稍有不服就拳腳相向，打架是家常便飯，甚至打得頭破血流、鬧出人命的事也時有發生。

這種帶有流動性的賭局，即便是驚動了官家前來查辦，也早有人來通風報信，奈何不得的。更多時候，即使有官府的人從攤位前經過，這些人也往往轉眼間就把籤筒子放在了屁股底下，看著好像什麼都沒有發生一樣，等到官家人走過去後，他們又把東西重新擺在攤位上，一切照舊。

按照江湖中人的說法，凡是這種賭局設立的地方，不管是否屬於熱鬧地帶，行話裡都稱為「雜八地」，取的是「雜七雜八，難於管理」之意。而這些設局之人的目的，也跟攔路搶劫的沒什麼兩樣，就是要把參與賭局的人贏個乾乾淨淨，分文不剩。至於你這錢是閒來無用，還是急等著用的救命錢，都不關他們的事。這種行為，顯然可恶至極。

所以歷朝歷代，對這種賭局都是明令禁止的，只不過天高皇帝遠，在江湖各角落裡所發生的這些見不得光的事情，又怎麼是官家能禁止得了的呢？以致於到了晚清時代，在諸如天橋、三不管這樣的大型集市裡，開設這種賭局的地方惡勢力早已跟官府中人彤成了某種勾連，每月甚至有專門的月供是暗中上繳給官家的。有了來自白道的庇護，這些無賴、地痞、流氓就更是囂張跋扈起來，其中的害人黑幕，可說是罄竹難書。

除了最早的抽籤，後來又陸續新添了骰子寶、黑紅寶、六門寶、四門寶等等花樣，眼看著賭局越來越豐富，參與的賭徒也是越聚越多。稍有一點知識的人，對這種賭局都能一看就懂，很難受騙的。倒是那些蒙在鼓裡的鄉下人或是城市遊民，身上的銀子本就不多，卻因為癡迷這些看著新鮮的玩意，在好奇心和發財夢的蠱惑下，就這麼一賭再賭，一輸再輸，直至賠上了身家性命，真是既可憐，又可悲。

這些雜八地裡使用的賭具，別管是舊的還是新的玩意，大多都是玩「腥」的東西。比如玩籤子的，要麼是在籤筒上做文章，要麼就是往籤子上灌鉛，有雙層底的，也有用線拴著的。那些玩黑紅寶的，說道就更多了，外人看著沒什麼異樣，其實這裡面的門道多了去了，一旦再有托兒跟著攪和，外行根本別想有贏錢翻身的機會。

至於玩撲克的，看上去是西方傳來的新鮮玩意，其實用的也是傳統的出千方法，靠的就是一個手法，有點魔術的意思，使的也是「障眼法」。比如設局的人只拿出三張牌，一張是八，一張是十，一張是小鬼。只見他蹲在那裡，兩隻手不停地來回倒換著，嘴裡還不住叫嚷著「押著小人一個贏三倍，押一毛贏三毛，押一元贏三元」之類的話。看著簡單，一目了然，可只要你花錢上去押寶猜牌，是絕不可能猜得中的。為什麼會這樣呢？因為人家的手法快，不管你怎樣猜，即便眼睛盯對了牌，這些設局的人也可以在瞬間換牌。總之，是不可能讓你把錢贏走就是了。

江湖上稱這種靠賭撲克牌設局的生意為「做花頁子」的。因為這裡面有明顯的千術作祟，所以做這種生意的人都習慣把攤位設在三岔路口，每個路口都站著一個人給他把風，專門負責觀望是否有官家的差人前來查辦，一旦有個風吹草動，立刻收攤子走人。

在賭局上，往往還會有三、四個人，長得都是一副兇神惡煞的樣子，表面上看是在那參與賭博，實際上卻是負責守護攤位的同夥，只要有人輸了不認帳，或是鬧將起來想壞了「做花頁子」的生意，包準免不了一頓挨揍。

至於江湖中人所說的「老月」，是指那些玩「腥賭」的人（江湖上稱帶有出老千性質的賭局為「腥賭」）。自然，「老月」們要想設賭局坑騙別人，靠一個人的能力可做不了，至少也得兩個人或是更多，也就是說必須得組團忽悠才行。

這「老月」們的組織，也是各有不同的，大的團夥往往設的都是大局大套，一下子騙個幾萬的都有可能，小的團夥也不含糊，騙個幾百幾十更是家常便飯。只不過，不論大還是小，他們的共同特點都是吃「空子」（即外行、新手）。

最厲害的「老月」，可以得手後還叫受騙者「醒不了腔」（即渾然不知的意思），這樣就可以沒事人一樣地照常跟對方相處。那些本領差一些的「老月」就無法這麼收放自如了，通常都是做成了買賣就趕緊腳底抹油，省得受騙者醒過神來找自己的麻煩。

「老月」做到極致，不僅家裡住的是豪宅、使的是傭人，而且大都善於交際，終日出沒於各種公眾場合，且出手大方、揮霍無度，讓人根本看不透他是做什麼行當的。他們選好了可以下手的「秧子」（即行騙的對象），就會先通透過「水火簧」探知對方的底細，包括經濟狀況、家庭背景、性格愛好等等方面，然後再投其所好，實行對應的詐騙手段。

對於調門中的這些「老月」，即便是常年行走江湖的老合們，也只能敬而遠之，因為稍有差池，就可能著了他們的道，畢竟人人都有貪念，只要你的弱點被這些「老月」們發現，人家就有了可乘之機。

見不得人的另類智慧——八大門之調門（下）

老話說得好：「莫伸手，伸手必被捉。」

但貪婪本就是人之常性，不論是被騙的，還是騙人的，都逃不掉這一個「貪」字作祟。上至達官顯貴，下至平頭百姓，想要斷了這調門中的生意，就得去了貪心雜念才行。

只可惜，上天容易，入地不難，然而要想讓人泯滅了這貪求之心，卻是天地間最不易的一件事。正因如此，調門雖歷經千年流變，卻始終存留於世，生生不息，屢禁不止。

除了以坑害他人錢財為目的的騙術外，更多的調門中人玩的還是以次充好、假冒偽劣的市井小把戲。騙人不是目的，謀財才是宗旨。

在舊時代的集場廟會上，還有一種賣剃頭刀子的生意，江湖中人稱這一行當為「挑青子」的。要做這種生意，一般不用投入太多，隨便背個包，裡面放上幾把刀子就可以了。來到市集，找個靠近路口的地方，把攤位鋪好，就左手拿著一縷「苗西子」（江湖中人稱頭髮為「苗西子」），右手拿著把剃頭刀子，開始叫賣。

一般來說，做這一行的都有套相對固定的說詞，比如說自己是刀剪鋪子裡做工的，所以才有這門手藝，總給人家幹活掙不了多少錢，於是自己出來做這個買賣……有他在這吆喝著，自然就有閒人樂意圍觀，眼看著人越來越多，他就會把左手的那縷頭髮一攥，大概四、五十多根吧，用剃頭刀子的刀刃對著那縷頭髮，再用嘴使勁吹一口氣，一整縷頭髮就全都整齊的斷為兩截。為了證明自己的刀具軟硬通吃，接下來就是刀斷鐵棍的環節了，講究的是刀斷鐵棍而不傷刃，要的就是這股子結實勁兒。

一般來說，做這門生意的都是真正「挑青子」的，賣的也都是貨真價實的好刀具。但不排除那些調門中人看好了這行買賣，也跑來渾水摸魚，騙幾個錢花花。圍觀者看他們也在那裝模作樣地試驗著刀具，就以為他那刀子也一定好用呢，但其實都是掛羊頭賣狗肉的唬人伎倆。

還有一種擺攤子做買賣的，攤子上擺有一個洋瓷盆，裡邊燒著一盆硬炭，旁邊放著幾匣子的藥棍，大約長三、四寸，比火柴棍稍微粗一點，顏色有紅的、黃的、白的、綠的、黑的等等。另外，還有一個比較醒目的招牌，上面寫著「某某記黏瓷器藥，專黏粗細瓷器，當面試驗，無效退款」之類的字樣。江湖上稱這一行為「挑黏漢」的，也算是個手藝活。按照江湖中人的說法，這也是個「半腥半尖」的買賣。

做「挑黏漢」的，一般都是用燒熱的炭去燙那些破碎的瓷器。一旦燙熟了，再把藥棍往破口處一抹，兩塊碎瓷對著這麼一黏，當時就能黏合在一起。一邊這麼操作著，一邊還會隨口說這一行的套詞：「哪位要是有碎了的茶壺、茶碗、盤子、碟子、瓷瓶、茶罐、帽筒，只要是瓷器，我這藥就能把它黏牢固了。您買幾根瓷器藥拿回家去，隨便往抽屜裡一放，擱不毀，放不爛，用著了拿出來就管用。要問我這藥啥價錢，每根三大枚，管用又便宜，認準了招牌，記住了字型大小。使用不靈有發票為證，管保退錢就是了。」有了這套說詞，再加上當面試驗給你看，一般家裡有瓷器的，包準多少買上一些，以備不時之需。

可能有人會問了，一個賣黏瓷器藥的，還能有什麼「半腥半尖」的把戲啊？事實上，常年行走江湖的人都知道，這「挑黏漢」的想要掙錢，就全靠他手裡的藥棍了，重點也就在這藥裡呢。

當場試驗的時候，這藥是真能黏住瓷器的，給人的感覺確實是不「緩托」的（江湖中人稱黏住的瓷器又裂開為「緩托」）。可是這藥也有個致命的缺陷，就是不能遇熱氣，黏好了只要不用還算是件東西，但一碰到了熱氣，從哪裡黏的還會從哪裡裂開，照樣「緩托」。

可是誰家黏好了東西會不繼續使用呢？所以說，這就是件不管用的東西，是騙人矇人的。至於原料嘛，就是由乾漆摻雜著各色的顏料製作而成的，怎麼可能真的黏住瓷器呢？

造假這種事，在調門當中可說是層出不窮。只要有利益存在，就一定有人會想出各種辦法去攫取，哪怕機關算盡，哪怕傷天害理，也在所不惜。

還有個名為「挑杯杯」的行當，也有很多的門道暗藏其中。一般來說，在做這行的攤位上，都會有一個鐵匣子，一把水壺，八個小酒壺，還有黑、紅兩色酒杯各數十個。「挑杯杯」的會指著那些紅色酒杯，說這是出自雲南的「硃砂杯」，裡頭雖沒有麝香、牛黃、狗寶這類的奇珍異寶，但也是由沉香、木瓜、豆寇、丁香、杜仲、檳榔、陳皮、肉桂等等幾十味藥材炮製而成。

這麼多藥材聚在一起，當然能治療各種日常雜病，都說「草藥氣死名醫」，只要把酒倒在這個酒杯裡，等酒把藥性化開時，再喝這酒就跟喝藥酒一樣了，拿它治個偏正頭疼、風火牙疼、筋骨痲木、腰痠腿疼、跑肚拉稀、紅白痢疾什麼的小病，全能酒到病除。至於這種酒杯賣多少錢，一毛錢就能買上一個，絕對的物美價廉。

為了證明這酒杯的獨特之處，「挑杯杯」的還會特意把無色的酒漿倒入杯中，奇怪的是，斟在紅色杯子裡的酒變成了黑色，而斟在黑色杯子裡的酒則變成了紅色。按照他的說法，這就是酒把杯子的藥性化開了。變成紅色是因為硃砂的藥力，這東西能定心神，能避邪氣。至於變成黑色則是丁香、豆蔻的藥力在發生作用，這兩樣東西既能止吐，又能開胃。有了這麼一番「現場直播」，再加上「挑杯杯」的確實有口若懸河的能耐，這「硃砂杯」很快就被圍觀者一搶而空了。

可是，等到買家真的把杯子拿回家中，再想倒入酒漿讓杯子變色，可就辦不到了。直到這時買家才會恍然大悟，原來自己是「受了腥了」（江湖中人稱受騙上當為「受了腥了」）。按照江湖上的說法，這「挑杯杯」的生意之所以能讓酒漿變色，其實並非杯的藥色，而是這些人使用戲法一樣的伎倆偷偷染的顏色。本來屬於很簡單的騙術，可是在當時文化素質普遍偏低的社會大環境下，還真就有人會吃這個虧上這個當。

至於市場上那些賣胰子（即肥皂）的，在舊時也算是個常見的買賣，江湖上稱其為「挑水滾子」的。常見是常見，裡面同樣有藏奸作假的黑幕。

一般來說，要證明這胰子的妙用，做生意的都會先用胰子在旁邊的玻璃盤裡蘸點涼水，然後再往衣裳上抹。如果衣裳上有油泥之類的污漬，確實很快就能被蹭下來。千萬別以為這是他的胰子有什麼威力，關鍵就在那個玻璃盤裡的「涼水」上呢。因為那根本就不是涼水，而是汽油。用汽油來洗衣服上的油污，當然最有效果了。

所以說生意雖小，同樣有它的黑幕。就跟從前擺攤賣化妝品的一樣，不管東西是真是假，只要每天往這些東西上抹點香水精油，就能唬得住人。

這些生意人，做的都是典型的「里腥啃」（江湖中人稱賣假東西為「里腥啃」），拿捏的就是人們貪圖便宜的微妙心理。所謂「行行有門，門門有道」。

這世上的事情，只要你動了貪心，就免不了吃虧上當的結果。

到了清末民初年間，社會上依舊有很多人「抹海草」（江湖中人稱吸食鴉片為「抹海草」，又叫「肯海草」），或是鼓搗「文末漢」（江湖中人稱嗎啡為「文末漢」）和「雪花漢」（江湖中人稱海洛因為「雪花漢」）。為徹底剷除毒品，民國政府也曾想盡各種辦法，只不過都收效甚微。在這樣的時局下，就有人琢磨出一種投機的買賣來撞騙商家，江湖上稱這種買賣為「做大安」的。

做這種生意，一般得有十人左右，賣的是一種自行配製的「某某某戒煙藥」，放在小盒內，外包裝上再印一些愛國愛民、冠冕堂皇的話，就算完備了。

賣藥時，整個團隊要分成兩票人馬，一邊負責「挑啃」（即賣東西），另一票人負責當「托兒」。每到一處商埠碼頭，這兩票人馬要分開住下。其中「挑啃」的必須住在旅館、飯店這類地方，為的是假扮成闊綽之人，方便施展其店大欺客的伎倆。而那些「托兒」就住在相對便宜的旅店裡。「挑啃」的會臨時叫輛汽車，將藥品裝車運到各大藥房或是各家洋貨店門前，停住車後，再由「掌穴的」與店家進行交易。他們大多會說自己是某省某市戒毒會的委員，現在有新研製出的幾種戒毒藥品，不論嗎啡、白麵還是鴉片等等毒品都能戒除，可將這些藥品放在鋪內寄賣，等賣出後再來取錢。一聽這話，「囊子點」們（江湖中人稱買賣人為「囊子點」）當然願意，畢竟這種坐收其利、有便宜可占的事誰不願意參與呢？

幾天後，「做大安」的「托兒」們就會分期分批來買這種所謂的戒煙藥。見這種藥確實受歡迎，店家就會覺得藥是有效的，而且中間有利可圖。這時，會有另外的「托兒」聲稱要大批量購買，甚至為表「誠意」還會故意留下一定的押金。店家收了押金，馬上就會想辦法聯繫「掌穴」的，以便大批量進貨。這麼一來，「做大安」的自然也就行騙成功了。這種費盡周折、拐彎抹角的騙術，任你是再聰明的商家，也很難看出其中的破綻來。

還有一種常見的調門手段，多是冒充軍人，在與人不經意間撞個滿懷時失手打碎了手中的兩個藥瓶，然後謊稱是部隊首長等著救命用的東西，說著還能掏出票據證明，上面寫著不菲的價格，當事者往往懼怕惹上這種軍方人物不好收拾局面，乾脆就賠了藥錢息事寧人。殊不知，這是調門中最典型的「丟包」、「碰瓷」之術，即便今時今日，社會上依舊有人幹這種事，可能形式上已經發生了些許變化，但骨子裡的東西卻始終如一。

再比如，有人在馬路邊看見一個幾歲大的孩子，手裡拿著信封請人幫忙看看信裡寫的是什麼東西。等到有人上前幫忙，這才知道信裡寫的是郵寄上等人參幾支、務必及時到郵局領取之類的內容（也可能是其他貴重的藥材或是物品，總之一定是足夠誘人貪欲的東西）。信是孩子撿到的，正要回家交給父母，因為好奇這才先找人查看信上的內容。既然是撿到的東西，也就意味著誰拿著這封信都可以去郵局領取包裹，於是貪心之人往往就動起了歪點子，給孩子幾塊錢將其打發走，自己拿著信件興沖沖去郵局領取包裹了。結果呢，當然是騙局一場，要麼信件本身就是偽造的，要麼就是領了東西才發現全是一文不值的假貨。

這也是調門中常見的一種行當，是利用「科子」（江湖中人稱小孩為「科子」）來做這種騙人的勾當，為的是讓受騙者放鬆警惕。江湖上稱這一行當為「闖啃」的，行騙目標多是婦女或是貪圖便宜的人。

因為是騙人的把戲，所以市面上沒有明目張膽敢做這種生意的，都在僻靜處進行。當然，要做成這個買賣，首先得物色個能說善道的小孩。不能是那種十五、六歲的大孩子，也不能是五、六歲的小孩子，因為大孩子看起來就無法讓人輕易相信，而小孩子又太幼稚，再加上膽子還小，所以很難成功的騙住人。這樣一來，只能是十歲上下的孩子最為合適，一般都得是身量矮小的那種，要是能再機靈一點就更好了。

有了這樣的小孩，就要每天都用好吃的誘惑他，把這個行當裡的騙人招數都教給他，等到這孩子練得不害怕了，能夠說話從容、哭笑自如了，就算是真的練習到位了。

只不過，即使這孩子被培訓得能夠騙人了，多半也不會被師父用上太久，頂多兩、三年的光景，就會被新培養的孩子替換掉。之所以如此，是因為這樣的孩子都是那種又饞又懶、專會撒謊的不肖子，一旦時間久了，對這一行的內幕瞭解得透徹了，也就不再那麼聽從使喚了。與其最後成事不足，敗事有餘，還不如早早換掉呢。

在舊時的江湖上，修腳也是一門常見的手藝行當。這修腳的生意人，也有三種不同的發展方向，一是到各個澡堂子裡按規矩給人修腳，以手藝的優劣來決定收入的高低，只能埋頭工作，不能敲詐客人，行話裡稱為「做平活」的，一般來說每次給人修腳得到的工錢都微乎其微，屬於最沒能力的一種選擇；還有就是不去澡堂子工作，而是選擇去「磨杵」，這樣不僅收入多些，而且遇到客人是可以「挖點」的（即可以對其進行敲詐）；還有一種「撇年子」的，是這個行當中最有膽識和能力的人，一般都在「頂神湊子」（即名山大川上的香火廟會）、「頂湊子」（即趕集場）或是「擱明地」（即在各個市場上擺設浮攤）上做生意，而且對治療各種腳上的疾病都能手到擒來。只不過，做了這樣相對固定的生意，就再不能合計那些「挖點」之類的事情了，否則買賣不可能做得長久。

當然，要是那種做「走馬穴」的「撇年子」，一旦遇到可以「挖點」的機會，是不會放過的，不挖白不挖嘛。這就跟「老月」遇到了「秧子」時，不吃白不吃是一樣的道理。要說這「撇年子」的，掙的也是老百姓尤其是勞動者的錢，還沒見過哪個出入騎馬、坐轎的人腳上會有什麼毛病的呢。既然吃的都是這碗辛苦飯，為什麼要把歪主意往同類人身上打呢？「本是同根生，相煎何太急」，是不是這麼個道理，每個人都有自己的答案。

靠販賣假鈔為噱頭騙人錢財的行當，江湖中人稱其為「倒頁子」的。要做這種既違法又缺德的買賣，也多半需要結夥作案。一般來說，都是由一個人去勾搭買主，假裝闊綽大方、花錢無度的樣子。待有人上鉤後，會給買主少量的真幣，卻故意要說成是假幣，讓買主去市面上試著消費消費，看看是否會被識破。因為給的是真幣，消費時當然不會出現任何問題，於是買主就以為這假幣造得確實能夠以假亂真，一旦信了，這生意也就成了一半。

轉過頭來，待雙方真正交易時，「倒頁子」的會準備好所謂的大量「假幣」，其實也就是少量的真幣外加顏色相近的廢紙甚至冥幣，再謊稱有官家前來查辦，等買主倉惶逃離時，「倒頁子」的也就趁機脫身，跑得無影無蹤了。

因為屬於純粹的騙人把戲，所以這種生意也是打一槍換一個地方，而且一旦有過生意的地方，這輩子都不會輕易現身在那裡了，為的就是避開上當後一心尋仇的受騙者。按照調門中的行話，這種生意是不能走「回頭穴」的（江湖中人稱去過的地方再去一趟為「回頭穴」）。

調門中還有這麼一個行當，是以自然銅冒充生金來招搖撞騙，江湖中人稱其為「挑黃啃」的，也是門害人不淺的缺德買賣。要做這種買賣，一般也都是結夥行動，至少也要有四、五個人才行，其中一個負責具體來實施騙術，也就是「掌買賣的」，另外那些人則負責當「托兒」，配合著完成整個騙局。

這「掌買賣的」可不是一般人能做得了的活計，得具備「把點」、「把杵」、「拋蘇」、「亮托」、「換托」這五種能耐。其中的「把點」，就是說「掌買賣的」得一眼就能看出誰像可以騙的，得具備選擇合適行騙對象的鑑別能力；「把杵」是指「掌買賣的」得在最短的時間內用最簡潔的方式探知被騙者的經濟狀況、有錢沒錢；「拋蘇」是說「掌買賣的」得學啥像啥，講故事時能夠調動喜、怒、哀、樂各種情緒，以迷惑行騙對方；「亮托」是指「掌買賣的」得兜裡揣著一包真的生金，在給行騙的對象看時亮得出真傢伙來；至於「換托」，則是指一旦被騙之人上當，要及時把真的生金暗自扣下，換上自然銅交給對方，這一倒一換的手藝，就是行話中所說的「換托」了。

在具體的行騙過程中，「掌買賣的」會向行騙目標講述一個事先編排好的故事，比如自己是如何從銀號中盜竊生金逃出之類的話，之後因為著急用錢，這才不得以變賣些生金換錢，一定要注意不能說是全部變賣，否則容易引起對方的懷疑。

就在對方半信半疑之際，穿戴闊綽的「托兒」會及時出現，聲稱願意低價換取全部的生金，如果不答應就立即告官，說完後就故意離開，給人前去報官的感覺。這時候，行騙目標大都會按照「托兒」的路數繼續提出要求，比如再抬高些價格兌換全部的生金，否則一樣也要去報官處置。「掌買賣的」會假裝百般不情願，最終只是因為怕吃官司，這才勉強答應了兌換請求。這麼一來，被騙者還以為自己用少量的錢財就換來了這麼多的生金，殊不知剛好中了「挑黃啃」的圈套。

值得一提的是，做這種「挑黃啃」的生意，也是今天在東、明天在西的騙子行當，所以早年間就數各大碼頭上最為多見。後來，隨著時代的變遷，金銀這類東西不再作為貨幣流通後，他們這一行要麼改做「倒頁子」的生意，要麼就乾脆轉行做別的了。

還有「挑大堆」的生意，在舊時的江湖上也不少見，利用的還是人們貪小便宜的心理，騙的也都是小錢。具體說來，通常都是由一個「當家的」設局，再由幾個人作「托兒」，賣的也都是大包大包的衣物，比如新做的棉花被子、上好的狗皮褥子和皮襖筒子等等，要價基本是這些物件原價的一半左右，而且要整包出售，絕不講價。只要有人貪圖眼前的便宜上前搭言，周圍那些假意買貨的「托兒」就會跟著起鬨，一旦買主兜裡的錢不夠，還會有願意主動借你湊數的「托兒」。他先假裝好人，借錢給買主，然後再跟著買主回去取錢。

如果買主回到家中看破了騙局，這個「托兒」也概不承認自己是「挑大堆」的同夥，大不了不要給買主墊付的那一點錢了，官司是絕對不會吃的，因為沒有任何證據。至於那些東西，一旦買回家中，買主很快就會發現自己做了「冤大頭」——所有的東西都是用舊棉花翻新做成的，至於狗皮褥子和皮襖筒子，要麼是用零碎的狗皮拼接而成，要麼乾脆就是老羊皮冒充的玩意，穿在身上不到一個月的時間，皮毛就會結成片狀，再也用不得了。

還有一種乞丐，會在每年冬天最冷的時候，站在富人聚居的地方行乞。按說行乞就行乞，本來也不是什麼稀奇的事，但偏偏這種乞丐的穿著打扮就讓人嘖嘖稱奇——在這麼寒冷的天氣裡，別人穿著一身棉衣還凍得縮手縮腳，但他們竟然不戴帽子，上身光著臂膀，下身也只穿著條單褲而已。看見這樣的乞丐，再鐵石心腸的人也會過意不去，於是紛紛掏錢救濟。這就剛好被人家利用了同情心，上了人家的當了。事實上，這也是一種「叫點」（即乞丐）的行當，其中當然也暗藏玄機。

世人都知道有的乞丐是故意假扮冒充的，本身並不貧窮，甚至比很多平民百姓還要富有。但這種乞丐，倒是真正的破落戶不假，只不過不是因為別的原因，而是他們大多都是社會中不務正業的敗類渣滓，每天無所事事，又懶得靠雙手掙錢，才想到了這麼個「飲鴆止渴」的辦法——這種假乞丐每逢要出去行乞騙錢時，都會事先在家用棉花沾酒往身上塗抹紅礬，擦完後再用極少量的紅礬摻入酒中喝下。這樣一來，很快的紅礬與酒性就會發作，屆時渾身上下都會像火炭般發熱，這樣再去街巷裡行乞，三、四個鐘頭都不會感到寒冷。等到把錢騙到手後，需要趕緊回到家中穿上衣服，再去澡堂子徹底清洗一番。即便如此，那紅礬的毒性還是會滲入皮下，到了來年開春時包準發作，皮膚如同爛桃一般，且久治不癒。所以才說這是種「飲鴆止渴」的騙術，是有害於身體性命的事情，也是只有那些不做正經事的人才會想到的下下之策。

要說調門當中最具傳奇色彩的行當，還得是做「雁班子」的（又叫「雁尾子」，其中「尾」應讀「以」聲）。這是江湖上「風」、「馬」、「雁」、「雀」四大生意之一，同時也是建構最為龐雜、策劃最為精深的一門大宗生意。

在「雁班子」當中，既有「掌穴的」，也有做「展點的」和負責「敲托的」，其種種內幕絕非局外人可以清楚知道的。至於這「雁班子」的能耐，說來更是神奇，他們專門騙取各省各市的官員和大吏們的財物。所騙金額之巨大，也是其他調門中人望塵莫及的。

按照江湖上的說法，要做好這門生意，就得把政界的人和事摸得一清二楚，了然於心。除此之外，還得說一口京腔，讓人一聽便知是京城裡出來的人。不僅是「掌穴的」要有能耐，連帶其他的夥計也同樣得受過相當嚴苛的訓練才行。

有趣的是，就因為他們騙的往往都是那些有貪腐劣跡的官員，所以即便是犯了案子，也很少有哪個貪官污吏敢出來報案，畢竟自己的屁股底下還沒擦乾淨呢，何必為了點錢財上的損失就給自己找麻煩呢。這麼一來，也就只能是「啞巴吃黃連」，有苦也不敢言了。

吃的就是這口飯——八大門之柳門

所謂的「柳」，就是「唱」的意思，那麼柳門，也就是唱戲、吟曲之類的藝術形式的統稱了。

關於戲曲這門行當，以及行當內的很多趣聞軼事，早有太多的論述和報導見諸於世，這裡也不再一一贅述。倒是柳門裡的很多具體生意，其實是很有故事可說的。所謂「生、旦、淨、末、丑」，看著在台上風光無限，可是背地裡的辛酸和苦楚，又有幾人能夠知道呢？

舊時的江湖上，柳門可算是一門最值得說說的藝術行當了。

按照三教九流的說法，這柳門中人的社會地位，自是最低微卑賤的一種，甚至與娼妓、乞丐不相上下。但奇怪就奇怪在，別看世人都瞧不起這柳門中人，但那些混出了頭臉的戲曲名角們，卻往往最受歡迎。無論是王公貴族，還是平民百姓，一提起這些梨園明星們的名字，總是顯得莫名興奮。這其中，既有聽戲聽得神魂顛倒的人，也有癡迷各位梨園明星甚至與其關係曖昧的男男女女。也正是因為這些亂象的存在，才使得好好的戲園子變成了烏煙瘴氣、男盜女娼的淫樂窩。都說「婊子無情，戲子無義」，一句簡簡單單的話，真是道盡了梨園行當的所有不堪。是非曲直，任人評說，只留下那一聲鑼鼓，一句吟唱，迴盪在黑白世間。

縱是再多不濟，在這梨園當中，也自有這一行的規矩要人遵循。

別看各個戲園子表面上一派進進出出、熱鬧非凡的樣子，但實際上，每個戲園子裡都有些個把門的人，江湖上將其調侃兒為「坎子」。為什麼偌大一個梨園行當，非要從這些個並不起眼的小角色說起呢？只有那些經驗老道的江湖中人才知道，想吃這碗飯，真的不是件容易的事情。想當上「坎子」，須得是那些身材雄壯、虎頭虎腦的人物才行，為的是一看就能鎮得住人，有點現代「圍事」的意思。規模小的戲園子，一般需要三到四個「坎子」，至於那種看上去就很氣派的大戲園子，至少也要有七、八個「坎子」才能鎮得住場。

到了開戲的時候，鑼鼓點一響，這些「坎子」們就在門口處或坐或立，來人聽戲，他們得知道是官是私，是達官顯貴還是平民百姓，以此判斷應不應讓他們當買票進入。如果遇見那些冒充的人，只要被「坎子」們發現，包準逃不了一頓胖揍。

倒是也有些懂得規矩的江湖中人，兜裡沒錢又非要看這齣戲時，得跟這些「坎子」們對得上簧，先道一聲「辛苦」，再把自己的情況說上一說，如果遇上好說話的「坎子」，也就放進去了。但如果遇上不好說話的厲害角色，這戲照樣看不成。

凡是各個省市鎮埠碼頭上的「坎子」，一般都得是本地人才能幹得了這一行，圖的就是一個地熟人不生。外來人士，不管有多大的本領，也斷斷做不了這一行。「強龍不壓地頭蛇」，在「坎子」這件事上，這個道理展現得最為明顯。

千萬別以為柳門中人就是台上演戲、台下做人這麼簡單，其中包含的很多行當，也未必就是這麼一板一眼的。比如「挑柳駝」的，也就是那些在各個集場、廟會上假裝唱戲實則是為了賣膏藥的人，幹的就是個拿唱戲做幌子的買賣。

當然，想把這門生意做好，首先就得懂些梨園行裡的規矩，要不然肯定吃不開。在一些大城市裡，「挑柳駝」的生意人是不需要跟當地梨園行發生任何關係的，大家各做各的生意，相安無事就好。但要是在鄉鎮上「頂湊子」（即趕集）或是「頂神湊子」（即趕廟會），就一定得和當地的戲班子事先聯絡妥當。不是出於別的目的，而是為了節約不必要的開支。

為什麼這麼說呢？原來，每逢農家到了秋收的時候，各大鄉鎮中的會首們都會招來戲班子演出，以示慶祝。少則三、五日，多則將近一個月的時間。這種到鄉下唱戲的梨園班子，俗稱為「跑野台子」的。

一旦有戲班來「跑野台子」，班子裡往往沒有固定的人數，不管是誰，只要懂得梨園行裡的規矩，跑到後台對著祖師爺磕完了頭，就可以在戲班裡免費吃喝。

這展現出的是一種同行間的義氣，是舊時江湖上不成文的行規。這些「挑柳駝」的，也可以跟著戲班子四處做買賣，甚至連住店的錢都省下了，直接往戲班子的生意下處一住就行。戲班子在台上唱戲時，「挑柳駝」的就可以直接在台下賣藥了。只不過，所賣的東西得是真的才行，否則壞了自己的生意不說，也會攪了人家戲班子的正常運作，那就不夠江湖道義了。

再比如說這唱大鼓的行當，也就是江湖中人調侃兒為「柳海轟」的戲曲種類，同樣有很多趣聞軼事。

按照江湖上的說法，這大鼓起源於很早以前，流傳至今已經有幾千年的歷史了。早在堯、舜健在的上古時代，朝堂裡就設有諫鼓用來以下諫上。至於大鼓行為何會供周莊王為老祖宗，則是因為周莊王曾經擊鼓以教化民眾，這跟唱大鼓的行業宗旨大致相同，所以也就把周莊王當成這行的祖師爺了。

正因如此，在各個雜耍館子和坤書館的後台裡，都會供奉周莊王的牌位，大鼓按照規矩在製作時也應當有一百個銅釘，取文王百子圖之意。這種大鼓的鼓架子，一般都是由六根竹子做成的，這本是窮家門的東西，是說大鼓的借來使用的。因為是借來的東西，所以鼓架的尺寸就沒有了嚴格的界定，會依據大鼓藝人的身量高矮來臨時調整。還有與大鼓一同使用的木板，也同樣是因人而異，沒個固定的規模。

說起這唱大鼓的支派，黃河往南的山東、河南等地，有孫、方、蔣、張四大門。到了黃河以北，則有梅、清、胡、趙四大門。不管是哪門哪派，收徒弟的時候都要供上周莊王的牌位，再把弦子鼓、醒木擺放在神桌之上，寫好了門生帖，當著大夥的面給祖師爺磕過了頭，再給師父行過拜師禮，這才算正式入了師門。

剛入門的徒弟，都得先給師父效幾年力，先學彈弦後學唱。唱大鼓的老一輩藝人都是能彈會唱的，講究的是基本功必須紮實到位。可是到了後世，這些規矩就不再那麼嚴格了，很多新一代的大鼓藝人要麼會唱不會彈弦，要麼會彈弦不會唱，總是無法做到兩全其美，也可看作是這門行當的凋敝了。

「海轟」的板子，可以分為鐵板和木板兩種。不同的板子，唱起來的腔調也大不相同，具體又可分為「鑼鏵調」、「靠山調」、「梅花調」、「西河調」、「京調」、「奉天調」等等。

其中的「鑼鏵調」，數山東人唱得最好。「靠山調」是天津人的特長，不是地道的天津人，怎麼唱怎麼不美不正宗。各種的調子，都是其對應地區才最盛行的玩藝。除此之外，藝人們也會以自身的能耐來帶動某個地方的大鼓藝術。比如劉寶全、白雲鵬，唱的就是「怯口大鼓」，又被稱為「京音大鼓」；「架冬瓜」、「老倭瓜」、「大南瓜」、「大茄子」等人唱的是「滑稽大鼓」。早年的大鼓行裡並沒有這種大鼓形式，直到藝名「老倭瓜」的江湖藝人崔子明在業界揚名立萬了，才算紅火起來。

這「老倭瓜」原是做玉器行的旗人，自幼就喜歡練習大鼓，後來和能寫不能唱的藝人張雲舫有了交道，這才真正成就了他的本事。到了清末民初年間，隨著大鼓藝術越發興盛起來，「老倭瓜」才開始登台演唱，不料一炮而紅，成了業界內外有口皆碑的翹楚人物。

唱大鼓的不論唱的是什麼調，都離不開十三道大轍。這所謂的「十三道轍」，包括中東轍、人辰轍、江陽轍、發花轍、梭波轍、灰堆轍、衣齊轍、懷來轍、由求轍、遙條轍、言前轍、姑蘇轍和乜邪轍。比如「少爺的大運未通，猶如蛟龍因在淺水中」，這裡的唱詞用的就是「中東轍」。再比如「一日離家一日深，好似孤雁宿寒林」，用的是「人辰轍」。

另外，在大鼓界，最難學的就是「萬子活」，整本大套的書，沒個半年功夫根本就說不下來。「萬子活」的教學方法，基本都是口傳心授的，即使有落筆成冊的東西，筆錄的也都是「棵子」（江湖中人稱祕本的筆記書中的單構穿插為「棵子」），既是祕本，外行人是看不懂的。所以到了後世，很多祕本一旦遺失，這一門的大鼓藝術也就面臨著失傳於世的危險。

或許當初江湖藝人在製作這些祕本的時候，想的都是如何保護行當裡的這些絕活不致外傳，卻沒有想到，正是因為這份小心翼翼的戒備，到頭來害得一門藝術就此消失在時間的洪流當中。

唱大鼓這一行，之所以被江湖中人調侃兒為「柳海轟」，強調的還是一個「柳」字，也就是「唱」。既然是唱，就離不開各種調子，比如「奉天調」、「樂亭調」、「西河調」、「梅花調」……凡此種種，不再贅述。

要說上一說的，是這「奉天調」，除了在東北三省外，別處是基本聽不到的，當然，就算能聽到，大概也是沒人會感興趣。有趣的是，「樂亭調」的大鼓在老北京就不受人待見，想聽這玩藝，只能在每天夜間去那煙花柳巷處才能尋到。

各種調子當中，數「梅花調」最為難學，即便是北京天橋這樣的熱鬧地方，也找不到一個唱「梅花調」的江湖藝人。能把這個調子唱好的，男角中只有金萬昌一人，坤角中也只有郭小霞可以作為代表人物。

這些明星級人物向來都是到落子館裡去表演的，露天的場地裡當然見不到人。要說在天橋一帶唱得最久的大鼓調子，還得算是「西河調」。在清末民初的時候，史振麟唱的最是叫好又叫座，在其過世後，能坐上頭把交椅的就得說是田玉福了。他所唱的《楊家將》、《呼家將》、《反唐傳》，都是真正的「萬子活」。舊時的江湖中人常說，能在露天場子裡站得住的「海轟」，都得能說下整本大套的「萬子活」才行。作為鼓界名流史振麟的門下弟子，這田玉福在天橋一帶唱大鼓書，使的就是「萬子活」，也因此紅過了整整二十年。而他的徒弟，正是日後大鼓界最有名氣的白雲鵬。

在天橋一帶唱西河大鼓唱得最久的，是王雲起父子。不過最早來天橋闖蕩的，是王雲起的哥哥王雲峰，也是「柳海轟」的，因為混得普普通通，這才轉去了保定紮根。當然，說穿了，還是他的能耐不如弟弟，所以才沒能在天橋一帶揚名立萬。

王雲起所唱的大鼓書，只有《楊家將》和《呼家將》。按照柳門中的行活來說，他的「活兒不寬」，「萬子不長」，但他為何能在天橋站得住腳呢？原因就在於他的表演很能迎合天橋一帶喜歡聽大鼓書的客人們的審美需求，唱詞通俗易懂，時不時還能插個科打個諢，所以自然容易吸引那些文化水準不高的客人。

據江湖中人評價，他唱的書詞基本上都是開門見山的，這樣才能在最短的時間內攏住客人。這也怪不得他不肯精進，因為生意人擺場子賣藝的地方多數都是露天場合，能到這裡遊逛的，往往都是些沒知識的窮人。所以江湖藝人在學習技藝的時候，通常都有一定的針對性，不願多下苦功去學習那些底層人民聽不懂的書曲。這是為生計所迫的選擇，也是能儘快賺錢、成名的唯一選擇。

「柳海轟」的藝人，首先要有不錯的外形條件，行話叫「人式順流」。其次要口齒伶俐，行話叫「碟子正」。第三個，就是要嗓音洪亮，行話叫「夯頭正」。第四個，是要身段表情足夠豐富傳神，得具備生旦淨末丑的樣子，行話叫「發托賣像警人」。有了這四種特長，才能到場子裡去賣藝掙錢討生活。

此外，就是得學會看地勢。如果地勢選不好，也會影響到上座率，掙不到大錢。江湖人常說「生意人不得地，當時就受氣」，就是這個道理。有了好本領，再有了好地勢，接下來的要緊事，就是得有好「駁口」了（按照江湖中人的說法，唱大鼓的每逢唱到要錢時的那最後一句詞，就是「駁口」）。上文中說到的王雲起，除了具備「柳海轟」的四種特長外，還是個最會使「駁口」的藝人，所以就算他唱的大鼓只是二流水平，還是能在天橋唱得最為久遠，算得上是這一帶最有代表性的「柳海轟」了。

比起王雲起，更多鼓界的二流藝人就沒有這樣的幸運了。一旦在天橋站不住腳跟，他們往往會選擇到外省謀求更好的發展，這其中，天津就是他們的首選目標。

作為碼頭密集的城市，天津自古就是窮苦人士聚居的地方。這些常年游走於江湖上的人一旦聚集多了，各種江湖生意也就隨之興旺起來。比起北京的規矩繁多和排外本性，天津就顯得要海納百川得多，因此也更容易受到江湖藝人們的青睞和嚮往。

北京是眾多朝代的都城，幾百年的歷史擺在那裡，不自覺的就有股子厚重的氣息，也是知識份子、進步人士湊在一起的地方。與其相比，天津就變得「下里巴人」了，勞動群眾有幾個是既有知識又有文化的？這樣的人聚在一起，當然選擇的也是最貼近勞苦大眾的藝術形式，輕鬆愉快，但求一笑，不圖忘記千般愁，但願放下心中苦。真能如此，那掏出去的幾枚大錢也就值得了。

都說「藝人不富」，可是在梨園行裡，好多名角都能攢下幾十萬的家產，住豪宅的，穿金戴銀的，可謂比比皆是。只不過，再好的衣服，再闊綽的生活，也改變不了他們的戲子身分，人前可能是一呼百應，可人後照舊要遭人白眼，受人議論。直到民國以後，隨著時代變革，藝人們的身價才得到了空前的抬高。比如前文中提到的白雲鵬，就是個典型的例子。

這白雲鵬本是河北省內的鄉野人士，自幼就嗜好戲曲。早在光緒年間，就在天津登台獻藝，只不過沒有混出什麼名堂，後來轉戰北京，給鼓界名人史振林「叩瓢兒」。經過名師指導，這才漸漸成為新一代的鼓界名角，且最擅長「萬子活」。

眼見時代變遷，他也能與時俱進，灌製了許多唱片，這在當時可是最時髦的玩意。也正是這一無心插柳的舉動，才讓他的很多能耐和絕活得以完整地留存下來，不僅在當時就傳播廣泛，後世之人也能從這些唱片中見識到他當年的風采。能傳世的，當然就應該是最好的。這個結論雖不儘然，但比起那些失傳了的柳門技藝，至少白雲鵬的東西還是被保留下來了。這是他的聰明之處，也是後世之人敬重他的最大緣由。

北京天橋上的玩藝，也是歷經時代變遷而不斷發展變化的。早年間，唱「河南墜子」的曾經盛行一時。這種藝術形式最早誕生於唐代，具體的起源連江湖中人也說不清楚，只知道有個相關的民間傳說，很具有傳奇色彩。

話說當初唐明皇在位之時，山西省晉汾之間有個在民間修行的老者，常在恆山一帶敲打魚鼓簡板，吟唱道歌以勸化世人。這位老者身懷奇術，不但能數日不食，且精神還能保持不衰。有人問他姓名，他自稱姓張名果，生在堯舜時代，眾人無不稱奇，於是就敬稱他為「張果老」。時任相州刺史的韋濟聽說了這個人後，就上表皇帝說明了此事。當時的唐明皇已經不再像早年一般勵精圖治，而是成了位貪戀美色的風流皇帝，因寵愛楊貴妃而誤了朝政，內信李林甫，外倚安祿山，幾乎敗掉了辛辛苦苦打下的江山。為求長生不老，他想盡種種辦法益壽延年，得知民間有此神人，自然不肯輕易放過，於是降旨給韋濟，命其火速請來張果老。

由於皇命難違，韋濟當然不敢怠慢，就命令通事舍人裴晤往恆山去請張果老。這裴晤仗著自己在官家當差，根本沒把什麼民間奇人放在眼裡，言談舉止中滿是不敬。在他強行挾裹張果老進京的途中，這張果老突然倒地不起，眨眼間就氣絕而死了。裴晤懷疑其中有詐，在屍體旁守了數日，直至確定人已死透，才命人將其埋葬。就在這時，張果老忽又站起身來，談笑風生，泰然自若，看上去根本不像剛剛「死」過的人。這時裴晤才知道自己遇到了真正的世間高人，再也不敢行不敬之事了。

等到一行人進了京都後，唐明皇對張果老禮遇有加，誠心詢問長生不死的仙術。但張果老卻不為所動，只說修身養性就可以長生不老。這樣的結果顯然無法讓皇帝感到滿意，他索性將張果老軟禁於宮中，一連數日都不准任何人給他酒食。

眼見張果老依舊一副神采奕奕的樣子，唐明皇也被徹底搞糊塗了，只好命人請來當時最有名的兩位術士邢和璞和師夜光，前者能算生死，後者能查鬼神。但所有人都想不到的是，兩人算了大半天，還是查算不出張果老的生辰忌日，也無法判斷出他究竟是鬼是神。

無奈之下，唐明皇又提出把自己的女兒崇昌公主嫁與張果老，卻被後者斷然拒絕。重歸恆山的張果老，照舊在山中敲打漁鼓簡板，吟唱道歌勸化世人。久而久之，這就著漁鼓簡板所唱之歌也就漸漸流傳於民間，先是從山西傳到了河南等地，又從唐朝傳到了宋、元兩代，漸漸成了如今的河南墜子。無論是道家中人出外化緣，還是民間乞丐沿街行乞，都會用這漁鼓簡板伴著歌唱。到了清代末年，漁鼓簡板甚至乾脆成了窮家門中眾乞丐的傍身之物，算是徹底跌入了凡塵世間了。

也是從民國開始，隨著時局的不斷變遷，舊有的專制思想被不斷打破，階級弱化、男女平等的觀念不斷深入人心，在江湖藝人當中，也開始出現男女合作演出的情況。這其中，就有很多演唱河南墜子的女性藝人。只不過，改良後的河南墜子，去掉了漁鼓這種過時的樂器，改為用一面大鼓，跟桴子、簡板搭配在一起，唱詞也早已不是過去教人祛惡向善的內容，變得滿是男女間淫穢不堪的內容，雖然有礙民風教化，卻往往最受底層江湖人士的歡迎。當時的很多民間藝人，眼見墜子越發興盛起來，就紛紛改行來唱這個。發展到最後，在京、津、滬、寧等地的雜耍館子中，如果請不到墜子藝人到場，就算是缺了一門重要的行當，甚至有開不了場的可能。在這些墜子藝人中，喬清秀的名氣無疑是最大的，是公認的「墜子大王」。此外，董桂枝、宗玉蘭、盧永愛，也都是緊隨其後的墜子名角。

不過要說到在天橋上最早演唱墜子的人，卻是個滿臉麻子、自拉自唱的男人。這就很有趣了。當時的江湖中人，見是這麼個奇怪的傢伙在那又拉又唱，就都想聽聽他唱的究竟是個什麼玩藝。一來二去，墜子這種東西就天橋上流傳開來。

在江湖上討口飯吃的各個藝人，消息往往都是最靈通的，一聽說天橋上的墜子戲火了，自然要湊個熱鬧。於是乎，唱墜子的大小班子和男女藝人紛紛湧入京城，這唱墜子的行當也就由此熱鬧了起來。這其中，就有像盧永愛、大老黑這樣的夫妻檔，走的是兩口子對唱的路數，按照江湖上的行話來說，就是「鴛鴦檔子」。盧永愛唱作俱佳，除了身段好看，表情舉止也很細膩。本名任永泰的大老黑則專以擅長抓哏著稱，隨機應變的能力極強，常常在舉手投足間就能引人發笑。

事實上，不論墜子藝人們的能耐如何，只要表演的內容夠新鮮熱辣，往往就能叫好叫座。畢竟，聽這些玩藝的人們，還是重藝的少，重色的多。時間久了，像大老黑、盧永愛這種有所追求的藝人，都會受不了行業的氛圍而選擇離去。在他們夫婦身後，趙勤堂、趙金蘭唱的也是「鴛鴦檔子」，只不過二人不是夫妻關係，而是父女同台。聽著有些怪誕，卻同樣能夠賺得個滿堂彩。

在天橋的雜耍館子裡，包含有太多的藝術種類和數不清的名家名角，唯獨竹板書是個例外，不僅場子不多，只有大約兩三個而已，叫得響的藝人也屈指可數，看上去一派凋零景象。江湖中人稱唱竹板書的為「使扁傢伙」的（相對而言，唱大鼓書的就被調侃兒為「使長傢伙的」，之所以這樣說，是針對他們使用的弦子而言的，就像說評書的被調侃兒為「使短傢伙的」，也是針對他們使用的扇子而言的）。

要說唱竹板書還能在天橋一帶站得住腳的，也就只有關順貴、關順鵬兩兄弟了。在東安市場創立之初，有個叫余來榮的江湖藝人也曾在雜耍場裡唱過竹板書，凡是幹這一行的藝人，提到他都會伸出個大拇指，承認他是使扁傢伙這行裡的開山人物。只不過他英年早逝，才沒來得及在江湖上揚名立萬。

到了清朝末年的時候，唱竹板書的藝人裡最有名氣的是賈寶山。按照流傳的支派來說，可以分為寶、順、呈、祥四大門戶。這個賈寶山，就是其中「寶」字輩的代表人物。他的大徒弟張順明，曾在民國初年在天橋一帶擺場子賣藝，叫座的能力也相當了得。前文中說到的關順貴、關順鵬兄弟，也是賈寶山的徒弟。不走運的是，他們剛剛拜入師門不久，賈寶山就不幸離世了。所以他們兄弟兩個的技藝，並沒得到多少師父的真傳，全是由他們的師兄張順明代為傳授的。要說這關氏兄弟也是真夠命硬的，剛跟著師兄學會「吧嗒棍」（江湖中人稱叫座的小段子曲為「吧嗒棍」），還沒學好「萬子活」，張順明也死在了奉天。這麼說來，他們兄弟二人能夠靠著這點「吧嗒棍」的技藝行走江湖，也實屬不易了。

好在他們後來又拜在大鼓名角田玉福門下學習「萬子活」，這才算是在專業上有所精進，直至在天橋上站穩了腳跟。再往後，兄長關順貴又突然改行使起了長傢伙，做了個唱大鼓的「柳海轟」。留下弟弟關順鵬一人，仍在天橋唱他的竹板書。

第5章

前事不忘，後事難了

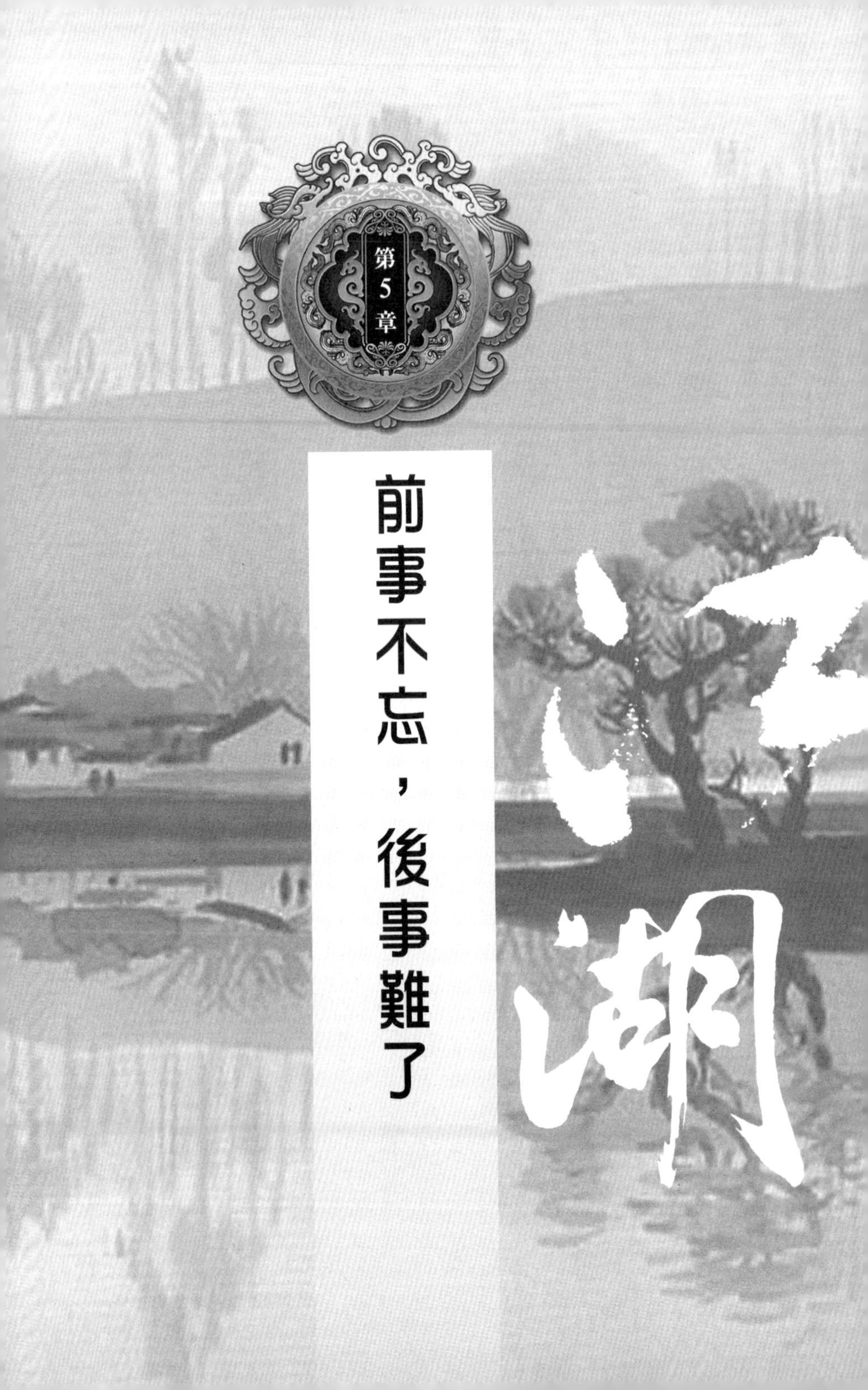

到了今時今日，舊時的江湖早已隨著時代的變遷，漸行漸遠。太多行當，以及深藏其中的種種門道，都已被歷史的洪流挾裹而去，直至消失在人們的記憶中。然而，正如《笑傲江湖》中任我行所說的那樣，有人的地方，就有江湖。雖歷經滄海桑田，風雨變幻，只要還有人在，這江湖就永遠都在。前事不忘，後事難了。全新的江湖上，正有一群全新的闖蕩者，唱著或悲或喜的歌，走著或寬或窄的路。

千年過後，江湖仍在

時至今日，江湖的概念是否還有其存在的現實意義？所謂的「人在江湖漂，誰能不挨刀」，說的又是怎樣殘酷的社會現實？江湖還在，江湖上的那些騙術當然也在。唯一的區別，只在於換了個花樣，或者是，換了件全新的衣裳，而已。

古往今來，之所以調門中人能夠屢屢得逞，屢禁不絕，根本原因無外乎兩點，一是因為人人都有貪念，往往是貪念一動，就給了騙子們可乘之機，須知天下本沒有白吃的午餐，想要不勞而獲，到頭來可能失去的更多。

二是因為疏忽大意或是毫無必要的善心善舉，都說「害人之心不可有，防人之心不可無」，這些老生常談，對於置身江湖的每個人來說，卻是最實用的真理，信，或許不能讓我們得到什麼，但不信，卻有可能讓我們失去更多。

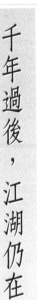

在如今這個時代裡，已經沒有多少人能知道所謂「調門」指的是什麼了。但這個門派中的太多騙術，卻依舊沿用至今。有的就是新瓶裝舊酒，有的則發生了變化和改進，不一樣的只是外在形式，而歷經千年從來不變的，則是騙子們損人利己的「行業宗旨」。

比如在人潮湧動的繁華地帶，總是能看到或男或女的家長，抱著或是牽著小小孩，逢人就說自己遇到了怎樣的難事，一般不是被人騙了沒錢回家，不然就是錢包丟了沒有吃飯錢，總之是要好心人施捨點錢救濟一下，裝得再像一點的，還會向好心人索要聯繫方式，以便日後再作報答。一旦得手，哪怕得到的錢早就超出了一頓飯或是一張車票的費用，他們也不會就此打住，而是繼續尋找下一個目標，說的還是同樣一套話，做的還是同樣一種事，循環不止，直到收工。更有甚者，事隔幾天後，在同樣一個地方，也可能換作另外一處，你還會遇到這個人，照樣是這麼說這麼做，因為他們每天騙的人實在太多，以致於根本記不得已經騙過你的錢了。

類似的騙術，還會以其他改良後的方式出現，比如裝扮成大學生的模樣，蹲在鬧市區的路口，用粉筆在地上寫下「找不到工作，太餓了，請好心人給點錢買東西吃」之類的字樣，有的還會擺出身分證、學生證等等道具給你看，而這些證件，當然全是偽造的。要是按照上面的名字去學校或是派出所的戶籍檔案裡去查，包準一無所獲。

還有在火車站、客運站、鬧市區內扮成殘疾人來行騙的，玩的也是同樣的路數，那些殘疾證以及傷殘證明，就跟他們裝聾作啞的演技一樣，稍加辨認，就能發現明顯的偽造痕跡。

上述例子，是典型的藉由人們的同情心來行騙的一種全新騙術。要是按照舊時調門中人的標準來看，手法並不高明，甚至可以說是拙劣至極，可每每出手，往往都有不錯的收穫。究其原因，還是這社會上的好心人居多，可以任由善心毫無原則毫無立場地隨意發作，想告誡他們不要輕易上當受騙，都難。

再往下說，就是馬路邊那些賭寶、押注的事了。看似不起眼的地攤上，幾個碗倒扣在地上，擺攤的憑藉自己的手法，將一枚棋子放在某個碗下，讓圍觀者去猜。如果押的是百元大鈔，一旦猜中就可以得到雙倍的錢，但要是猜錯了，你這百元的押金也就概不退還了。

這種騙術在舊時的江湖上就有，屬於戲法和千術相結合的一種「腥局」，根本算不上什麼新鮮玩意。眼看著棋子扣在碗下，圍觀者往往都會覺得自己有十足的勝算，可是你的眼睛再快，也快不過老千們的手法和技巧，只要參與其中，到頭來都是血本無歸的結局。

類似的情況，還有那些擺象棋攤賭輸贏的，玩的都是那種很難破的殘局。這也是舊江湖上的玩意，只不過需要有些技術含量在裡面。能擺得了這種象棋攤的，怎麼說也要熟知棋譜和棋術才行，這樣就能以不變應萬變了。

能參與這種賭博的，一般來說也都是自覺棋藝不錯的人，但越是這樣，就越是容易掉進擺攤者的陷阱——人家早就把這一整套的棋譜研究透了，你每走一步棋，都在人家的算計內呢，想從中獲勝，怎麼可能？

再要說到的，就是透過手機發送中獎簡訊的騙術了，說什麼手機號碼被某某機構或是某某電視台抽中了大獎，免費贈送諸如首飾、名錶、筆記型電腦之類的貴重東西，一旦有人上鉤，電話打過去以後，不是叫你把郵寄費用寄到某個帳號上，就是要你先預付一定的誠意金，只要你把錢寄出去了，包準石沉大海，像肉包子打狗似的一去不回了。

上述這些情況，都屬於相對低級的騙術，有些是有歷史淵源的，有些則是新近研究出的花樣，不管屬於哪一種都相對較易識別，稍微有點頭腦的人是很難上這種當的，除非你是利慾薰心，或是太相信自己的智商，否則大可逃過此劫。

接下來，再說說那些高端一點的新型騙術。因其具備一定的隱蔽性，所以不太容易防範。不過只要人們在處理這些涉及金錢利益的事情時，能夠多點耐性，多個心眼，也就不至於往騙子們挖好的坑裡跳了。

一旦在人來人往的商鋪裡買完東西，總有人會迫不及待地想要快點離開，那些無良的商家也正是利用了顧客的這種心理，在找錢時有意將假幣摻入其中。這種偷梁換柱的做法，在舊時的江湖上也時常出現，打的就是一種時間差，然後以次充好，小到具體的貨品，大到真金白銀各種鈔票，都不是什麼新鮮事了。

再有就是路邊賣水果、賣報紙或者賣別的什麼生意的，一旦你來買他的東西，就會要求跟你換些大鈔，理由是零錢太多不好存放。只要你善心發作，願意幫忙，他們就會在數錢給你時少放入那麼一張兩張，賺的就是這麼個昧著良心的黑心錢，把人們的好心當成驢肝肺來糟蹋，屬於最不講究的一種做法。

至於別的方式，還有藉口找不開零錢，就請旁邊的「托兒」來幫忙換錢，一來二去，不是在換錢的時候做手腳，就是等正好的錢到了你手上時再假意查上一遍，趁機用老千手法抽出幾張零錢，如果你沒及時發現，這錢也就被他拿走了，即使有所發現，他們也會仗著人多勢眾，還給你就是了，你也奈何不了他們。至於在拿著鈔票的過程中偷龍轉鳳，直接換成假鈔再交還到你手上的事情，也不是不可能的。一張給出去的真鈔，晃了一圈卻成了假鈔，任誰都會氣憤不已。

還有一類騙術，是專門利用人的貪心來行騙的，只要是個愛貪小便宜的人，往往就會在這類騙局裡栽跟頭。而且，越是想得到更多，也就越容易失去更多。都說「天上不會掉餡餅」，不過一旦真有「餡餅」掉到自己嘴邊，不會張嘴去吃的人，實在是少之又少。

有一種情況，常常發生在那些剛從銀行存錢或是領錢出來的人身上。一旦被騙子盯上後，會有一個人假裝把一捆錢丟在地上，然後似乎毫無察覺，繼續往前走著，而另一個人則會從後面跟上，故意當著你的面將錢撿起來，然後快速把你拉到一邊，把撿到的那疊錢放到你身上。這時，前面丟錢的那個騙子則「剛好」返回，問後面的騙子是否撿到了錢，並且要對其搜身。後者一邊說沒撿到錢，一邊再次把你拉到一邊，表示撿到的錢可以平分，但現在錢在你身上，他又要被拉去搜身，怕你趁機逃跑，所以要你把身上的一部分錢押在他那裡。一旦你真的這樣做了，也就再也等不到人家回來找你分錢了。至於留在你手裡的那疊錢，除了最上面的一張確實是真鈔，其餘的全是偽鈔。

走在路上，逢人問路給予指點和幫助，本是再正常不過的事情，但如今，這也成了一個需要去小心甄別、應對的問題。有的騙子會扮成打工者的模樣詢問去郵局怎麼走，接著就會強調自己手中的東西是否能夠郵寄，等到受騙者因為好奇打聽是什麼東西時，他們多半會神神祕祕地掏出個像元寶一樣的東西來，聲稱是從工地上挖出來的。要是你說郵寄不了，他們就會表示自己經濟拮据，急於將東西出手換成現金，並願意為此賤價賣出，只要你動了貪念，一準會被他們把隨身攜帶的錢財騙個精光。都說單純的人才容易上當，其實這哪裡是什麼單純不單純的問題，就看你是否經得住誘惑而已，一念所動，必然難逃此劫。

再比如假裝在賣飲料或是別的暢銷商品時中了大獎，又不知道如何兌換，或是聲稱自己沒有時間前去兌換的，也都是為了勾起人們的貪心所設計的騙局。一旦有人想著可以用少量的現金換來這個難得的兌獎機會，十有八九還是逃不出上當被騙的結局。

「碰瓷」這種古老的騙術，在現如今還是有不少騙子在重複使用著。比如兩個騙子一前一後走在路上，走在後面的會故意推著某個路人，使其與走在前面的騙子相撞，然後前者手中拿著的黑色袋子就會趁機掉在地上，一聲脆響後，人家會說你撞壞了他的貴重東西，也有說是什麼救命藥品的（其實裡面裝的只是個早已破碎的瓶子，裡面再隨便裝上一點假冒偽劣的東西），之後，就抓住你和走在後面的人要求賠償，後面的騙子假裝辯解幾句，就會乖乖交出錢來，眼見人家都為自己的錯誤承擔責任了，你除了同樣乖乖掏錢外，還有別的選擇麼？殊不知，這一前一後的兩個人，本就是同夥，騙得的財物人家還要平分呢。

都說「人心隔肚皮」，這世間的騙術也同樣如此，防不勝防。很多看似天經地義的事，經過騙子們的精心設計，早就變成了請君入甕的一個個陷阱。

就像前文中說到的那樣，現如今利用手機實施詐騙的事情比比皆是。其中有一種騙術，就是佯裝成老同學打電話給你，說什麼「貴人多忘事」之類的謊話，然後等你誤以為對方是你的某某舊同事或是老同學時，他立即滿口應答下來，接著就是假裝要請你吃飯或聚會，又說自己現在暫時脫不開身，改由自己的司機來接你赴約。這麼一來，一個原本陌生的人，就因為有了這層關係而變得不再讓人警覺。

等這個所謂的「司機」出現後，就會想盡辦法把你隨身攜帶的錢物騙走，一旦你以為反正有舊相識這層關係在「跑的了和尚跑不了廟」，就會上當受騙。等到發現這是個騙局時，那「舊相識」的電話當然也就再也打不通了。實話實說，這種騙術也算不上高明，但就是讓人防不勝防，究其原因，無外乎一個「情」字。對方是個同性還簡單些，如果騙子是個異性，勾起的可就不是簡單的同事情和朋友情了。不過這又怪得了誰呢？淫心一起，騙子們當然也就更容易得手了。

再比如，在搭乘公車或是火車的時候，會有人在到站開門後堵住車門，聲稱自己的手機剛剛被盜，為查出誰是小偷，就不准任何乘客下車。出了這樣的事，每個乘客都不好抗議對方的這種行為。這時，會有人提出建議，讓丟手機者隨便借個手機撥打自己的電話號碼，一旦聲音從哪個人的身上響起，這個人就必定是小偷無疑。

採納了這個建議後，丟手機者會向旁邊的某個乘客借用手機，一般來說沒有人會拒絕這個請求，一是為了抓賊，二是為了儘快解決問題，好方便自己下車。手機剛要撥通，就有人會強行衝下車去拔腿跑開，於是丟手機者也會第一時間飛奔而下，表面上像是去追小偷，但這一去就再也不會回來了。很顯然，這也是兩個甚至多個人（可能包括提出借手機建議的人在內）設下的一個騙局而已。既然人家的目的就是要騙乘客的手機，又怎麼可能回來交還呢？

利用名片實施詐騙的事情，就更多如牛毛了。只要你的名片被騙子撿到，人家就可以謊稱自己是某某公司的採購或是業務員，邀你見面商談合作事宜。

一般的買賣人，都不可能拒絕這種天上掉下來的好事，只是一旦前去赴約，對方來的往往都是打電話者的「親戚朋友」，然後騙子本人會再次打電話給你，說叫自己的這位親戚朋友聽電話。這個人接起電話後，會以收訊不好為由，一邊「說」著電話一邊很自然地走出你的視線範圍，久等不歸後你才發現，原來對方早就藉著這個機會逃之夭夭了。這樣的騙術，顯然是上面剛剛說到的兩種騙局的結合體，目標還是你身上攜帶的財物。

這種小打小鬧的騙術，還包括故意賤賣貴重物品的把戲。比如謊稱自己手裡的東西是公司買來送給重要客戶的，因為數量龐大，所以自己從中偷偷藏下了幾個，現在按照原價的一半甚至更低折扣轉讓出售，目的就是換幾個現金花花。說著，這些騙子還會出示全套產品以及發票收據給被騙者看，自己的工作證及駕駛執照也會一併拿出來展示，為的就是讓人相信他們的話千真萬確。

一旦有人動了貪小便宜的念頭，必定上當無疑。有的花錢買來的只是一堆廢品，有的則稍好一些，東西是能用，只是不知道是哪裡生產出來的假冒偽劣產品。

比起上面的騙人伎倆，更可怕的還在後面。比如在國道或是其他路面上，會有人向你詢問一條較為偏僻的路，然後會說自己的車子開不進去，要你幫忙照看一下車上的貨物，好方便他去找人來卸貨。一旦你答應了這個請求，很快就會有人在你守著貨物時來把貨物接走，對方會告訴你，他是那個人要他們來做這件事的，還能準確說出對方的體貌及衣著特徵。一旦你放行，前面那個人很快就會帶著一大票人回來找你的麻煩，除了怨你不該在他不在場的情況下就讓別人把貨搬走，還要求你賠償他的損失。遇到這樣結夥作案的騙子，你身上的所有錢物都會被洗劫一空。

現代社會裡，商品經濟的快速發展，給了騙子們更多的可趁之機。比如兌換外幣，就是一種新興的騙術類型。做這種不法之事的騙子，通常都會以作廢的外國幣種，或乾脆就用冥幣來冒充外幣，打著「低價兌換外幣」的幌子，實施詐騙行為。

他們的行騙目標，大多是那些穿著體面的成功人士或是商家店主，地點則大多集中在銀行門外或是大型的酒店賓館。當然，要完成這種難度較大的騙術，一般都需要打團體戰。一旦鎖定目標，他們會讓成員之一（多為女性）謊稱親人「遭遇車禍」或「家中受災」，急需兌換一筆錢來解決眼前的困難。因為是女性，所以更易博取被害人的同情。

當被害人猶豫不決時，同夥中的另一成員就會適時出現了，且多半會偽裝成銀行的工作人員，聲稱此種外幣很值錢，國家牌價與黑市兌換價之間的差異相當懸殊，進而讓被害人上鉤。這時，團夥中的其他成員也會紛紛上前，表示願意全數「吃下」。

有了這麼一齣好戲，被害人當然也就不再猶豫了，於是乎，成千上萬乃至更多的錢，就這樣落入了騙子的口袋中。

這種以假冒外幣作為手段的騙術，還可以有不同的變體。比如上門採購的方式——騙子們多會擺出一副「大老闆」的姿態，作案時先由同夥中的成員選好一位個體經商業主（如體育用品店、古玩店、精品店、時裝店等），以採買貨物作為幌子，聲稱欲從店裡採購數量較大的一批貨物，以誘使對方上鉤。

當天或數日後，這個騙子會以簽定合約為由，將被害人引到其入住的賓館商談合作事宜。此時，同夥的另外一個騙子則會適時敲門而入，裝作經常跟前一個騙子做生意的樣子，聲稱手中有一筆外幣要脫手。經過一番「討價還價」，最終雙方會以低於國家牌價的可觀匯率「成交」。

有了這麼一番「雙簧」表演，被害人當然也會有所心動。這時先前與被害人聯繫的騙子就會謊稱自己沒有足夠的現金，然後詢問被害人能否先借給自己，到時連同貨款一併歸還，甚至還可以適當追加若干利息。一旦被害人上當受騙，損失的錢財數目往往很大，這就屬於後果較為嚴重的詐騙行為了。

新型詐騙事件仍層出不窮。比如利用「招募」、「招工」、「出國勞務」為誘餌，收取求職費用甚至謀財害命的犯罪行為，就是其中的典型案例。一般來說，要實施這種詐騙行為，騙子們都會聲稱自己是「某某公司」的負責人，甚至會事先在工商、稅務等部門註冊登記，以取得所謂的「合法身分」。

為斂取更多的錢財，他們還會在網路、報刊、電台、電視台等媒體上或是在街頭巷尾發布廣告，拋出「出國勞務」、「高薪誠聘」、「重金特聘」等令人心動的條件，然後再以「手續費」、「報名費」、「押金」、「服裝費」等等五花八門的名目，要求受害人繳納數額不大的一筆費用。一旦受害人察覺自己上當受騙，多數也會因為損失不大而選擇不予追究。騙子們剛好就利用了人們的這一心理，雖是「廣種薄收」，但也能積少成多，斂財致富。

至於那些以「祛病消災」作為幌子的街頭詐騙行為，就屬於舊時江湖上很常見的一種騙術類型了。要想把這種「生意」做成做好，往往要求騙子們具有一定的表演天賦，這樣才能使其騙術具有更大的「可信度」。

當然，因為打的是這種身體健康牌，所以他們侵害的目標多為上了年歲的老年人，作案時間也大都選在週一至週五的上午，因為這一時段裡居民家中通常只有老人和小孩，剛好有利於他們實施詐騙行為。

老人們一旦受騙，大多會立即返回家中取錢或拿出存摺，而子女多數都不知道。按說，這種以「高人」、「大仙」作為名頭的騙術，早就屬於過時的東西了，可是在文化素質相對偏低的老人那裡，偏偏仍有其市場存在。而且一旦騙子使出「子女有災」這種殺手鐧，往往更能輕易擊中老人們的要害，手到擒來。

類似的騙術，還包括兜售「祖傳祕方」的行為，這也屬於一種古老的騙局了。那些所謂的「祖傳祕方」、「靈丹妙藥」，大多都是騙子以次充好的玩意，什麼虎骨、虎鞭、牛黃之類的「珍貴藥材」，大多是用牛骨、豬骨或其他相近物質加工而成的。這些藥材現在都屬於國家明令禁止銷售、流通的珍惜物品，連大型的藥廠、醫院都不易得到，又怎麼可能輕易落入這些市井小販的手中呢？這樣想來，也就不至於屢屢上當受騙了嘛。倒是藉助網路實施詐騙的方式，才是近年來越發流行起來的新型犯罪行為。

一般來說，這些騙子都會利用網路管理上存在的漏洞，來鑽法律的漏洞。更有甚者，還會自行建立網站或是網頁，發布虛假資訊，或是乾脆仿冒其他知名網站，連網址及網頁都與知名網站類似，對其銀行帳號和聯繫方式等進行必要的修改後，再進行詐騙。

一旦雙方在網路上達成交易協定，騙子們就會利用聯繫時的對話或Line等方式，套出受害人的銀行卡號、身分證號，然後再透過駭客手段盜取銀行卡上的錢款。都說網路是個虛擬的世界，但如今人們對於這個虛擬世界的依賴性卻越來越強，這也就給那些別有用心的騙子留下了足夠的犯罪空間。

關於利用手機簡訊和「碰瓷」技巧實施詐騙的行為，前文中已經有所提及，這裡就不再贅述了。值得一說的是，這些騙術現如今都有了不同程度上的演化和更新，比如簡訊詐騙從「中獎」發展為「求援」（一般都是謊稱子女有難，臨時更換他人手機向父母發出求援訊息），「碰瓷」也由摔碎東西發展為故意撞車的「苦肉計」，凡此種種，都應該引起人們的足夠重視。

雖歷經千年流轉，但騙子們依舊橫行在江湖之上，稍一不留神，他們就會乘虛而入，除了帶給你或大或小的經濟損失，還有可能間接或直接害了你的身家性命，實在是不可不防啊！

危機，仍在江湖的每個角落

不管你做的是哪一行，吃的是哪一碗飯，只要你置身於社會當中，就免不了與人接觸，更無法從這張人際關係的大網中掙脫而去。或許，今天的你，已經成了公司白領、主任醫師、商場經理、學會委員、地產圈內的銷售主管，或是網站的CEO……但到頭來，你會發現，自己和身邊的其他人並沒有什麼兩樣，大家都置身在江湖當中，也都是所謂的江湖兄弟。至於大家面對的，也都是同一個充滿欺詐、危機四伏的江湖。

在這個江湖上，每天都有全新的故事發生上演。至於這故事是美麗動人，還是淒婉哀傷，甚至是驚心動魄，恐怕就要因人而異了。在這些故事裡，你能聽到的，可說是五花八門，無所不有，除了世道人心還有汗水和眼淚，甚至可能是鮮血與生命……

在這兇險的江湖中，「弱肉強食」也是個亙古不變的法則。不管是騙子，還是更為危險的犯罪分子，他們的目標總是率先鎖定在那些弱者身上——別管是身體不夠強健，還是意識不夠警惕，都難免給犯罪分子一種「容易下手」的印象。

很多退休在家的老人，就成了騙子們下手的首選目標。比如上門求助者願以大額鈔票購買那些微不足道的小件商品，就十有八九都是騙子們玩的把戲。一般來說，這些騙子都會裝出一副遇到困難的樣子，表示願意花幾百塊甚至幾千塊錢來換一件只值幾十塊或是幾百塊的小東西，一旦老人們動了貪心，騙子就會掏出事先準備好的大鈔，然後要求老人按照商定好的價格找零。可以想像的是，這張所謂的大鈔，當然是假鈔無疑。而騙子們用一張假鈔就能換來一定數額的真幣，這筆買賣做得當然划算了。

要說現在的騙子，還能想到回收玉鐲來騙人錢財的辦法，也真是夠沒創意的了。但就是因為有人想貪圖這點眼前的利益，上當受騙的事例才屢屢見諸於各類媒體的報導當中。這種低級騙術的實施對象，無外乎是一些老人，或是鄉下的農村婦女。

一般來說，騙子會拿著個所謂的「玉手鐲」，詢問受騙者哪裡有回收這種珠寶玉器的店鋪。接著，會有其同夥假扮成識貨的路人，上前稱讚玉手鐲的成色如何如何，一邊說還一邊掏出錢包假裝要購買下來。有了這些「托兒」們的表演，受騙者大多會頭腦發熱，一旦出手，就掉進了人家的陷阱內，破財是免不了的事情，好在不會有更大的損失，算是不幸中的萬幸了。

相比之下，聲稱帳戶涉嫌詐騙需要及時轉帳的騙術，就顯得可怕多了。這種騙術的通常做法，是一名自稱市法院法官的男子撥通某位市民家中的電話，告知受騙者在某一外地辦理的銀行信用卡已透支近萬元，現傳票已寄到受騙者所在城市的法院。一旦受騙者表示自己並未在該地區辦理信用卡時，這名「法官」會說一定是受騙者的身分資訊被他人盜用，並表示接著會把電話轉至該地區警局，由受騙者自行溝通。

接下來，隨著一陣轉接聲音傳來，另外一名騙子會接起電話，告知受騙者的帳戶涉嫌詐騙，叮囑其儘快將自己名下的資金全部轉到某銀行帳號上配合調查，以確保資金安全。只要受騙者按照要求進行轉款操作，自己的存款也就成了騙子們的囊中之物。

類似的電話詐騙行為，還有多種變體存在。比如會有自稱是教育局工作人員的騙子給某位市民打來電話，在與受騙者核對其子女的姓名和學校後，接著聲稱教育局剛剛出了新政策，要給學生發放助學補貼，讓受騙者撥打電話給教育局退款辦公室。因對方所報資訊確實準確，受騙者一般都不會多想，就按照要求撥通了對方提供的電話號碼，接電話的人會告知受騙者確實有一筆助學補貼要作返還，然後要求受騙者到銀行ATM機操作轉帳。一旦按照對方的指示去做，自己卡內的存款就會瞬間被對方轉走了。

還有一種情況，是冒充受騙者的老朋友打來電話，要求儘快匯款救急。這種行騙方式前文中已經有過描述，屬於並不難於辨別真偽的低級騙術，只是騙子們也對其進行了必要的完善和修正，除了電話這種手段外，還可以藉助新興的網路溝通手段實施詐騙。一旦錢款匯出，就悔之晚矣了。

想要避免這種事情的發生，除了要跟親朋好友及時溝通外，在上網時也要適當加強自我防範意識，不要輕易接受陌生人加為好友的申請，更不能輕易透露親朋好友的個人資料。一旦對方提出經濟上的要求，一定要進行必要的核實確認後再給予幫助。一旦手機不慎遺失，也應該儘快到相關部門進行掛失，以防止被別有用心的騙子鑽了漏洞，對自己的親朋好友借錢或是實施詐騙，否則損害的只會是親人朋友們的利益。

那些招商網站上推出的優惠活動，有很多也是騙子們精心布置好的陷阱。比如聲稱可以提供超低折扣的手機儲值卡的事，就該引起我們的足夠重視。表面看來，這是個極其便宜的買賣，不過一旦向對方指定的銀行帳戶匯錢，買到的儲值卡很有可能存在諸多問題，不是密碼錯誤，就是根本無法儲值的廢紙。

還有一些騙子的做法更絕，會告知這些儲值卡之所以不能正常使用，是因為還沒有開啟，只要繳納一定數量的保證金，就可以立即完成啟動程式。既然已經花了這筆買卡的錢，不能啟動就顯然等於買到了一堆廢品，無奈之下，就算有人已經意識到其中可能存在騙局，也難免抱有僥倖心理，再追加相應數額的保證金了。結果呢？不僅原來的錢款打了水漂，就連後續追加的這筆錢，也被騙子裝進了口袋。

儘管最近幾年股票市場已經漸趨冷清，可是在早些年間，利用「內幕行情」套牢股民的騙術也常有發生。要實施這類騙術，騙子們大多會在某家網站上發出廣告，聲稱自己掌握內幕行情，可以提供短期內升值股票的相關資訊。

有了這個誘餌，很多醉心於此的股民都會毫不猶豫地掏出「會費」，成為該網站的固定會員。對方或許會為受騙者提供一到兩次升值股票的真實資訊，但很快就會要求受騙者繳納更大數額的信譽保證金，一旦按照要求去做，錢和所謂的「內幕行情」也就立即消失得無影無蹤了。直到發現網站已無法打開時，受騙者才會意識到自己的重大失誤，再想挽回損失，幾乎已是不可能的事情。

要說目前最為高端的騙局，還是跟銀行卡匯款有關。按說這種騙局本該是很好甄別的，不過絕就絕在，騙子敢先把一筆「鉅款」真的匯到你的帳戶上，然後再實施詐騙行為，很多人就會真的信以為真，進而上當受騙了。其實呢，這只是因為受騙者不懂得銀行的一些基本操作規律，這才給騙子們留下了足夠的可乘之機。

具體說來，這一詐騙手段的實施辦法也很簡單，就是先以簡訊的形式通知受騙者中了大獎，獎金從幾萬到幾十萬不等，隨後會有電話與中獎者聯繫。接著，騙子的電話就打了過來，要求受騙者及時把銀行卡號告知對方，以便把獎金匯進受騙者的帳戶。真的這麼做了，受騙者的帳戶上也會很快就收到這筆所謂的獎金，而且數目真如訊息上所說的那樣可觀。

接下來，騙子又會打來電話，聲稱操作有誤，沒有從獎金中扣除個人所得稅，要求受騙者儘快將一定金額的稅錢及時匯回，一旦受騙者因為錢款已經到帳而匯出了這筆錢，就會很快發現自己帳戶上的那筆「獎金」已經不翼而飛。

怎麼匯到的錢又會消失呢？這是因為，按照銀行的規定，數額達到一定限度的巨額錢款，在到帳當日是不能被動用的，所以只要騙子先把這筆錢匯到你的帳戶上，在騙得你匯回的錢款後再重新進行轉帳業務，這筆「獎金」自然也就回到了人家手裡，倒是你匯出的那筆錢，成了他們的「勞動成果」。

除了這些，利用小孩子來騙取女性的同情心，致使其放鬆警惕的事情，也是屢有發生的。一般都是找個幾歲大的孩子，裝出一副可憐兮兮的樣子，一旦有女性上前詢問，多半都會說自己迷了路，請阿姨按照父母給的住址帶他回家。

看著孩子可憐的樣子，沒有幾個女人可以拒絕這樣的要求。等到真的把孩子送到家門前時，只要女人一按了門上安裝好的門鈴，就會瞬間暈倒在地上。原來，那門上是通著電的。能不能再次醒過來，或者說再醒過來時自己是個什麼樣子，就真的沒人敢打包票了。輕者人財兩失，重者還可能丟了性命，那就要看騙子們想要的是妳身上的什麼東西了。這樣的結果，想想都讓人感到恐怖。

看過電影《天下無賊》的觀眾都會知道，要說這調門中人，不論過去還是現在，都不單單只是些年輕力壯的男男女女，其中同樣包括風燭殘年的老人，或是牙牙學語的孩子。只要能讓人卸下防備心，以便讓自己更好地實施犯罪行為，上到九十九，下到剛會走，所有年齡層的人，都有可能成為那個騙得你傾家蕩產的黑心人。

就比如，在銀行門口的一處提款機前，如果有位老伯拿著一張提款卡喊住你，說他不識字，卻急著要到自動提款機裡取些錢，這才求助於你時，你能怎樣做呢？拒絕麼？畢竟中國歷來就有尊老愛幼這項傳統，如此絕情地一口回絕，顯然有失風度。

那麼，答應他的請求麼？這樣做的後果，可能是你做夢都不會想到的——只要善良的你答應了對方的請求，一旦你站在提款機前，很有可能就會被突然翻臉的老者誣陷為搶劫或是偷他提款卡前來取款的賊，當然還有另外一種可能，就是這卡裡的錢本身就是他非法得來的，你去幫他提款，就會在監視器裡留下自己的影像，一旦出了什麼問題，可就百口莫辯了。

時至今日，就連上門討飯這種事，都有可能被騙子利用。門鈴一響，透過門鏡看著是個上了歲數的老太太，可是門一打開，才發現對方手裡拿著兩包喜糖。千萬別以為這是不熟悉的鄰居來分喜糖的好事，因為人家擺明身分就是個登門的乞丐，至於為何送來喜糖，就跟逢年過節挨家挨戶送財神的那些人一樣，是送個喜氣給你家的。

當然，送也不是白送，要換一點錢給她才行。有了這麼檔子事突然發生在你面前，再加上老太太還在喋喋不休地說著一大堆祝福的話，你好意思直接關門謝客嗎？不掏出點錢來，這人你是別想打發走的。

再接著說類似上面提到的老者行騙的事情。只要你是單獨到自動提款機前取錢，身後很有可能就尾隨著一個老太太，跟你問這問那地分散你的注意力，緊接著，會有一個小孩出現，使勁往你的身邊擠。有了這麼一老一小的騷擾，稍不留神的人就會被趁機取走出鈔口吐出的錢。即便是被人看到，小女孩也會邊哭邊強調自己的無知與無辜，而在你追趕小女孩的時候，老太太卻很可能已經趁機取走你卡上的全部錢款。

當然，即便是當時沒能得手，他們往往也會有恃無恐，大不了再找下一個目標採取行動就是了。任你怎麼強調他們是合夥行事的賊人，也很少有人願意相信，這樣的老人和孩子會是圖人錢財的騙子、小偷。

還有人遇到過這樣一種事情，就是晚上總會聽到門口有嬰兒啼哭的聲音。但實際上，這只是騙子們事先錄製好的一段音訊而已。只要有人動了惻隱之心，打開門出去尋找孩子的蹤跡，這些騙子就會乘虛而入，進入家中行盜竊之事。只不過，他們的手法和動作極快，還沒等房主及時返回家中，他們已經帶著戰利品悄然離開了。

沒有誰願意做那被騙的「羔羊」，不過真的有狼出現在你面前時，如果它為你描繪出的是一幅錦繡無邊的景象，在這麼一份巨大的誘惑下，又有多少人能夠拒絕成為一隻羊呢？

這，就是江湖最能吸引世人的地方，同時也是它最可怕的地方。

▶ 江湖：三教九流八大門的江湖祕史 （讀品讀者回函卡）

■ 謝謝您購買這本書，請詳細填寫本卡各欄後寄回，我們每月將抽選一百名回函讀者寄出精美禮物，並享有生日當月購書優惠！
想知道更多更即時的消息，請搜尋"永續圖書粉絲團"

■ 您也可以使用傳真或是掃描圖檔寄回公司信箱，謝謝。
傳真電話：（02）8647-3660　　信箱：yungjiuh@ms45.hinet.net

◆ 姓名：________________ □男 □女 □單身 □已婚

◆ 生日：________________ □非會員 □已是會員

◆ **E-mail**：________________ 電話：(　) ________

◆ 地址：________________

◆ 學歷：□高中以下 □專科或大學 □研究所以上 □其他________

◆ 職業：□學生 □資訊 □製造 □行銷 □服務 □金融
□傳播 □公教 □軍警 □自由 □家管 □其他________

◆ 閱讀嗜好：□兩性 □心理 □勵志 □傳記 □文學 □健康
□財經 □企管 □行銷 □休閒 □小說 □其他

◆ 您平均一年購書：□ 5本以下 □ 6～10本 □ 11～20本
□21～30本以下 □ 30本以上

◆ 購買此書的金額：________________

◆ 購自：□連鎖書店 □一般書局 □量販店 □超商 □書展
□郵購 □網路訂購 □其他

◆ 您購買此書的原因：□書名 □作者 □內容 □封面
□版面設計 □其他

◆ 建議改進：□內容 □封面 □版面設計 □其他 ________

您的建議：

剪下後傳真、掃描或寄回至「22103新北市汐止區大同路三段194號9樓之1讀品文化收」

廣 告 回 信
基隆郵局登記證
基隆廣字第 55 號

2 2 1-0 3

新北市汐止區大同路三段 194 號 9 樓之 1

讀品文化事業有限公司 收

電話/(02)8647-3663　　傳真/(02)8647-3660

劃撥帳號/18669219　　永續圖書有限公司

請沿此虛線對折免貼郵票或以傳真、掃描方式寄回本公司，謝謝！

讀好書品嚐人生的美味

江湖：三教九流八大門的江湖祕史